本书是 2020 年度国家社科基金一般项目

"拉丁美洲社会学理论本土化及其启示研究"（批准号：20BSH004）的阶段性成果

亚太经济与社会发展译丛

社会学史

HISTOIRE DE LA SOCIOLOGIE: DE 1789 À NOS JOURS

quatrième édition entièrement
refondue et mise à jour

〔法〕 夏尔·亨利·屈安（Charles-Henry Cuin）

弗朗索瓦·格雷勒（François Gresle） 著

洛南·埃尔武埃（Ronan Hervouet）

唐俊 译

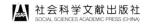

社会科学文献出版社

SOCIAL SCIENCES ACADEMIC PRESS (CHINA)

纪念弗朗索瓦·格雷勒（1945~2012）

À la mémoire de François Gresle（1945 – 2012）

目　录

第二部分　1918年后

序　言

社会学并不是一项单纯的思辨活动，也不仅仅是反映某个特定时代或社区的社会和政治生活。因此，我们不能只考察"思想"的历史，像某些经济学家那样，认为思想是脱离目标或社会发展的自然现象，从而陷入历史相对论的短视之中。

本书作者假定，社会学学科诞生于 19 世纪后期多个领域的革命之中。在这场革命的进程中，西方世界发展出了一整套知识、社会和制度的体系。因此，本书采用的方法是叙述一些项目或者科学实践的历史，并试着进行关键性的分析。

为了简洁起见，本书采用的社会学概念相当严格，基本将民族学和社会心理学排除在外，仅保留了少量简短的提示。此外，本书也尽力避免将历史变迁局限在展现国家传统（"大多数是叙事者的传统"）和一个长期被反复讨论的时代（"先驱和开创的时代"）。因此，我们不去讨论古代的哲学家、文艺复兴时期的政治以及 18 世纪启蒙时期的"明灯"（Lumières），而是有意将其视为社会科学的史前时期。同时，我们也尽力避免使用所谓的指导性理论对学科做出片面的、带有偏见的评价，这通常被证明是极其简化的。

另一方面，本书的立意在于启发读者置身于主要人物的背景之中，也就是尊重他们的思维模式，以更为正式的、规范的框架理解那个时代的国内问题或者全球问题，因此，每一章的末尾和全书结尾的年代简表都介绍了文献。此外，在按照时间顺序编排时，每一个时间段介绍的地理先后顺序（法国、德国、英国、美国）也反映出社会学史的突出特点，但这并不意味着时间的断裂性或者知识的排他性。

这项工作的困难显而易见：尽可能地阐述各种思想流派和学派（有人可能觉得多余了）；忠实地反映社会学家的成果，不论其地位是否重要，尽量避免过于强调"现代化"；在陈述理论和社会背景之间寻求微妙的平衡。还远不止这些！不过，如果社会学家充分意识到自然主义陷阱或者知识对象化的难度不断加大，他们往往会在社会化多元化前景微妙的某一时刻（与其他科学截然不同）与相对主义纠缠不清，即便是非理性的开放也被视为"进步"，他们仍然是当局者迷。

本书的第一部分由弗朗索瓦·格雷勒撰写，第二部分由夏尔·亨利·屈安与洛南·埃尔武埃执笔。不过，整本书是整个作者团队共同设计和完成的。

第一部分

1918 年前

第一章
从"社会物理学"到"社会学":发现新的认识对象（1789～1860年）

从历史上看，社会学这门学科无论是理论还是实践，在整个 19 世纪的发展都非常缓慢且零散，最初的动力来自西方世界在 1780～1860 年发生的工业政治双重革命。

第一节　社会学，革命的产物

什么是"革命"？这个词非常古老。在古典哲学中，它指大自然周期性地影响着城市居民的生活，例如星辰或者季节的变动。这一含义一直延续到 18 世纪，当时流行一种观念，革命可能是"线性单向"的，可能会产生不可预测的新型结果，已无法用过去的经验来解释。

不仅是哲学家，生活在革命时代的许多人也感到迷茫和矛盾。这种针锋相对在有关政治经济的早期争论中已经具体化，特别是在人口问题上的争论，重商主义和人口主义等早已确立的理念受到了影响。英国人马尔萨斯（Thomas Malthus）在1798 年发表的《人口学原理》（Malthus，1798）① 中坚持认为，人口的自发增长将超过生活能承受的极限，由此得出的人口过度拥挤的假说在当时制造了恐慌。

但是这（一假说）可能忽视了动摇欧洲农村的农业革命，而工业恐怕在短时期内还难以解决西方社会面临的危机。相反，一些人呼吁商品在区域和国家之间自由流动，因为农业和贸易的创新要求扩大空间和市场（Necker，1775）。这些反应印证了思想上的变化，也预示着其他更多、更重要的变化。

也许从此时起，个人取代了组织机构，成为描述和分析社会的单位。社会原子主义盛极一时，扭转了原有的价值观念。《人权宣言》宣扬的"法律面前人人平等"并没有提升人们对建立一个更加公平的社会的期望。相反，它以理性为由，强调个人利益，成为狭隘、自私的借口，为个体之间的天然不平等辩解。从这点来看，法国大革命在其批评者眼中简直就是罪恶深重，需要重新评价。

传统的趋势

最难得的是，从一开始就出现了许多以大革命为背景的著作。在英国，与自由派关系紧密的埃德蒙·伯克（Edmund

① 括号中的文献见每章末尾参考文献，全书同。

Burke）发表文章批判大革命的发展（Burke，1790）。他言辞激烈地指出大革命应当受到谴责的两大理由：一是使社会（从普遍认同的"文明"生活）退回到丛林状态；二是使人们很难摆脱最初的混乱，因为它建立在法国式抽象理论和哲学家罔顾"现实"的基础之上。事实上，就伯克看来，通过法律不可能建立一个新的社会。在任何时候，人类如同其他生物一样，是在制度的支配下缓慢发展的产物。社会生活是由一系列社会关系构成的，这些关系（以习惯、风俗、规则等形式）强加于所有人，无论其社会地位如何。从这点来看，无法以完全理性来分析社会，因为在一个真实社会中，制度和实践的一致性永远是独一无二的。简言之，社会生活中不存在普遍的法律。依照"整体论"（holistique）的观点，社会不但包括此时此地，还包括不同代的人，生者与死者、甚至还未出生者之间建立的伙伴关系。

伯克反对革命者的意志主义和理想主义，当他论及革命者为实现目标而面临的困难的特征时，他俨然是一名现实主义者。教会、家庭、企业是制度的构成部分，也就是说现实是可触及的历史。另外，革命者所依赖的个人和群体的意志，不过是过渡性的、脆弱的政治表达而已，并不能成为社会结构的基础。

重建一定的权威、恢复社会生活中的神圣意义、帮助人们回归原有的社区、从混乱中走出……这些都是反革命者同其政治对手，也就是所谓的自由主义者斗争的目标。

从观念学派到圣西门

自由主义者和自由主义的含义完全不同。在 19 世纪初，自由主义是一个政治性术语。刚开始自由主义是用来描述试图超越卢梭自由观的斯达尔夫人（Mme de Staël）、本杰明·贡斯当（Benjamin Constant）等人的特点。卢梭的自由观认为，公民在城市生活中的群体性参与必须建立在个人独立的基础之上。面对现代社会的普遍意志，他们选择代议制政治体制——与卢梭完全不同。

反　思

"反动论"（援引自孔德表述，并无不敬之处）追随者的观点并非来自伯克。法国人路易·德·博纳尔（Louis de Bonald）和法国萨瓦的约瑟夫·德·迈斯特（Joseph de Maistre）都是极其反对大革命潮流的代表人物。旧制度固然漏洞百出，但也不值得人们狂热地以命相搏。在迈斯特看来，社会秩序具有平衡等级秩序、连接社会组织和明确彼此义务等功能，因而必须受到保护（Maistre，1796）。他写道：

"（在旧制度下）普通市民更难获得优势地位，这不难理解。当国家发生太多政治运动，破坏了社会分层，所有人都可以恣意妄为。社会秩序应当给予市民和精英阶层同等的保护，这种保护哪怕只有些许，都能够减少阶级之间的隔阂。只有这样，革命运动才不会被玷污，不会造成破坏……"[1]

接着，博纳尔用貌似更加哲学的术语火上浇油：所谓被

---

[1]　Maistre，1796，p. 91 de l'édition de 1980.

革命浪潮席卷的人只是一个抽象的概念而已，或者更确切地说是一种空想的惯例。社会是由家庭等一些制度组成的，如果没有这些制度，个人将难以生存。法国大革命的发展历程验证了博纳尔观点的正确性。充当中介的社会联系断裂之后，社会成员的基础也随之消失，会造成整个社会的不稳定，对每个社会成员有百害而无一利。与让社会成员消弭彼此的差异相比，鼓动他们重返社会团结不啻为一条正确之道。这就意味着需要重建在大革命中已经遭到破坏的社会结构。否则，法国将会四分五裂且极度不安全，而统一和安全是社会生活必不可少的组成要素。

观念学派与法国大革命的关系更为紧密。也许是出于权宜之计，他们站在自由主义一边，反对革命至上主义，尤其是反对1793～1794年雅各宾主义统治时期的领袖罗伯斯庇尔。

观念主义者主要是一些科学家，他们想推进一种新理论科学的知识活动，取代形而上学和心理科学。观念学派的理论虽然以人本主义为中心，但并没有与其他科学，尤其是生物科学和自然科学割裂。就像他们推崇的孔多塞（Condorcet）一样，观念学派的野心是理解以知识为基础的政治行动。他们发展出严谨的方法，对公认的思想和价值观持怀疑和批评的态度，这在他们自己的著作中皆有所反映，这些著作涉及认识论和科学哲学（德斯蒂·德·特拉西，Destutt de Tracy）、医学（卡巴尼斯，Cabanis）、东方学研究（伏尔尼，Volney）以及19世纪初创建的法国档案馆组织者多努（Pierre Daunou）开创的历史学。从许多角度来看，至少在法国他们是人文社会科学实际上的创始人。这是因为这些观念学派的学者通过将人类置于科学研究的中心，开辟出一条创新性的研究路径，形成了生机勃勃的"社会物理学"（physiologie sociale），而这些早期的开创者也被视为科学道德的楷模。

"为了加速科学发展，最伟大、最可贵的方法是对宇宙进行实验，但并不是对广大的世界，而是对小世界，即对人类进行实验。对人类最重要的实验之一，就是建立一种新的社会关系。只有根据同类实验的结果进行事实观察后，才能评定实验后的新行为是好还是坏。"①

19 世纪初（1808 年），圣西门伯爵在经历了一段相当长的艰难生活之后，在四十多岁时进入科学研究领域，开始研究"物理政治学"（physico-politique）。他出身于一个从十字军东征开始延续下来的显赫名门，但他毅然与家族决裂，甚至希望推翻封建主义统治。作为一个反传统主义者，他相信旧制度已无可救药，迫切需要建立一个新社会。然而是否应该满足于法国大革命的成果而裹足不前呢？圣西门显然并不这么认为，他的想法更为超前，认为真正的革命还未完成，19 世纪将迎来更为彻底的变革。

欧洲社会的危机尚未结束。因此，必须通过强烈批判现有的秩序与倡导建立社会组织来帮助社会逐渐发育成熟。圣西门在研究中借鉴了 18 世纪的历史哲学框架，呼吁社会兴办实业（Simon, 1816 - 1818, puis 1820 - 1822），经济理性应当超越

---

① Saint-Simon, «Lettres au Bureau des Longitudes », in Œuvres de Claude-Henri de Saint-Simon, Anthropos, Paris, 1966, tome 1, pp. 81 - 83.

政治，革除旧的社会规范。然而，他的分析过于强调经济现象，而当时的社会剧变早已经波及符号学（symbolique）领域和宗教领域。尤其是在生命科学领域中，古典理论已经消失，取而代之的是一套实证（positif）体系。从这时起，圣西门倾注主要精力关注一种新的社会形态，这种新社会形态在科学的推动下应运而生，被称为"实业制度"（système industriel），这是什么意思呢？

在旧制度下，无所事事的贵族占据统治地位，他们的行动以战争为基础，旨在更好地征服和压迫臣民。与之截然不同的是，工业社会的目标是改造大自然，确保社会成员的物质和精神需求都能得到满足。作为一个乐观的实业主义者，圣西门晚年情绪极度低落，在目睹了工人阶级的悲惨处境之后，他转变为一个社会主义者；但他并没有放弃全体"劳动者"（travailleurs）必须联合（也包括与实业家联合）起来的信念，并且他坚信当所有人认清社会现状时这种联合是可以实现的。此外，为了证明乌托邦的理性基础，他坚信由于实业的发展，人类社会将会成为历史上第一次满足各种需求的真正联合体。

圣西门的著作卷帙浩繁，内容丰富，其重要性不可低估，主要原因有以下四点。

·圣西门和观念学派一样，倡导建立人文科学。但是他倡导要对科学开展更为广泛的反思，推动目标的演进，因此，所有的科学显然从"最初推测的……最终变为实证"（Simon，1813）。人文科学——或是用于改善社会制度的物理学——并不遵循基于可观察的事实和研究旨在得到实证结果的共同规则。不过，研究"无机体"（corps bruts）的科学（如天文学或物理学）和研究"有机体"（corps organisès）的科学（如生理学或心理学）之间在认识论上存在主要的、决定性的差别：因为这些科学存在自我认知，人类可以从不同的角度认识自我以及干预自然的方式。

·社会科学起步稍晚，它从其他科学的教学科研活动中受益匪浅。更为重要的是，它远比分析复杂，这种优越性从何而来？

"社会并非只是有机体的集合……相反，它是一台真正的组织机器，每一个组成零件都在为整个社会的运行做出贡献。人的联合是一种真实的存在，这种存在多或少，强或弱，取决于社会组织是否经常能履行其被赋予的职责。"①

圣西门早期（1813 年）在作品里肯定了整体论的观点（寻找隐喻的印象，摇摆于机械力学和生物学之间），这无疑表明了他并不是一个自由主义者。

·之后，圣西门系统性地考察了文明史，在研究社会现象时运用了生产活动的视角，或者用他自己的术语来说就是"实业"，他认为实业动摇了道德和政治。圣西门认为社会元素之间是相互依赖的。特定的生产模式对应特定的社会和政治组织模式以及特定的精神价值观。

·从一种社会向另一种社会（例如西方的封建社会向工业

---

① Saint-Simon, *De la physiologie appliquéà l'amélioration des institutions sociales*, in *Œuvres de Claude-Henri de Saint-Simon*, 1966, *op. cit.*, tome 5, pp. 177 – 179.

社会）的转变，是通过对立阶级之间的暴力进行的。然而，社会冲突并不等同无政府状态，而是受到一般法律的制约，从而促进人类朝着提高积极干预自然和社会本身的能力的方向发展。

"从原则上说，当封建制度和神学体系构建完成之时，新社会的元素也开始形成。积极世俗的能力，例如实业能力，来自世俗力量的发展；积极精神的能力的发展，例如科学能力，会落后于精神力量，要等到这些力量全面发展之后。"①

到 1819 年，圣西门的周围聚集了一批追随者。这种浪漫的典型社会交往方式被后世沿袭下来，在 19 世纪以后的法国社会学史上留下了永久记忆。

当时，担任圣西门秘书的是奥古斯特·孔德（Auguste Comte），这位时年 21 岁的数学家于 1817 年 8 月接替了被誉为"现代历史学之父"奥古斯丁·梯叶里（Augustin Thierry）在创立不久的巴黎综合理工学院（École Polytechnique）的工作。两人都受到了圣西门的影响，反过来也对圣西门产生了影响，尽管两人都受到圣西门毫不留情的压榨。

但这并不能抹杀圣西门的优点，他尽力提携身边那些才华出众的人才，尽管这些人在背后颇有微词。尤其是孔德，称圣西门为"堕落的江湖卖艺人"（jongleur dépravé），却继承了圣西门的实证思想，并在这位前任老板过世后发展了这些思想 **(9)**②。

---

① *L'Organisateur*, *in Œuvres de Claude-Henri de Saint-Simon*, 1966, *op. cit.*, tome 2, p. 85.
② 括号里的加粗数字对应全书参考文献的编号。

第二节　实证主义和科学主义的多样性

从广义上来说，实证主义是指任何企图纯粹或简单地依靠实验的确定性来认识事实的哲学和科学理论。因此，即使实证主义和孔德主义之间存在明显的关联，也不能混为一谈。

奥古斯特·孔德的实证主义

实证主义（positivisme）一词是对孔德在 1824 年提出的"实证政治"（politique positive）的简称。孔德使用这一术语是为了区分自己跟其他所有关于事物本质的研究，在研究人类知识的发展条件时，他的理论只接受科学的或者说实证的事实。从 1826 年 4 月起，孔德在其公寓内开课讲授一些主题，听众包括物理学家卡诺（Carnot）、语言学家洪堡（Humboldt）、未来的银行家艾希塔尔（Eichthal）以及数学家潘索（Poinsot）。这项课程只举行了三场就因孔德劳累过度而中断，孔德不得不进入疗养院修养数月。不过从 1829 年开始，孔德又恢复了讲座（一共举办了 72 场，其中最后 10 场的主题是"社会物理学"）。其中 1830～1842 年的主题是实证主义哲学（*philosophie positive*），正是在讲座中第一次使用了"社会学"一词。

孔德绝非一个被诅咒的作者，他毫无疑问是卓越的思想家。他的著作举世闻名，这些书也为他赢得了数十个听众的爱戴。尽管孔德的共和观念使他没能成为巴黎综合理工学院的数学教授（1831 年和 1833 年），也没拿到法兰西公学院（Le

Collège de France)的科学史教职（1833 年），但他也能从来自法国和英国的崇拜者那里获得物质和感情上的支持。在这些人中，哲学家斯图尔特·密尔（Stuart Mill）和词典编纂家埃米尔·利特雷（Émile Littré）起了关键的作用。

作为未定型的实用主义者，孔德已经特意将形而上学的现象从物理学中抽离出来。他申明，知识的科学有效性必须建立在系统观测的基础之上，更广泛地说，是建立在实验的基础之上。孔德坚信，所有的社会现象都遵守永恒不变的规律，因此知识体系应具有科学、自然和社会的综合特征。

在政治方面，孔德多年来日益关注的问题是，必须改变法国大革命之后欧洲社会陷入的长期混乱局面；因此，他在1851 年 12 月的政变中归顺了路易－拿破仑·波拿巴。但只有科学是不够的。在孔德看来，科学知识必须转化为真正的精神力量，科学家必须成为使社会恢复团结的牧师。因为人与人之间的利益相符并不会自发地使他们团结起来。恰恰相反，只有用建立在科学基础上的道德理论约束才能实现这一目标。

社会学在人类思想史上的地位

"在实证的国度里，因为认为人类的思想认识无法获得绝对的概念，所以放弃寻找宇宙的起点、终点和了解宇宙现象的本源，而是通过运用理论和观察，努力发现有效的规律，即连续性和相似性之间的恒定关系。"[1]

在孔德看来，科学家不必急于开辟新的领域，只要他能

---

[1] Comte，1830－1842，tome I，p. 3 de l'édition de 1908.

够发挥出全部潜能，就能够成为这个领域真正的统治者。这也意味着实证主义的意义非同寻常。孔德从来没有表示过经验主义优于理性主义（不应与他大力支持的理性混为一谈），也不否认科学的统一性原则。他试图以更先进的方法——根据实证程度或者解释能力（内在的规律性）——从中抽象出可能的原因，从而对科学分类。

如果科学是互相关联的，就能按照难度增加的顺序研究它们，从简单到复杂，从数学到生物学。这标志着一个重要转折点，因为有了它科学观点就不再是分析性的，而更偏向于综合性。孔德有意忽略了心理学，把社会学当作科学这座大厦的顶尖，但研究人类社会很难遵从科学的规范，社会学仍然任重道远。

科学的进步依赖于它研究的现象。社会学可以说是最为雄心勃勃，它研究的是"人类知识从最原始、最简单的状态到当前在各个活跃领域的全面发展"。这一发展受到人类思想基本法则的约束，因此，在描述事实时会交替采用三种不同的方法（神学的或虚构的、形而上学的或抽象的、科学的或实证的）。

孔德认为，社会发展的基本要素就是著名的"三阶段法则"（loi des trois états），它实现了人类渴望的秩序与进步，分别如下："社会静力学"（statique sociale）揭示了自然秩序的特殊规律，验证了传统主义者视为珍宝的一些原理，例如认为是工作、财产、家庭、阶级在指导个人活动；至于进步，在他的"社会动力学"（dynamique sociale）研究中，历史的进化也经历了三阶段不断走向文明。然而，正如上文所述，进步无法改变永久的社会结构。

与其早期著作相比，孔德的思想已经发生了巨大转变，尤其是从 1847 年他提出"人道教"开始。与此同时，确切地说是在 1844 年秋天，孔德遇到了克洛蒂尔德·德沃（Clotilde de Vaux）并疯狂地爱上了她。这场柏拉图式的爱情充满了戏剧性，随着克洛蒂尔德在 1846 年 4 月逝世而消亡。但这无疑改变了他的生活和平衡，为其有了新发展的工作提供了新动力。

事实上，从那时起，孔德逐渐在其著作中淡化了科学主义，而是试图使社会学融入"人道教"这一新宗教之中，这引起了其第一批信徒的反感。如利特雷就明确拒绝接受将实证主义变成宗教成为神秘主义，更何况还要服务于专制与反动的政治。这种滑坡在 1852 年出版的《实证教义问答》（*Catéchisme positiviste*）中非常明显，该书进一步提出，人类只有通过宗教才能获得至高无上的知识，可以视宗教为社会关系的神圣表现。这一主题在几十年后被涂尔干再次讨论。这传递了一种信息，即从这时起，为了应对工业化带来的动荡，法国社会学家希望建立一个以仪轨为基础的稳定社会。

实证主义在英国的变体

如同他那个时代的许多英国人一样，哲学家赫伯特·斯宾塞（Herbert Spencer）也熟读孔德的主要著作，但是他从不同的逻辑前提起步，最终成为有机社会学的一代巨擘，有机社会学也成为 19 世纪最后 30 多年社会科学的主流思想。斯宾塞作为一名畅销书作家，毁誉参半，他去世之后更多是作为一位英国哲学家被后世铭记。

这位后来的实证主义大师，早年是一名铁路工人，利用业余时间转行成为记者和哲学家。他厌恶形而上学，认为那是徒劳无功的，因此拒绝卷入就事物起源展开的旷日持久的辩论。他公开断言，人类现象和文化现象——就像其他所有的自然现象一样，都适用于观测和实验，并优先考虑因果类型的方法。斯宾塞博览群书，他结合亚当·斯密（伟大的古典经济学家）和拉马克（博物学家，提出了物种转化和获得性特征遗传理论）的学说，提出了逻辑缜密的社会进化论，这在社会科学中尚属首次。拉马克假定，任何生物都可以通过适应环境和器官分化完成进化，这个一般进化机理的过程能够经得起历史的检验。从 1851 年出版的具有开创性的著作开始，斯宾塞就将社会变迁描述成一个人类社会由简单到复杂、从同质向异质进化的不可阻挡的过程。所谓异质，就是指现代工业社会的功能特征加速分化，也被斯宾塞称为有机社会，以区别于以往的军事（militaires）社会。在斯宾塞看来，进化机制的起源在于生存竞争和自然选择，最终会导致适者生存，劣者淘汰。既然这种进化不可避免，就没有必要阻碍它。斯宾塞认为在平等和平的现代社会，社会基础并不是国家管制，而应是优秀人才和人际关系的自由发展。

斯宾塞的自然主义和道德虚无主义比自由主义更加激进，令同时代的人倍感震惊，他们更倾向于社会改革和社会保护。不过，即使是最激烈的批评者也对他的大部分假说表示理解和接受，一些观点到今天仍然被奉为社会学"圣经"（vulgate）。此外，有关斯宾塞的观点还要补充两点。

——社会应被视为一种不稳定的、动态的系统，它的功能日益多样化，其中个体间的关系作为一种规制过程，重要性日益凸显，从而会损害传统的社会机构（家庭、教会，尤其是国家）；

——在认识论层面上，至少在社会科学中，因果概念并不一定只产生单一的结果，而可能会产生多种潜在的结果。

总之，斯宾塞不仅拥护社会和政治领域中的自由，也是社会达尔文主义的先驱，毫无疑问在这一领域颇有建树。他也是科学社会学最早的奠基人之一，为之贡献了研究工具、可靠的认识论，尤其是解释模型——有机论，这被视为实证主义理论推陈出新的背景下的一项丰硕成果。

道德和司法统计学

"道德和司法统计学"这一表述概括了一些法学家和数学家的工作特征。他们在 1830 年前后试图用物理和自然科学的研究方法研究道德科学。从某些方面来说，这些人似乎是英国政治算术学派的后继者，在 17 世纪时，一些学者试图证明可以"用普通的算术方法来处理政府问题"（Petty，1690）。政治算术学派起初是为了解决人口问题，很快就延伸到其他主题上，比如经济增长研究、通过分析公共财政研究国家财富，以及研究以储蓄形式积累起来的终身年金的收益率问题。到了18 世纪末，学者们希望通过算术更精确地研究社会问题。当然除了社会问题之外，还有病理学方面的研究。

在旧制度末期，蒙松（Montyon）法官负责记录 1775 ～

1785 年巴黎法院对犯罪和违法行为的判决。他在收集到的数据基础上，按照性别、年龄、职业以及犯罪的特征和地点对人员进行分类。在其公开发表的《法国道德观察》（*Observations sur la moralité en France*）（Montyon，1786）一书中，他得出结论，城市扩张是犯罪行为扩散的主要原因。

工业化开始以后产生了各种社会问题，例如许多人从农村迁徙到城市后游手好闲、家庭单元解体、道德败坏，统治阶级无法理解这种社会变革，焦虑感日益加重。农村的"老实"（bon）农民摇身一变成为城市中的"野蛮"（sauvage）市民，民众已经成为一个危险的群体。因此，不难发现，仅凭重读哲学经典或者认识论上的发现已经远远不够，人文科学在贫困观测和犯罪预防等领域找到了新出路。

在法国，监狱问题在波旁王朝复辟时期的晚期已经提上了日程。事实上似乎已不再将罪犯和疯子、未成年人和成年人、轻度犯罪分子和重度犯罪分子关押在一起。在制度改革之前，为配合这项改革，王室监狱学会（Société royale des prisons）已经进行了多项调查。其中有一位名叫路易·维莱姆（Louis Villermé），是一位博爱的医生，他提出了改革思路。司法部也为到海外开展研究提供了资助。亚历西斯·德·托克维尔（Alexis de Tocqueville）这位青年法官利用这次机会到北美进行了一次重要的旅行，发现了自己真正的使命。

同一时期，法国还编制了司法统计数据，这些统计数据已经具备了现代数据收集的一些特征：使用的类型学全都遵循相同的原则、调查的材料具有同质性、水平适当。采集到的信息交由中央政府归总后，在 1827～1830 年以《司法犯罪管理总账》（*Compte général de l'administration de la Justice criminelle*）为主题，定期公布。

必须要强调的是，从这方面看，司法统计首次达到了如此高的质量。政府一直以来恪守的保密原则被司法材料公开的形式所打破，这种前所未有的行为意味着思想领域的重大变革（**126**）。

伦理学家和其他改革者的热情不只在研究犯罪领域。维莱姆医生在新成立的道德与政治科学学院（Académie des sciences morales et politiques）的鼓励下，对工人阶级进行了一次重要的调查，调查结果在 1840 年出版。在这部著名作品中，维莱姆描绘了纺织行业的景象，尽管这一行业当时被认为是"道德败坏的重灾区"。同一时间在英国，波特（Porter）和恩格斯在对"工人阶级"进行全面严谨的调查之后，得出了与这位法国医生类似的结论。

改革者们对所有领域都充满了热情，这使统计社会现象遍地开花——从应征入伍规模到血腥犯罪、扫盲和民众的酗酒问题。对统计事实真相的执着似乎成为资产阶级思想中光辉灿烂的部分。总之，只要数据就足够了，方法倒显得无足轻重。当然，社会数据编制者队伍庞大，工作仍需要协调。

鉴于问题的严重性，"决策者"（décideurs）的任务非常紧迫，无法再逃避——否则还是会继续坚持功利主义的观念，而是积极寻求务实的解决之道。例如，英国在 19 世纪 30 年代初成立了伦敦统计学会（Statistical Society of London）。从一开始，创始人就赋予它一项使命，即将政治经济学理论转化为具体的政治工具。因此，该学会收集人口和健康方面的数据，尤其是贫困人口的数据，然后将这些经济和社会统计数据提交给学会的理事机构和联合王国政府。

接着，人们从简单的观察事实转而试图介入事实本身，希望能够改善贫困人口的社会状况，便于控制他们。为此，国家社会科学促进协会（The National Association for the Promotion of Social Science）于 1857 年成立了，出版的季刊《梅里奥拉》（*Meliora*）第一期就发行了 7000 册。此时的社会科学并没有从多维角度来解释贫困现象，而是认为某些人收入低下是恶习导致的堕落（沉迷于维多利亚布尔乔亚幻想中的酗酒）。我们又能对它以道德方案解决社会问题的愿望说什么呢（**82**）？

并非只有英国希望以这种方法来解决社会问题。几乎在同一时间（1834 年），在梯也尔（Thiers）的推动下，法国成立了一个兼具统计经济和人口功能的统计总局，让人不禁联想到它在伦敦的同行。该局在 1840 年被正式命名为法国统计总局（Statistique générale de la France）。工程师弗雷德里克·勒普雷（Frédéric Le Play）是法国统计总局第一批合作者中的标志性人物，后文将会谈到。

社会数学

在 18～19 世纪之交，统计对象开始多样化。不过统计对象主要还是犯罪行为和假定的规制（*régularités*），以便根据人类行为的一般特征尽早确定违法的动机。在某些人看来，在

18世纪的哲学家著作中,尤其是孔多塞,已经提出用科学的方法——也就是定量方法——可以计算和预测与人类有关的事实。这种信念的基础就是精密科学和自然科学已经取得的非凡创新。

这种思潮的一个典型代表就是比利时天文学家和数学家阿道夫·凯特勒(Adolphe Quetelet),此人热衷社会工程学(ingeniérie sociale)。在巴黎逗留期间(1830年),他有机会经常与顶尖的经济学家和统计学家会面,于是决定创办一份名为《数学和物理学对话》(*Correspondance mathématique et physique*)的简报,并担任主编和唯一的编辑。这份简报开辟了一个"社会统计"(statistiques sociales)专栏,主要刊登犯罪统计数据。

在拉普拉斯(Laplace)的启发下,凯特勒在分析社会事实时运用天体机械原理,在考虑到时间一致性的前提下,试图寻找各类人口犯罪偏好(*penchant au crime*)的线索。然而,凯特勒注意到有些事件会有规律地出现,哪怕造成事件的个人有所不同。因此,个人看似可以自由行动,但是存在一种悖论,"当个体的规模足够大之后,个人的意志就会退化,代之以受到群体事件的支配,这取决于个人道德和社会存在较量的结果"。①

法国"科学"学派

在欧洲,人们经常去听天文学家拉普拉斯或者数学家柯

---

① *Correspondance mathématique*,1832,tome 7,p. 2.

西（Cauchy）的讲座，学者们联系也非常密切。这个关系网明显分为三类。第一类是理工学院毕业生，他们热衷于推广政治算术，研究经济问题，尤其是工业化问题。受他们影响，越来越多的一线医生和卫生从业者也在关注人口、社会保护、职业病和城市消费等问题。代表人物有维莱姆、伯努瓦东·德·沙托纳夫（Benoiston de Chateauneuf）等人。第三类是数学家，"他们试图把自然科学的方法应用于政治和道德科学"，有时也并不成功。不过，在这三类学者的共同努力下，开了以应用数学（基于概率的计算）研究巴黎的人口、贫困和消费的统计问题的先河。

因此，研究社会事实可以采用多种科学方法，多管齐下，尽管它们来源于不同的范型。例如，一方面，医生可以借用人体解剖学或者生理学的术语和原理构建生物学模型；另一方面，他们发现可以将"功能"（fonction）的概念（在当时已经使用了）应用到对社会事实的研究中。库尔诺（Cournot）在经济学研究中也借鉴了数学和物理学模型。形式化受到越来越多的关注：学者们开始使用和解释统计平均值，反思现象之间继承联系的意义，会用学到的简单协方差来区分因果关系。

换句话说，除了"意志"（volonté）之外，有些事实不受人类控制，而是遵从普遍"法则"（概率类型），也可能是人类社会独有的、但也遵循物理定律的模型。因此，凯特勒将社会平衡与流量控制做比较，认为法国大革命就是因为危险力量积累最终爆发了社会暴动。

再则，这位比利时数学家开始系统性地发布社会统计数据或者试图完善社会物理学（这一术语引自奥古斯特·孔德，他不了解孔德的工作，只是把社会物理学当作一项统计技术），他的意图不再只是科学。哲学家和政治学家通过计算技术更加接近了解人类真实的本质，控制某些令人担心的社会事实，以避免代价高昂的革命。①

因此，统计不再只是用于社会研究，也可以成为控制工具，还可以用于道德建设。为了确定统计分布序列的平均值，凯特勒建立了一套标准。或者更准确地说，他提出了标准的第一步，应该认真确定标准化的统计均值。这就是他的中间值理论。在对一般人的社会需求进行的道德统计中，实际变量往往分布在中间值上下（Halbwachs，1913）。

一开始，反对凯特勒的人比比皆是。有学者批评他信奉唯物主义，认为他假借概率理论大肆颠覆道德。还有一些学者，例如奥古斯特·孔德和让·巴蒂斯特·萨伊（Jean-Baptiste Say），批评他的理论只能用于社会事实的因果分析，不能对改革提出建议。此外，还有学者怀疑他鼓吹纯粹保守的意识形态，在服务社会方面提倡的是伪科学（**126**）。

这些批评提到的一些问题在 150 年后仍然还没有答案。研究人类社会是否必须进行病理学方面的分析？定量分析和数学逻辑在人文科学中应处于什么位置？社会事实是不言自明的，还是必须从相关理论中推断？无论如何，许多学者还

---

① 维莱姆 1832 年的来信。

是拒绝将新兴的社会科学视为可以出所谓的客观科学家应用的纯粹的技术。

第三节　政治思维的持续和变革

上文的批评很有意思，因为这些批评来自关注西方世界发展的人，而与1830年前后工业革命开始时出现的各种改革运动关系不大。当时，工业化还没有成为欧洲社会的主要特征，更别说会导致历史命运的正面变革。相反，从其起源和运行逻辑来看，工业化只是文明进程扩张的一部分。当代社会无法做到与过去决裂，有人对此感到遗憾（传统主义者），也有人否认（圣西门主义者）；这种变化是相对的，因为要考虑到其历史相当漫长。同时，人们激烈争辩的是当前的问题而非历史问题，所以更多采用了哲学或者政治学的方法，而不是实证主义者极力普及的"科学"方法。

托克维尔的民主与大革命

本书开篇到结尾都一致假定：托克维尔以反思历史为起点，提出了西方社会民主演变的假定。从中世纪开始，欧洲一直经历着不可抗拒的自由与平等的发展，这不仅催生了个人主义，还拉低了一些门槛。无论是美国的民主还是法国的民主，都是这场运动的一部分（**201**）。

通过这种合理的比较（托克维尔常被视为比较方法的创始人），他轮番考察了几个主要的现代社会，发现对民主或者平等的狂热往往会剥夺自由。托克维尔是自由主义者,他非常担忧民主社会的政治前景,不是因为不受限制的释放自由,而是被保守主义的,有时甚至还有专制主义的幽灵威胁。

"在民主社会中……对特权的仇恨和选举的困惑迫使所有人,无论男女老幼,都要不约而同地、不加区分地、从始至终地进行大量初级演练,在这个过程中,他们的青春被剥夺,想象力也消失了。"①

比起美国,法国有过之无不及。在大革命之前,法国长期实行中央集权的君主专制,大肆摧残中间阶级群体,制造舆论破坏人民群众的自由观念,市民追求平等的热情高涨。

"中世纪的人想不到的是,当今民众已经很熟悉这种被称为民主专制政治的特殊暴政形式。社会上不再有等级制度、不再有明显的阶级、不再有固定的等级;人民群众由相近或相同的个体组成,这个混乱的群体被认同为唯一合法的统治者,但却被仔细地剥夺了所有能使用的参政和监督政府的能力。"②

接着,托克维尔又开始讨论平等条件的起源,坚持认为大革命悖论的激进主义深植于旧制度传统。这种本质上是政治的说明意味着,现代民主社会的经济正在实质性增长,这导致了阶级结构瓦解成界限和利益都在变动的多种社会群体。当然,托克维尔也没有否认社会地位或者财富水平存在巨大差距。但

---

① Tocqueville, 1835–1840, p. 337 de l'édition de 1963.

② Tocqueville, 1856, p. 260 de l'édition de 1963.

这种差异并不是导致阶级归属的原因，理由有两点：新经济制度的受益者越来越多；社会不同阶级的成员为了垄断新创造的财富而不断斗争。

"如果所有公民获得资源的条件是平等的，他们就能获得更多资源；其欲望随之也会扩大。因此，民主社会的人们有着膨胀又持续的野心，但他们又没有很高的目标；只会垂涎生活中那些普通的、唾手可得的目标。"①

托克维尔：学者与政治

托克维尔是法国的贵族和法官。他的母亲是马勒泽布（Malesherbes，曾担任过路易十六的部长，在"恐怖"时期为路易十六接受审判上断头台之前为其辩护）的后裔。他自称是君主制的拥趸和自由主义者，但是他无意归顺 1830 年上台的路易·菲利普国王。因此，他利用与司法部的关系很快获得了前往美国游学的机会（1831 年 5 月），并以官方身份分析了美国的监狱制度。

1832 年春天，托克维尔返回法国，开始发表访问的成果。在那部总结他亲身经历的鸿篇巨制《论美国的民主》之前，托克维尔的第一部著作《政治世界》于 1835 年出版。他以大量丰富的细节突出了美国进行的民主革命的重要性，认为这场革命从一开始就以法律和道德为基础，没有酿成实际上的悲剧。

托克维尔笔耕不辍（1840 年还出版了《民主与社会》），

---

① Tocqueville, 1835 - 1840, p. 336.

他的书非常畅销，这使得素有政治抱负的托克维尔受益匪浅——1839年，他当选为芒什省的议员，一直连任到1851年他退出政界。他还游历了多个国家（英国、爱尔兰和阿尔及利亚），积极参与议会活动，勇敢地支持监狱制度改革和废除奴隶制度。

1848年1月，托克维尔已经感觉到革命将要席卷全国，对未来并未抱有幻想。他接受了第二共和国的诞生，参与起草新的宪法，支持卡芬雅克（Cavaignac）作为总统候选人，反对路易·波拿巴。1849年6月，他出任奥迪隆·巴罗（Odilon Barrot）的资产阶级保守派政府的外交部长。几个月后，路易·波拿巴声称要全权执掌政府，托克维尔迫于压力宣布辞职。1851年12月政变后，他永久退出了政坛。

为了从参与过的活动中总结经验，托克维尔从图尔总档案馆中调取了大量资料，开始研究封建制度和旧制度。1856年，《旧制度与大革命》的第一卷出版。由于托克维尔认为自己对这个问题的思考还不够成熟，直到1859年4月去世前他仍在推敲书稿。

在托克维尔看来，中产阶级对自己命运的不满成为驱动形成新社会的力量。他们害怕沦为平民阶层，又被上流阶层拒之门外。因此，他们的不满呈现出双重性，激发出矛盾的欲望，最后又烟消云散。简而言之，由于阶级结构逐渐消失，现代社会本质上免不了争论，但不应该是一场革命。

当然，在这里我们还要补充一句，托克维尔反对社会主义，也非常憎恨雅各宾主义。

乌托邦社会主义和马克思主义

紧跟圣西门的步伐，1830 年起社会主义理论不断发展，但也经历了许多困难。在社会主义理论构建过程中，分歧主要是探讨哪种要素更为重要，而非实质性的分歧。大家都同意社会的基本目标是生产商品和服务，其基本假设的前提是集体劳动而非个人经济活动。社会主义者通过限制甚至取消生产资料的私人所有权来控制生产。他们认为这一限制非常必要，因为所有权在不同形式的活动或工作之间造成了巨大的不平等，这些活动并没有都得到公平的报酬。此外，平等观念是社会主义理论的一个重要组成部分。不只是人生而平等，他们的基本权利和需求也应该是平等的。用路易·勃朗（Louis Blanc）的名言就是"各尽所能，各取所需"。

19 世纪上半叶的社会主义似乎是对工业化力量以及试图证明其正当性的理论的回应。它的观点是道义范畴的，而非经济范畴的。此时的社会主义基本上围绕社区，试图通过提供替代性社会模式来打破资本主义社会的个人主义。苏格兰的罗伯特·欧文（"消费合作社"）、法国的夏尔·傅立叶（"法伦斯泰尔"）、英国圣西门宗教的领袖普罗斯珀·安凡丹（Prosper Enfantin）、皮埃尔-约瑟夫·蒲鲁东（联邦制）等都是这场运动的典型代表人物。他们希望通过对经济和社会组织形式采取行动来改变人的本质，被其反对者称为乌托邦。欧洲和北美成为这些理论和社会实践良好的实验室，为工人运动寻找模式。其中，蒲鲁东的思想虽然被科学共产主义否定，但是成为马克思主义的主要理论源泉（**204**）。

卡尔·马克思的著作不局限于社会学，而是对所有社会科学都做出了至关重要的贡献。马克思的确是一位社会学家，虽然他自己从来不这么认为，他还是一位黑格尔主义哲学家、经济学家和工联主义者。

作为一名社会学家，与同时代更受法国社会思想影响的洛伦茨·施泰因（Lorenz Stein）相比，马克思的原创著作成功地使阶级斗争成为历史变迁的引擎，马克思关于阶级斗争的理论比跟他同时代的人要做得好。他与弗里德里希·恩格斯合作撰写的《共产党宣言》中断言："至今一切社会的历史都是阶级斗争的历史"。他所强调的"阶级"从何而来？阶级是在土地和其他生产资料私人所有制的发展历史中劳动分工机制的结果。当任务和职能是随机出现而非世袭，换言之，也就是生产资料与私人占有之间相分离，就产生了社会阶级。

因此，阶级产生于个人在特定生产制度中的地位和功能的多样化。这种地位的演变取决于两个主要因素：生产方式和生产关系，这是马克思主义的理论基石。

正如自由主义者认为的那样，影响个人存在及其活动的只有社会关系，而非其他。在这些社会关系中，要区分那些因其重要性或者优先性而具有统治性的社会关系，即必然引起本质冲突的关系。

作为资本主义动态规律的阶级斗争

人们在生产资料方面的不同地位，事实上造成了利益上的对立。19 世纪资本主义社会的法则是，工厂主首先考虑最大限度地追求利润以及占有劳动者创造的利润（剩余价值），相应地，劳动者倍感剥削。此外，资产阶级还仗着占有生产资料攫取了政治权力，禁止工人阶级公开表达不满情绪。工人无法与资本家分享权力，是因为他们分散且组织不完善，还没有意识到他们被奴役的真正原因，更何况他们深受剥削，无法与资本家斗争。

因此，工人群体要形成一个真正的阶级，不仅因为他们的经济状况相同，而且因为他们都是资本主义生产方式下残酷的劳动分工的受害者。工人已经意识到自己在生产过程中的角色和阶级冲突的本质。

换句话说，只有行动团结一致才能增强阶级的优势。马克思讨论过团结这一主题，认为尽管阶级联合已经体现在社会生活的方方面面，但还是要清醒地认识到在历史发展的现阶段，只有通过斗争，阶级的合法权利才会得到承认。

"经济条件首先把大批的居民变成劳动者。资本的统治为这批人创造了同等的地位和共同的利害关系。所以，这批人对资本说来已经形成一个阶级，但还不是自为的阶级。在斗争（我们仅仅谈到它的某些阶段）中，这批人联合起来，形成一个自为的阶级。他们所维护的利益变成阶级的利益。而阶级同阶级的斗争就是政治斗争。"①

阶级冲突可以从两方面来理解。一方面，它是指无产阶级在阶级意识觉醒之前，为了经济利益与资产阶级进行的自

---

① Marx, 1847, pp. 177 - 178 de l'édition de 1961.
此处翻译采用《马克思恩格斯文集 1》，人民出版社，2009，第 654 页。——编者注

发斗争；另一方面，也是指一旦无产阶级意识到自身的历史角色之后，与资产阶级抗争的集体行动。如果工人只是通过谈判寻求融入资本主义制度而不是摧毁它，那么这种阶级意识可能只是部分的（马克思称之为"虚假意识"）。因此，对于工人及其后代而言，不能与资本主义妥协，它必将被社会主义这种新的生产方式所替代。共产主义社会的实现将意味着历史的终结。

事实上，马克思和同时代的学者（拉马克、达尔文、斯宾塞）一样，坚信生命不息，斗争不止，人类要从大自然中索取生存所需的东西。不过，马克思在其著作中补充到，劳动早已超越了简单的自然状态，具备了技术手段和社会组织体系的双重意义。在这一过程中，人类创造出自己的生活，也就是说超越了原始状态，但也受到生产力条件的某些约束，包括自然资源水平、技术和社会劳动分工。

值得注意的是，马克思考察了生产力的渐进发展决定劳动分工、所有制和阶级结构的发展之后强调，生产方式的历史更迭（主要有奴隶制、封建制和资本主义生产方式）是一个对立统一或者辩证的运动过程。

"无论哪一个社会形态，在它所能容纳的全部生产力发挥出来以前，是决不会灭亡的；而新的更高的生产关系，在它的物质存在条件在旧社会的胎胞里成熟以前，是决不会出现的……大体说来，亚细亚的、古希腊罗马的、封建的和现代资产阶级的生产方式可以看作是经济的社会形态演进的几个时代。资产阶级的生产关系是社会生产过程最后一个对抗形式……"①

马克思的这些思想令社会科学受益无穷，他提出的许多概念在身后仍被历代理论家和研究者讨论、引用和完善。然而，马克思主义理论对社会学的影响力需要重新予以审视，其影响无疑被低估了。有两点原因：第一，马克思主义理论产生影响的时间相对较晚，直到 20 世纪 30 年代它才开始得到社会学学界的重视（而他的经济学理论在 20 世纪初已经在英国和德国受到热议）；第二，马克思主义在其科学的、反教条的版本里有意把自己介绍为（特别是在第二次世界大战以后）社会学的替代品，就算不能取代社会学至少也包括社会学。因此，"马克思主义社会学"这个名称本身就值得商榷，因为马克思主义本身致力于成为一门完整的社会学。

综上所述，我们可以得出初步的结论。在社会学于 19 世纪末成为一门学界公认的学科之前，社会学的思潮和内容源泉都存在很大差异。从一开始，它继承了实证、行政管理和政治的三大"传统"。这些传统起初互相忽视，然后擦肩而过，偶尔也会碰撞交织，但是从来没有合而为一。这种异质性绝非偶然，它成为社会学的一大特征，并保留至今。

---

① Marx, «Préface», in Engels, 1850, p. 87 de l'édition de 1934.
此处原作者引用文献时出现一个错误，引文应出自马克思 1859 年出版的《〈政治经济学批判〉序言》。——译者注
此处译文采用《马克思恩格斯文集 2》，人民出版社，2009，第 592页。——编者注

本章参考文献

BONALD Louis DE (1754-1840) : *Théorie du pouvoir politique et religieux* (1796).

BURKE Edmund (1729-1797) : *Réflexions sur la Révolution en France* (1790).

COMTE Auguste (1798-1857) : *Système de politique positive* (1824). — *Cours de philosophie positive* (1830-1842). — *Discours sur l'esprit positif* (1844). — *Catéchisme positiviste* (1852). — *Appel aux conservateurs* (1855).

CONSTANT Benjamin (1767-1830) : *De la liberté des Anciens comparée à celle des Modernes* (1819).

ENGELS Friedrich (1820-1895) : *Campagne pour la constitution du Reich allemand* (1850).

MONTYON Jean-Baptiste DE (1733-1820) : *Observation sur la moralité en France* (1786).

NECKER Jacques (1732-1804) : *Sur la législation et le commerce des grains* (1775).

PETTY William (1620-1687) : *Political Arithmetic* (env. 1676, publ. posth. 1690).

PROUDHON Pierre-Joseph (1809-1865) : *Philosophie de la misère* (1846).

QUETELET Adolphe (1796-1874) : *Physique sociale ou Essai sur le développement des facultés de l'homme* (1838).

SAINT-SIMON Claude-H. (1760-1825) : *Lettre d'un habitant de Genève à ses contemporains* (1803). — *Mémoire sur la science de l'homme* (1813). — *L'Industrie* (1816-1818). — *Du système industriel* (1820-1822). — *Catéchisme des industriels* (1823-1824). — *Le Nouveau Christianisme* (1825).

FOURIER Charles (1772-1837) : *Le Nouveau Monde industriel et sociétaire* (1829).

HALBWACHS Maurice (1877-1945) : *La Théorie de l'homme moyen* (1913).

MAISTRE Joseph DE (1753-1821) : *Considérations sur la France* (1796).

MALTHUS Thomas (1766-1834) : *Essai sur le principe de population* (1798).

MARX Karl (1818-1883) : *Misère de la philosophie* (1847). — *Les Luttes de classes en France* (1850). — *Le 18-Brumaire de Louis Bonaparte* (1852). — *Le Capital* (1867-1894). — Et ENGELS F. : *Le Manifeste communiste* (1848).

SPENCER Herbert (1820-1903) : *Social Statics* (1852). — *The Study of Sociology* (1873). — *The Principles of Sociology* (1874-1896). — *The Man Versus the State* (1884).

STAËL Germaine, baronne DE (1766-1817) : *Considérations sur les principaux événements de la Révolution française* (1818), posthume.

STEIN Lorenz (1815-1890) : *Histoire du mouvement social en France, de 1789 à nos jours* (1850).

TOCQUEVILLE Alexis DE (1805-1859) : *De la démocratie en Amérique* (1835-1840). — *L'Ancien Régime et la Révolution* (1856).

VILLERMÉ Louis (1782-1863) : *Tableau de l'état physique et moral des ouvriers employés dans les manufactures de coton, de laine et de soie* (1840).

第二章
社会学抑或社会科学？学科
界定（1860～1890年）

19 世纪 50 年代末，孔德和托克维尔已经离世（蒲鲁东不久也去世了），此时仍然在比利时进行第一次人口普查的维莱姆和凯特勒也逼近人生终点。年轻的一辈，如马克思、斯宾塞则开始撰写日后的鸿篇巨制。

然而，知识的舞台并没有空闲。许多研究者继续探索着实证主义和有机主义的潜在价值，并将其引向新的领域。不过有些非原创性的著作由于缺乏能够发展的框架，被结构性改革所抛弃。国家干预在经济和社会领域也变得更加紧迫。不仅法国如此，其他国家亦然。

第一节　政治意志主义与社会：法国的动向

19 世纪中叶，法国仍然是一个伟大的思想实验室。毫无疑问，启蒙哲学的遗产使法国及其首都巴黎成为各种思想激烈交锋的场所。政治生活周期性的震荡影响了整个欧洲。科学家和哲学家威望空前，到处都有人阅读和评论他们的作品。最后，也是最重要的是，法国的精英们突然痛苦地意识到，他们引以为豪的引领地位也无法掩饰法国在科学领域已经落后于竞争对手（19 世纪 60 年代），尤其是德国。1870 年的普法战争法国战败以后，这种意识进一步加深，导致第三共和国进行了一系列前所未有的改革。法国在这一时期的"优越性"自相矛盾，因为法国思想的活力与非常不足的制度化没有任何关系。

大学与帝国的改革意愿

拿破仑曾经关闭的大学在波旁王朝复辟时期恢复了活动，到 19 世纪中叶，这些大学及其学院按照准专业模式（只有法学和医学）规范而又重复地建设，导致自由精神或者创新能力几乎荡然无存。科学作为一种冒险和发明，被视为天才拥有的特权，底层人民甚至接触不到任何科学的边缘。这种关于科学的"浪漫"理念不仅存在于数学领域，就连在法国地位很高的哲学和历史也有这种观念。

这种模式只有名字称得上自由，自从它趋向于割裂学术生涯与实际表现之间的联系，就注定是不可持续的。从 19 世纪中叶起，德国兴起了基于研究而不是博学这种全新概念的科学形象，法国模式已经落伍了。法国的学术培训体系已成明日黄花，在学术研究方面失去领先地位：学生们把有限的精力都投到获得学位（比如学士学位）上，大学沦为华而不实、传授过时文化的机构。

面对这场越发激烈的国际竞争，包括在知识领域的竞争，很明显法国科学缺乏组织导致阻碍了自己的发展，鉴于此，重建高等教育已经势在必行。

高等研究实践学院（EPHE）的组织原则

高等研究实践学院（École pratique des hautes études）一个重要的新特色就是取消预先设置的等级制度。入职的教师不考虑头衔，只考虑科学声誉。此外，与其他学院不同，学院不参与国家的等级评定。学生包括各类高端人士，没有年龄、文凭或者国籍的限制。它宣称通过学术研讨会（séminaires）（这不再是神学术语，而是源于德国且已经在莱茵河对岸成为时尚的大学实践活动）凝聚研究团队。在这些会议上，不再是主持人发表演讲，而是采用新的方法，即学生陈述自己的应用型研究实践。这就是这所学院名称的由来。

学院除了三个研究精确科学的系部之外，还有一个历史和语言系（第四系部）。杜卢伊（Duruy）还计划开设一个经济和行政管理系，但由于各种变幻莫测的原因，该系直到80年后才开始运行。

这种诊断意见已经不新奇了。解决方案才更为重要，因为它事关国家根本。受像克劳德·伯纳德（Claude Bernard）、欧内斯特·勒南（Ernest Renan）这些宽厚的学者启发，后者要改变学术世界，因为相信一个国家的科学水平决定其实力并证明该国在现代国家中的地位。但是这需要长期努力，要花三十年才能成功。

在此期间，在 1863～1869 年担任公共教育部长的维克托·杜卢伊率先推动了一项雄心勃勃的关于大学的政策，这项政策区分了教育和研究这两个功能。为了使这项政策从秘密走向公开，他于 1868 年创办了高等研究实践学院，采用全新的结构和运行方式。

不过杜卢伊很快于 1869 年辞职，加上帝国在色当惨败之后的崩溃，导致他的教学计划未能继续。不过，法国和普鲁士之间很快结束了战争，巴黎公社的流血事件重新激起了对法国动荡的危机根源的辩论。包括左翼和右翼在内的大部分公众都认为统治阶级眼光短浅，对法国社会现实难辞其咎。因此，法国难以培养工业精英，被其主要欧洲竞争对手远远抛在后面。

要改变这种状况必须处理好生力军，也就是甘必大（Gambetta）说的"上升阶级"，为他们提供高等教育，打开对时间的束缚，以科学为基础，因为人们相信科学能启发行动。这是杰出科学家的使命，非实证主义者所独善。他们才是这个时代的象征。

弗里德里克·勒普雷及其发起的运动

按照勒普雷的年龄（生于 1806 年），他与孔德和托克维尔属于同一时代，有许多点将他们联系在一起，如社会背景和教育。尤其勒普雷与孔德都在巴黎综合理工学院学习并走上科学之路；更重要的是，他们各自的著作都多方面体现了对秩序的关注。出生于诺曼底贵族之家的托克维尔退出政坛之后，将其政治生涯和人生轨迹都写进了他早期的社会学著作中。托克维尔担任过拿破仑三世政府的议员，是帝国政治的忠实拥护者，也是政府的技术官僚之一。不过，这种比较就点到即止了。

勒普雷早年是一位采矿工程师，因自己的兴趣和职业职责可以游历整个欧洲。在游历过程中，这位冶金专家成长为一位人类学家。他自己开展并委托别人进行以直接观测社会下层和家庭预算安排类型为基础的研究。这种方法被称为"专志"（monographies），这些成果被编成《欧洲工人》（*Les Ouvriers européens*）（Le Play，1855），此书出版后无疑取得了巨大成功。

后来，勒普雷从各种研究方法中总结了三种"观察方法"（méthode d'observation）："第一种是事实观察法，第二种是向工人询问无法直接观察到的事情，第三种是从那些与工人非常熟悉或者因为长期资助影响到家庭生活的当地人中收集信息"（Le Play，1862）。

为了建立人类学调研的标准化，同时扩大其观点的政治影响力，勒普雷于 1856 年创立了社会经济学会（la Société d'économie sociale），这个学会的目标是通过直接观测事实的方法考察体力劳动者（travaux manuels，即工人，这是勒普雷使用的复杂术语）的身心状况及与其他人员的关系。该学会先后对 40 多个工人家庭及其劳动改善的状况进行了人类学研究，随后出版了主题为《来自两个世界的工人》（*Les ouvriers des deux mondes*）的系列著作。

勒普雷的组织才能在 1867 年巴黎世界博览会的自由发言

中再次得到了发挥。色当惨败以后，在巴黎公社遭到清算时，他起草了一份题为《灾难之后的社会和平》（*où il ne fait pas seulement part de son effroi*）（Le Play，1871）的宣言。他不仅在宣言中表达了恐惧，而且计划在一个学术社会网络的基础上进行一系列改革。在这一计划中，他强调观察劳动人口的物质和道德状况，国家不应干涉社会改革。这个网络启动后人数慢慢增加，1884 年的会员已有 3000 人左右。其中大多数是经过培训后招募的新人，他们理想坚定，是勒普雷忠实的信徒。作为社会网络的一部分，社会科学实践研究学院（École pratique de la science sociale）面向社会公众举办了大量重要的讲座和课程（有针对性地将听众限制在未来会开展人类学研究的人员范围内）。这所学院和杜卢伊的理念一样，希望将学生的一般课程与方法理念结合在一起。后来，勒普雷又发起了《社会改革》（*La Réforme sociale*）（1881 年）杂志的编辑运动，使《社会改革》在社会科学领域的杂志中遥遥领先。

在勒普雷的推动下，长期以来被忽视的方法论和理论的重要性如今几乎再无争议了。在假定研究社会状况可以从微小的社会单位入手的基础上，他认为家庭是全球社会紧张局势和矛盾冲突的缩影。勒普雷采用的研究方法包括对几十个工人家庭进行直接、准民族志的观察以及比较分析。如果从统计角度来看，这些样本并不具有代表性，是勒普雷根据凯特勒的普通人模型构建的理想模型。关注家庭收入和开支是民族志描绘社会经济活动方面的核心和优势，它试图找到一种可量化的评判社会生活的工具，这样就能适用于各种不同的环境。

然而，勒普雷并不是一个现代意义上的研究者。在他看来，知识是公开为意识形态服务的，"在思想混乱、阶级对立和政党分歧的环境下，最迫切的任务是运用源于最精确的科学的严谨方法捍卫基本真理或者反驳错误"。①

勒普雷是一个政治保守主义者，但奇怪的是他又是一个回应现代世界的改革者。因此，其工作延续了他在公共事务中一贯捍卫的思想。具体而言，他力求恢复一个父权世界，各个功能单元按照家族树模式运转（像梅卢加的家庭一样，父母、儿女、孙辈或者其他单亲子女都生活在同一屋檐下）。勒普雷认为这是最好的模式，他反对限制家庭和婚姻，认为那样只会更糟。

夹杂着激进天主教教义的家长主义虽然曾盛极一时，但此时显然已经过时了。确切来讲，家长主义的基础是一种落后的公共生活理念，即相信统治阶级会本着善意负责任地解决社会问题。在盎格鲁－撒克逊国家，尤其是在英国，保守传统的势力要甚于法国，因此勒普雷思想的拥趸会更多。相反，在勒普雷的祖国，政治自由主义和社会保守主义一直联合起来绞杀他的思想，使他威信扫地（**181**）。

巴黎自由政治学堂（L'École libre des sciences politiques）

天主教徒并不是唯一想使这个国家摆脱 1871 年灾难后陷入的困境的群体。处于政治光谱中心的新教徒还对随着法国疯狂宣战造成的恶果暴露的无知提出了质疑。1871 年巴黎自由

---

① *Annuaire de l'économie sociale pour les années 1877 – 1878*，Mame，Tours，1878，avertissement.

政治学堂建立,创办人埃米尔·布特米 (Emile Boutmy) 是因决斗而闻名的记者埃米尔·德·吉拉尔丹 (Émile de Girardin) 收养的孩子,埃米尔·德·吉拉尔丹是一家私立建筑学院的教师。布特米熟读勒普雷的作品,并在 1865 年提出过批评意见,但是他创办巴黎自由政治学堂的动机与勒普雷非常相似。布特米及其长子都反对国家干预社会或教育事务。但是,布特米反对任何不受限制的权威,拒绝回归传统,从而与勒普雷的保守主义保持着一定的距离。此外,布特米还反对遗产继承,更倾向于让财富在社会中流通。

从这个角度看,布特米的思想与自由主义者非常接近,都是认为道德上的努力应建立在进步和理性的基础之上。布特米认为必须革新高等教育,一个自由的高等教育学院应将重点放在政治学这种当代生活的科学上,这是一个传统学科空白的领域。他的事业得到了知识界一些权威人士的支持,其中就有基佐 (Guizot) 和丹纳 (Taine)。此外,还有一些资产阶级上层自由派的赞助者,特别是新教教徒,包括西格弗里德 (Siegfried)、卡西米尔-佩里埃 (Casimir-Périer)、舒尔-凯斯特尔 (Scheurer-Kestner) 等人。自由政治学堂的目标是努力为法国提供这个国家在 1870 年缺少的东西,即有学识的中产阶级,教育他们要有职责意识。为此,布特米毫不犹豫地引进新学科,如社会和文化史、人文地理、经济心理学、应用人类学,甚至社会经济学,这些都是大学尚未开设的专业,他打算从比较的视角下加以推广。

尽管该学院主要是为了准备通过考试进入政府管理部门,

并没有如布特米所愿在法国创立除了法律和管理学科之外的一门关于国家的科学，但是它有助于确立一种观念，即社会事实可以在科学的启迪下成为理性的、确定的研究方法的研究对象。由一所创新的大学普及的这一门科学，能够构成和扩大一个精英阶层，这种精英不看出身而是靠学术成就。至少这是19世纪70年代形成的科学主义和改良主义的游说团体的想法，布特米自发地将它们联系起来（**45**）。但这些经常被引用的文献是什么呢？

第二节　社会科学最初的　"范式"

尽管当代人并非都能意识到，但是不得不强调，有两位思想家主导了19世纪的社会科学领域：奥古斯特·孔德和赫伯特·斯宾塞。但两人不可相提并论，因为孔德后来倒向了神秘主义和宗教，使其认识论黯然失色。因此，斯宾塞版本的实证主义更具有活力，对发展更为重要。

此外，斯宾塞还经常被视为社会有机理论的创始人之一，也是社会学在19世纪末最终形成之前的理论奠基人之一。这种说法并非虚言，只是值得仔细玩味。实际上，就使用概念而言，并非只有斯宾塞直接借鉴生物学模型，他在这一领域似乎只是一个温和派而已（**116**）。

生物学主义及其偏激处

在用自然主义解释社会现象的领域，出现了许多平行的，甚至相互竞争的理论。值得注意的是，许多学者已经使用了人类学和历史学等新学科所建立的种族概念。例如，奥古斯丁·梯叶里将种族对立视作历史进步的引擎之一；亨利·马丁（Henri Martin）在其巨著《法国历史》（*Histoire de France*）中试图考证高卢种族几百年来的坚韧是现代法国的基础。洛南自己就认为种族是社会起源的重要因素之一。当然，其中最著名的当属阿瑟·戈宾诺（Arthur de Gobineau）伯爵，他曾在托克维尔任职外教部长期间担任外交官，在《人种不平等论》（*Essai sur l'inégalité des races humaines*）（Gobineau，1853－1855）中断言，种族因素是人类社会扩张（或者说"堕落"）的重要标准。为什么呢？因为原本分开的"高等种族"和"低等种族"进行了接触。作为一个悲观的进化论主义者，戈宾诺认为西方文明的衰落和最终所有文明的终结都可以用种族融合来解释。这一过程在戈宾诺看来是不可避免的，其中"白种人"的内在品质会因此退化，受种族混杂的影响最为严重。

社会达尔文主义

社会达尔文主义最早出自路德维希·龚普洛维奇（Ludwig Gumplowicz）的论文，他是一位波兰裔奥地利法学家。社会学家认为社会科学关注的不是个人，而是群体及其关系。他也敌视历史哲学，拒绝进步这种概念，像戈宾诺一样。事实上，任何进步只能是大规模社会现象的产物，个人无法控制这种趋势。

龚普洛维奇在其两部重要著作（Gumplowicz，1875，1883）中认为社会生活的动力来自社会群体（即戈宾诺主义者认为的种族）的相互敌视。这些群体为了自身的生存而斗争，在吸纳、合并或者顺从的过程中不断壮大。

使用社会达尔文主义一词体现了龚普洛维奇的视角。这种"角力"并非一种零和游戏。它必然产生胜利者和失败者，胜利者集团有权合法地统治人民，将他们变成奴隶或臣民。为了更好地控制他们，政府制定了"法律"，这些法律是国家、法制和社会分层体系的基础。

这位贵族的书中处处显出对实证主义的仇视，论述不可避免地缺乏科学性。然而，许多社会学家抱着极大的热情阅读了龚普洛维奇，随后用语言遗传、物种的反向选择和种族主义来解释社会现象。几乎在同一时期，达尔文（1859－1862）著作的发表，导致自然科学向社会科学传输了一系列偏见，改变了社会学家最初的理念。

今天很难想象人们对这种将"种族战争"作为文明起源的无稽之谈产生兴趣，在当时人们往往混淆了社会学与寻找社会组织的最初模式。但它们是 19 世纪和 20 世纪之交出现的众多种族理论、人类社会学以及不一定反动的理论的基础，包括德国的阿蒙（Ammon）、张伯伦（Chamberlain）和法国的瓦谢·德·拉普热（Vacher de Lapouge）（**138**）。

有机论

其他的例子也从不同方面显示了生物学在早期用科学解释社会现象时的重要性。科学界普遍认为人类首先拥有躯体和有机体，这也是比较前沿的理论。因此，生物学法则也适用于人类。

此外，由于社会是由明确的、可识别的个人组成的，所以个人也可以从群体层面确定。社会学可以利用生物学的模型来解释社会现象。德国人阿尔伯特·谢夫勒在其著作（Schäffle，1878）中最为全面地阐述了社会科学中的学说，将社会和身体（谢夫勒谈到与机构有关的"社会组织"）融合在一起。

然而，这些模式都不能与斯宾塞的理论竞争，在某种意义上斯宾塞的理论包括所有这些模式。这位英国哲学家比任何竞争对手或者效仿者都更努力地想将人类（社会存在）与其他生物（包括动物和植物）更加紧密地联系在一起。但他并没有把两者混为一谈，而是假定它们正如生物学所揭示的那样，都具有遵守生命准则的特征。这些就是他的第一批读者读到的信息，尽管在今天看来并非最早出现的。

因此，在 19 世纪 70 年代，斯宾塞被视为将各种自然法则有效融入孔德实证主义科学核心的伟大哲学家。哲学家阿尔弗雷德·埃斯皮纳斯（Alfred Espinas）是已知的将斯宾塞的思想传到法国的学者之一，尤其是他借鉴了社会现象连续性的思想。在开创性著作《动物社会》（*Des sociétés animales*，1877）中，埃斯皮纳斯断言，从动物群体到人类社会等生物体中可以察觉出某些社会特征本身是相同的。如此，这种生活的社会特征延续将证明"社会的科学"（science de la société）的可能性。对于埃斯皮纳斯而言，社会是"存在"（êtres）的一种形式；那些社会元素"形成功能和系统"，成为另一位公认的有机主义者——勒内·沃姆斯（René Worms）的理论基础，之后会讨论到他；这些系统遵循进化的一般规律，这是"存在"

所独有的。此后不久，古斯塔夫·勒庞（Gustave Le Bon）在《人类与社会》（*L'Homme et la société*）中又讨论了这一主题，但他没有引用孔德、斯宾塞和达尔文的相关文献。

社会学学术界无疑不再重视这种对社会与社会有机体的认同。但是，生物学模型使社会学学科在科学的道路上迈出了决定性的一步，因为以生物学为榜样，社会学成功地吸收了生物学的手段和方法。这表明社会学试图摆脱社会哲学，依靠实验等手段成为一门真正的科学（**30**）。这个目标一直未被遗忘，直到涂尔干抛弃自然主义后提出的新方法被发扬光大。

社会契约

埃斯皮纳斯修正过的有机论并不是唯一在法国流行的理论。特别是在共和派圈子里，在政权危机时期这些人怀疑社会纽带的现实基础和潜在基础。19 世纪末，一位至今仍被忽视的哲学家阿尔弗雷德·富耶（Alfred Fouillée）提出的"社团主义"（solidarisme）为社会纽带铺平了道路。这位值得尊重的评论家撰写的《两个孩子的法国之旅》（*Le Tour de la France par deux enfants*）一度成为最为畅销的教育学著作（实际上是由其妻子代笔）。该书成功地以世俗和共和的视角重新整合了从传统主义文学中借鉴的主题。在《现代社会科学》（*La science sociale contemporaine*）（Fouillée, 1880）一书中，难道富耶不是已经证明了同一社会的人们在时间和空间维度上是彼此联系的吗？

正如富耶在书中解释的那样，我们应该感谢先辈们，因为我们享受了社会生活的好处。个人无法脱离社会，我们不断使用着先辈们积累的社会基金，所以我们必须感谢先辈们留给我们的"财富"。我们亏欠他们很多，也无法弥补（因为他们已经不在了），因此，我们应该像他们一样，为我们的后代做点什么。时间法则要求我们必须把先辈留给我们的东西"还"给后代，即富耶所谓的"修复性正义"（justice réparative）。我们必须尽力增加社会财富的共有基金。归根到底，人类似乎被他们承诺的互惠和对同胞和人性有义务的认识所约束。

我们承担的义务是自然而然的，它带来的相互联系具有强制性的特征，这使得任何人都无法逃避。因此，富耶以"准契约"（quasi-contrat）来描述人与人之间的关系。事实上，这份契约不是基于一种原创的蓄意行为，因而即使契约的形式没有事先确定，也产生了社会生活中不可避免的义务。在富耶心目中，人类社会的本质是一个契约机构，首先只受自然法则的约束，在道德价值观或思想力量（在法律、平等、正义等方面）等客观因素（也是社会进程的引擎）的推动下，逐渐形成一种日益完善的法律和契约组织形式。简而言之，通过契约机制和机构，现代社会将不再只受自然需求的影响；通过持续的社会化工作，也会逐渐对自由和精神的气息更为感性。

不可否认，富耶的风格有些浮夸，但也没有出格太多。不过，他的言论将迎来 19 世纪和 20 世纪之交涂尔干、布格雷（Bouglé）、狄骥（Duguit）等人的正面（positif）辩论。我们要坚持强调一点：实证主义在 19 世纪 80 年代有多种理论，它们似乎是人文科学研究的主流趋势。但是它的统治地位并非不可撼动。甚至它还遭遇了各种阻力，从来源而言，这种阻力显示了法国各思想流派之间的潜在竞争。

反实证主义的德国哲学

最有趣的反应来自德国哲学家和历史学家。除了黑格尔的影响之外，利奥波德·冯·兰克（Leopold von Ranke）有关历史视角的特殊性以及历史家与目标之间关系的观点也很重要。此外，在这场运动中还有一位显赫人物威廉·狄尔泰（Wilhelm Dilthey），他认真阅读了孔德的著作后，虽然只读了部分，毫不犹豫地用可以被称为划时代的论点攻击实证主义的论述和研究方法。

在1883年的著作中，狄尔泰试图将黑格尔的历史哲学与康德的超验主义方法融合协调在一起，来阐明历史认识的性质和条件。狄尔泰明确反对孔德，为了超越孔德，狄尔泰辩称并非所有科学都遵循相同的运行规则，因而不应该在同一个连续体中考虑。特别是，狄尔泰认为精神科学的发展不同于自然科学，必须根据社会事件的特殊性质，发展出客观具体的方法。

就狄尔泰看来，人文科学所研究的现象对于生活具有存在本原上的意义。解释（explication）——往往是因果分析的目标——并不是决定性的，而应该多借鉴心理学的心理活动研究成果，通过观察行动者的直观状态理解这些因果关系。从这个意义上讲，社会学应该是一门涵盖在考虑每个个体的"类型"（style）及其与世界之间的关系的基础上描述心理过程的科学（**192**）。

这种先创性的观点奠定了理解社会学，特别是德国的理解社会学的传统。绝大部分实证主义社会学家——特别是涂尔干——拒绝接受这一传统，理由是它过于主观。当生物学隐喻的狂热消退以后，正是从这些关于社会事实本质（心理学的或非心理学）的矛盾观点中，在19世纪末，在法国和德国出现了关于社会学客体建构的大辩论。

第三节　19世纪80年代社会学的局限性

这一时期已经出现了大量理论，对社会现实的观点也呈现多样化。但是从"社会学"角度来看仍然无济于事，因为在这一标签下产生了许多混杂的产品，但都与现在理解的术语含义相去甚远。

许多人把社会学和社会主义混为一谈。在这种混乱情形下，社会学被认为是实证主义者用来改变传统道德的道德科学。就这点而言，社会有机论似乎是最早的思潮，但是他们作品中的观点并不统一，每个人都是自说自话，不关心同行怎么想。社会学因为理论积累不足导致领域仍不清晰，也就不足为奇了。于是许多组织有序的竞争者纷至沓来，例如哲学家和心理学家，以自己的方式解释社会现象。

如果我们了解到19世纪的最后25年里除了勒普雷的支持者公开组织起来之外，社会学没有任何传播其著作的组织，没有任何可以交流的场所，也没有任何推广的机构，就能很清晰地知道社会学的地位何其脆弱。在法国——在其他国家也是如此——能够引起广泛关注的主要是哲学领域的出版物。特别是由泰奥迪勒·里博（Théodule Ribot）于 1876 年创办的《哲学期刊》（*Revue philosophique*）。如此就形成了社会学的客观依赖性，社会学必须接受哲学家的判断标准，甚至要与哲学家合著才能出版书籍。

无论里博的普世主义如何，必须借助于其他学科才能获得认可严重阻碍了社会科学的发展。社会科学希望为社会发展提供建议，尽管它能真正解释或者干预社会领域的可能性仍然很小。

本章参考文献

DARWIN Charles (1809-1882) : *De l'origine des espèces par voie de sélection naturelle* (1859).

DILTHEY Wilhelm (1833-1911) : *Introduction aux sciences de l'esprit* (1883). — *L'Édification du monde historique dans les sciences de l'esprit* (1910). — *Théorie des conceptions du monde* (1911).

ESPINAS Alfred (1844-1922) : *Des sociétés animales* (1877).

FOUILLÉE Alfred (1838-1912) : *La Science sociale contemporaine* (1880). — *Les Éléments sociologiques de la morale* (1906).

GOBINEAU Arthur DE (1816-1882) : *Essai sur l'inégalité des races humaines* (1853-1855).

GUMPLOWICZ Ludwig (1838-1909) : *Rasse und Staat* (1875). — *Der Rassenkampf* (1883). — *Grundrisse der Soziologie* (1885).

LE BON Gustave (1841-1931) : *L'Homme et la société* (1881).

LE PLAY Frédéric (1806-1882) : *Les Ouvriers européens* (1855). — *Instruction sur la méthode d'observation dite des monographies des familles*, propre à l'ouvrage intitulé *Les Ouvriers européens* (1862). — *La Réforme sociale en France* (1864). — *La Paix sociale après le désastre* (1871).

LE PLAY F. *et al.* : *Les Mélouga. Une famille pyrénéenne au XIXe siècle* (1857-1907).

SCHÄFFLE Albert (1831-1903) : *Bau und Leben des Sozialen Körpers* (1878).

第三章
法国和德国之间的学术
争论（1890～1918年）

作为研究社会的特殊科学，社会学从诞生之初就受到了追捧。从1890年到1900年，许多国家出版了许多自称社会科学的书籍，其次是社会学作品。同时创建的学术期刊、学术团体、大学教授职位、大学以及其他机构形成了该学科最初的机构基础。随着社会学学科的演变，国际交流日益增多，有了必修主题和最初争论对象的一个真正的国际学术共同体空间应运而生。其中，法国学者和德国学者的争论特别引人注目。

第一节　关于精神科学的争论

19世纪90年代，莱茵河两岸围绕心理学的地位有一场激烈的争论，但争论内容的质量并不太乐观。从理论角度来看，争论的重点在于狄尔泰提出精神科学是知识理论的组成部分的观点。他还引用德国实验室中显著的科学结果作为依据。

新康德主义辩论的共鸣

德国的社会科学是财政学或者行政管理学的产物，从18世纪开始呈上升趋势。这是继承自神圣罗马帝国的复杂政治结构的结果。复杂政治结构是指虽然德国在19世纪中期毫无疑问是一个民族国家，但德国39个联邦每个都有不同的行政管理体制和特殊管理需求。

德国的社会科学也继承了一些建立在经义可以阐述和自由检验的基础上的新教文化，此举促进了优质高等教育的发展。与法国和英国这两个竞争对手不同，德国向所有人开放硕士课程，并创立了学术研讨会的新形式。教师可以通过学术研讨会精心挑选一些可造之才，在互动中实现教学相长。此外，这些学生还可以接触到相对较多的学习资源，例如图书馆、研究场所和实验器材，这些为德国的研究提供了活力和名誉。相应地，科学哲学的工作也很重要。

1894年，文德尔班（Windelband）评论了狄尔泰的观点，1896年李凯尔特（Rickert）进一步补充完善。首先批判了狄尔泰区分自然科学和精神科学的逻辑前提，然后聚焦于心理学在其中的地位。

文德尔班认为，不同科学的研究对象并不矛盾，甚至可以只区分研究方法。其中一部分科学（自然科学）追求证实普适规律，因而主张同质性；而另一部分科学（精神科学）旨在反映特殊的历史事实，满足于描述记录这些事实，只能是个别记叙（idiographiques）①。因此，区分不同的科学不在于其内容，而在于对其处理研究对象的方法。文德尔班的结论是，心理学应该属于普遍化学科（disciplines nomothétiques）②，不能作为精神科学的基础。

另一方面，李凯尔特认为，经验现实可能会导致各种不同的方法，这涉及两种基本的科学态度和两种主要的知识形式（"普遍性和个性化"），其中我们可以发现自然科学和历史科学之间通常存在区别。

同在海德堡这所德国名校任教授的两位哲学家极力反对简单地根据科学类型的差异对研究的事实进行概念化。更进一步就是像狄尔泰一样，将精神科学从生理学分离出来成为一个独立于自然科学的研究对象。这种分离的缺陷在于精神科学必须建立在存在一个几乎普遍化的共同心理背景的基础之上，而这基本上很难实现：它关系到人类行为的意义、行为传递出来的和使人们独立的价值观等在自然科学中不会存在的许多问题。

换言之，科学在方法上的区别非常明显。但如果我们只强调内容或材料的差异，与其说是"精神科学"，不如用"文化科学"（sciences de la culture）一词，这个词的优点是转移了重点，不会触及心理现象的认识论问题。因为科学心理学要么是解释性的，要么是非解释性的，绝不会与某些历史

---

① 此处翻译见许轶冰，［法］米歇尔·马费索利：《米歇尔·马费索利的社会学态度及其基本概念渊源》，《江南大学学报》（人文社会科学版），2017 年第 6 期，第 10 页。——编者注

② 同上。

学家的用法相混淆。这些历史学家只是打着心理学的幌子，满足于揭示"特定人群的个别心理学过程"的工作（**192**）。

冯特与科学心理学

在这场争论中，威廉·冯特（Wilhelm Wundt）支持狄尔泰的观点，认为人文科学与自然科学存在根本的区别。这非常引人关注，因为冯特是德国大学里的杰出人物。

这位著名生理学家在 19 世纪 70 年代是海德堡大学的教授，其间他扩大了研究范围，涉猎心理学和伦理学。冯特于 1875 年开始在莱比锡大学任哲学教授，之后建立了一个配备了图书馆和实验室的研究机构，在实验心理学和民族心理学领域迅速享誉全球。冯特在认知与感觉方面的研究著作就达 30 多卷，广受追捧和传阅。

特别值得一提的是冯特继承发展的"统觉理论"，引起认识论上的兴趣。与斯宾塞一样，冯特认识到在所有关于学科科学性的讨论中因果概念似乎是最重要的，并将因果关系分为两种：一种适用于物理现象，另一种适用于精神和社会现象。

事实上，在统觉心理学中必须考虑统觉的两种表现形式：一种是被动的，只收集经验材料；另一种是主动的，思维受内部制约并综合组织超越感知的经验。同样，在社会领域，社会形式会逼迫个人的主要动向重新适应甚至进化。在这方面应该注意到冯特经常使用二元的表述方式，因为他喜欢用对比来论证：主动感知与被动感知；情感动机与理智动机；尤其是在社会领域的本能意志（Triebwille）与理性意志（Zweckwille）。这些将成为20世纪初德国社会学非常重视的共同体概念的基础（3）。

冯特在检验心理事实和社会事实之间的关系时认为，两者并无明确的因果关系。相同的社会环境也会产生不同的心理动机；同样的心理也会表现为不同的社会形式。因此，社会并不比心理更重要，社会心理学家应该要解释两者被卷入的协同关系。这些观点反映出冯特与其他德国哲学家以及19世纪末实证主义社会学家之间的差异，而且还不仅限于此。

滕尼斯的共同体主义

费迪南德·滕尼斯（Ferdinand Tönnies）是一位博学多才却有些被边缘化的科学家。他的职业生涯大部分（从1881年到1933年）在基尔大学度过，直到1914年才升为教授。也就是说，尽管他早已经成为德国大学社会学的领军人物（也许正因为如此），但在职称晋升方面却颇为不顺。

滕尼斯主修语言学和哲学，被霍布斯的思想吸引并在德国传播了这一思想。滕尼斯最有名的作品是他青年时期撰写的《共同体与社会》（*Gemeinschaft und Gesellschaft*）（Tönnies，1887）。在书中，滕尼斯第一次提出从法律哲学和心理学两方面来思考问题。如同他在莱比锡大学的老师冯特一样，滕尼斯将人类意志分为两类：一类是本质意志（*Wesenwille*），深植于有机的、本能的人类特质之中；另一类是自由意志（*kürwill*），意味着思考和一种决策的精神。这种心理对立是清晰划分的社会类型的对立的基础。本质上是准有机的原始意志是共同体的来源。共同体作为社会生活的基本单位，特点就是家庭精神，几乎所有的农村环境以及农业、手工业活动的节奏都服从于习俗。相反，行使自由意志需要社会崛起，社会关系在城市背景下才能得到更好的发展，尽管它更加抽象且缺乏自发性。单个个体或者合法组成的阶级之间无情、自私和精心策划的斗争主导着当代世界的舞台。滕尼斯对此极其反对，他希望回到由组织、感情主导，简言之就是由团结主导的融合共同体（**74**）。

尽管《共同体与社会》的重要性毋庸置疑，在许多方面堪称社会心理学领域的经典著作，滕尼斯认为是人按照自己的意志创造了人类社会的纽带。但是当时并没有多少人关注，直到大约20年后该书才受到重视。因为彼时德国充斥着狂热的民族主义，急需能对付资产阶级、技术主义和资本主义流毒的灵丹妙药。

尽管滕尼斯反对他人对自己的著作进行片面解读（他本人更倾向于建立一个以共同体为基础的人道社会主义），但是"共同体"这个概念和施马伦巴赫（Schmalenbach）推广的"联盟"（Bund）作为高级社会组织形式，后来在德国社会学中被广泛采用。

法国的心理主义

在法国，实证主义者已经不再主张将心理学排除在科学范围之外，一场彻底的辩论正在酝酿，有时辩论社会事实的心理本质，有时辩论偶然性或个人在社会解释中的地位。

塔尔德（Tarde）：模仿与发明

塔尔德认为社会事实首先是一种"模仿"的事实，他在著作中反复强调（模仿）："是有意识的还是无意识的；是明智的还是盲目的；是接受指令的还是例行公事的，这都不重要。讲话、祷告、劳动、战斗或者做任何一种社会工作都是在重复从他人那里学到的东西……以此类推到每种仪式、每种工作方法、每种战争方法的发明，都是在或长或短的时间段内由一个人传播给另一个人。"①

社会交往最基本的规范要求人们能够相互理解，也就是说，抱有同样的价值观和思想，这样才会做出同样的行为。

然而，不是所有的社会行为都是严格意义上的模仿。有些人似乎在履行个人职责的过程中完成了某种"发明"，虽然不多，但具有决定意义。通过总结模仿和发明这两种力量的心理学特征，塔尔德试图证实社会生活的发展节奏是一种重复、对立和最终解决对立面从而适应的现象。因此，对于语言和法则的转变过程，他总结出一条不断演进的路线：

"我们可以清楚地看到一种趋势：最终会变成一种语言或极少数语言、一种或少数几种权利以及社会的所有阶层都适用一种语言或权利。这是长期持续模仿行为不可避免的双重后果。年代越久远，具有法律约束力的独特习语和习俗就越多。几乎每个村庄都有一套自己的语言和权利。随着人际关系增加，大部分语言和法律产物受到压制和破坏……一方面，语言发生了改变，贵族用词进入平民表达、文学用词进入日常表达——虽然这种借词经常是讽刺性化用，但也还是模仿；与此同时，法律也相应发生了变化，那些原来上层阶

---

① Tarde, 1893, p. 170 de l'édition de 1922.

级保留的权利逐渐扩展到底层阶级。"①

模仿被认为是一种自发行为，在某种程度上与社会联系共存，导致社会地位较低的人复制那些地位较高的人的行为。除了有精英主义特征之外，这也是文化特征传播理论的雏形，这样的例子在 20 世纪的社会学理论中随处可见。

在由霍布斯开创并由卢梭改造过的传统中，**心理主义**这种思潮认为社会生活是个人意志的表达，也是个人之间达成契约的产物。为了克服孤独造成的不便，人类联合起来组成他们自己的社会。因此，人类认可的法律不是生理性的，而是心理性的。据此，社会也不天生就是必然的，这是人类存在意识活动的结果。因此，必须从这一角度给心理学下定义。

现在这一术语用来区分依波利特·泰纳（Hippolyte Taine）和泰奥迪勒·里博 19 世纪 70 年代的著作中出现的科学主义或者实证主义。热点主题在于语言习得和思想演变，也有对精神疾病及其治疗方法的研究，主要是在医学领域。因此，从某种意义上来说，心理学是一种研究方法而非科学。心理学承认社会现象并不完全遵从生物学规律，人类消极的心理会影响到社会生产。

对于这一理论的支持者，尤其是加布里埃尔·塔尔德（Gabriel Tarde）的支持者认为塔尔德的理论独树一帜。正因为社会现象是基于个体有意识做出的行为，所以属于心理学的研究范围。在意识深处，在人类建立的精神关系的框架下产生

① Tarde, 1893, pp. 204 – 205.

了为社会活动提供养分的思想、规则和规范。在这种塑造了整个潮流的共同基础上，塔尔德做出了原创性的贡献——坚持从个人在不断沟通中的行为和反应来定义社会事实。

塔尔德著述丰富，在这些著作中始终如一地贯彻着一个理念：以严格的心理学视角或者个人视角来看待社会事实。他的这种坚持契合了时代精神，超越了政治上或者意识形态上的所有分歧。

第二节　作为 "社会存在科学" 的社会学

勒内·沃姆斯使用"社会存在科学"（science des êtres sociaux）这一术语描述社会学与孔德主义决裂之后的演变特征。尽管这一表达会有些争议，但至少表明从那时起，社会学的兴趣从个体的心理转移到个体在典型社会背景下采取的决策或者行为。

"社会心理学"是塔尔德首创的一种表达（Tarde, 1898），其研究是该领域的代表作。但关于未来的行为社会学最重要的著作都是在德国完成的。

齐美尔与形式社会学

格奥尔格·齐美尔（Georg Simmel）比滕尼斯略小几岁，和滕尼斯一样很晚才成为常任教授，那还是因为战争时期年轻人被征调去了前线。1914 年到斯特拉斯堡大学任教时，齐美尔已经 54 岁了。

齐美尔职业发展迟缓是因为他有犹太血统，一些同事在分配职位时毫不犹豫地向他强调这一点。然而他是德国公认的大师（他在柏林的课程拥有众多听众），在海外也有很高的地位（他的著作在法国、特别是在美国被迅速地翻译传播）。他是一位灵魂睿智但又有些矛盾的艺术爱好者，博学多才，著述涉及多个领域，尤其是扩展了广义上文化的学科前沿。

齐美尔还是一位有机论哲学家，极其关注人类存在的物质和精神资源的无限性与其条件的有限性之间形成的强烈对比；或者更确切地说，"存在"在同一时间既是独特的，又是分离或分裂的，相似或不同的，其运动形式始终无法克服自相矛盾的状态（**174**）。

"与他人的相似性作为事实和一种趋势，和与他人的差异性同样重要。两者之间各种不同形式的差异，是所有事物内部和外部发展的主要原则。因此，人类文明的历史可以简单地看作是斗争与和解的历史；然而，关注个人关系的活动领域……与他人的区别是触发和决定的因素……"①

这种对人类本质的二元性是不可逾越的敏锐认识尽管不是齐美尔首创，但他比其他人更深刻地认识到文化是一种难以忍受的生活约束，个人再也无法自我依赖。但是，生活是否可以处于任何学科之外，但又在这些学科的引导下加以实现呢？在齐美尔看来，从各方面来看，社会学正是这样一种科学：在承认文化悲剧的基础之上，旨在描述、分类、分析和解释社会互动、社会化或组织的形式（不考虑其内容）。

---

① Simmel, «Le niveau social et le niveau individuel», 1917, p. 111 de l'édition de 1981.

"社会学的意义不是寻找社会生活的题材，而是社会生活的问题，也就是社会生活的形式；正是这种形式赋予了这些特定的科学处理所有事实的社会特征。社会学存在的基础就是对这种形式的抽象思考……人类团结一致，彼此相处的形式，是社会学领域的一个重要方面。"①

齐美尔补充说，尽管在社会化运动过程中，其形式因为个体之间的相互行动而不断地重复，但其存在期限与人类无关。

"将社会描述成一个有别于个体元素的'独特'（sui generis）单元是合理的。因为社会自我维护的动能与个人截然不同……另一方面，可以肯定的是，只有人类的产品具有物质属性时，个人才能在人类之外具有现实性。而我们所说的创新，是精神性的，存在于个人的知识之中……必须承认，只有个体才能具备完善的知识。归根到底，似乎上述任何个体现象，在个人交换的对等行动中都会得到解决。"②

齐美尔重视微观社会现象的演变，因而成为日常生活社会学和广义社会心理学的先驱。在德国关于历史发展的断断续续的公开辩论中，齐美尔持相对主义观点。他认为，社会学家的主要任务仍然是确定各当事方（国家、社会和各阶级）在大规模现实背后采取对等行动。

当时看来，在读者心中，齐美尔不只是一个社会学家，而更像是一个社会科学哲学家。首先，法国众多社会学家都很推崇他，包括在《社会学年鉴》（L'Année sociologique）第一卷上

---

① 《Comment les formes sociales se maintiennent 》, in Simmel, 1917, p. 172.
② Ibid, pp. 173－174.

发表论文的涂尔干。但最终涂尔干主义者还是放弃了齐美尔（布格雷影响的反效果），因为他们认为齐美尔更像是哲学家和心理学家，尤其 19 世纪和 20 世纪之交齐美尔与贝格松（Bergson）投契。其次，虽然齐美尔历史学方面的著作在两次世界大战期间没有保存下来，但是他在美国和德国声名日隆，芝加哥学派评价他为最优秀的社会学家之一。

韦伯与理解社会学

得益于帕森斯（Parsons）（**21**）和阿隆（Aron）（**74；2**）［还要加上索罗金（Sorokin）（**25**），他在以前几乎不被提及］的卓越贡献，马克斯·韦伯才被推崇为德国最伟大的社会学家。那么，韦伯的优势基础体现在何处？

按照帕森斯的观点，韦伯成功构建了社会学的概念框架，更重要的是，这套系统化概念框架的严谨程度前所未有。其他人则高度关注他发展出来的一整套连贯的社会学哲学。在《经济与社会》（*Économie et société*）（1922）中，韦伯提出"理解"（compréhensive）科学，即通过风格平实的解释，根据研究对象的行为来分析他的意图，从而解释社会行动的意义。

"社会学应该被称为一门想解释性地理解社会行为，并且通过这种办法在社会行为的过程和影响上说明其原因的科学。同时，'行为'（activité）应该是一种人的举止……而且只有当行为者用一种主观的'意向'（sens）与它相联时。然而，'社会的'（sociale）行为应该是这样一种行为，根据行为者所认为的行为的意向，它关系着别人的举止，并在行为过程中以此为取向。"①

韦伯在许多领域已经把握了现代文明、资本主义和科层制的基本特征。阿隆（2）还强调韦伯浪漫的一面，可以说韦伯是将社会学作为天职（vocation）的突出典范。

韦伯著述等身，涵盖主题和知识非常广泛（虽然他的复杂性格导致著作内容有诸多自相矛盾之处），涉及历史学、法学、经济学和社会学，并在这四个方面都达到了前所未有的高度。

①韦伯的著作在认识论领域与前文所述的新康德主义完全吻合。他认为，社会学不能建立在存在类似于自然科学的人类行为普遍法则这种假设的基础上。

②这就意味着社会科学也像其他科学一样能成为理性方法的对象，这点不应含糊不清。

"可见理智化和理性化的增进并不意味着人对生存条件的一般知识也随之增加。但这里有另一层意义，即这样的知识或信念：只要人们想知道，他任何时候都能够知道；从原则上说，再也没有什么神秘莫测、无法计算的力量在起作用，人们可以通过计算掌握一切。而这就意味着为世界祛魅。"②

世界屈从于理智的幻象而摆脱了神秘性，因此，合理化深植于西方文明的深处，社会学家必须解释世界的起源和特点，

---

① Weber, 1922, p. 4 de l'édition de 1971.

② Weber, «Le métier et la vocation de savant », *in* 1919, p. 70 de l'édition de 1959.

这个世界通过世俗化来实现现代化、通过向理性的幻影投降来摆脱神秘性。韦伯在这里的表述不免有些像马克思，毕竟韦伯很熟悉马克思的作品。

③当韦伯论及西方世界及其合理化起源的问题时，对这个世界发起了批判。其中决定性的因素便是新教伦理带来的文化变革。这一话题引起了许多针锋相对的争论［包括他与同事桑巴特（Sombart）之间非常著名的辩论］，其中一些细节有必要交代一下。

韦伯从来没有说过新教主义是资本主义的历史根源，更遑论两者之间存在因果关系。他提出的模式（或"理想类型"）具有简化——也可以扩大——相关现象之间关系的优点，巧妙地提出了新教可能为资本主义提供各种基本要素（如个人主义崇拜、努力推动禁欲主义、经济领域的理性主义或者鼓吹世界末日论）的假设，这些要素在欧洲资本主义起源时就清楚地做出了区分，并证明其在竞争世界，尤其是在亚洲的内在优越性。

④韦伯在认识论和文明史领域的著述同样让人肃然起敬，他还是一位伟大的政治思想家。在德国的历史背景下（韦伯成长时完全受到俾斯麦主义的影响，见证了德意志第二帝国在国际舞台上的崛起），不难解释他对权力问题、"势力"及它们所引发的暴力的重视。其中韦伯有时带有尼采的色彩，他的追随者往往忽略了这一点，更别说他有关统治和权威模式的鸿篇巨制，韦伯和最聪明的分析家之一，罗伯特·米歇尔斯（Robert Michels）曾对威望和官僚组织有过精辟的分析。

韦伯：科学与政治

如果说与涂尔干相比，韦伯的著作缺乏统一性，那是因为这位典型的弗洛伊德式人物会自我拉扯：首先，在他一生之中，一种神经疾病使他很长时间无法从事脑力工作；其次，在他的职业生涯中，他似乎在两种伦理道德（信念和责任）之间摇摆不定。

"一切有伦理取向的行为，都可以是受两种准则中的一个支配，这两种准则有着本质的不同，并且势不两立。指导行为的准则，可以是信念伦理，也可以是责任伦理。这并不是说，信念伦理就等于不负责任，或责任伦理就等于毫无信念的机会主义。当然不存在这样的问题。但是，恪守信念伦理的行为，即宗教意义上的'基督徒行公正，让上帝管结果'，同遵循责任伦理的行为，即必须为自己行为可能带来的后果负责。"①

韦伯先后两次接受演讲邀请，义无反顾地发表了关于科学和政治的观点。这些问题并非烦琐小事，它直接影响到纪尧姆时代德国的学科制度历史。

德国社会学：一门尚未确定的学科

德国的大学体制非常灵活，不同的学院和机构可以教授相同的学科。19 世纪 70 年代，法学家和经济学家在组织社会科学思想及其应用的研究最为活跃。例如，柏林的经济学教授艾尔弗雷德·施穆勒（Alfred Schmoller）就组织了一个名为社会

---

① Weber, «Le métier et la vocation d'homme politique », *in* 1919, p. 172.

政策协会（*Verein für Sozialpolitik*）的研究机构，由来自不同背景、关注社会问题的学者组成。

但是，当时的社会学还没有从官房学中独立出来，年轻的社会学家只能进入哲学系，例如柏林大学的齐美尔、弗赖堡大学的李凯尔特和斯特拉斯堡大学的文德尔班。尽管在 19 世纪末有许多重要成果，历史、经济、哲学和统计学专业的教席日益增多，任教的实际上都是社会学家，直到 20 世纪初，社会学的学科结构才开始搭建起来。

1903 年，最初在海德堡，然后在布雷斯劳（Breslau）教授"国民经济学"（*économie nationale*）的马克斯·韦伯和维尔纳·桑巴特创办了德意志帝国第一本社会科学期刊——《社会科学与社会政策杂志》（*Archiv für Sozialwissenschaft und Sozialpolitik*）。这本杂志的创办本身预示着社会学学科制度化的一种持续尝试，1908 年，韦伯、齐美尔和滕尼斯共同创立了德国社会学协会，由滕尼斯担任协会主席多年。这之后韦伯撰写了一系列著作。总之，社会学似乎已经具备所有独立自主发展需要的条件。

然而像往常一样，这些社会学家之间因理论分歧发生了争执，这使社会学刚刚出现的曙光蒙上了一层阴影。韦伯以社会学家中立这一棘手问题上的分歧为借口在 1914 年第一次世界大战爆发前退出了德国社会学协会理事会，该协会因此遭受重创。

在社会学科遭受打击的同时，大学的自治也受到行业协会里反对派的阻挠，在民间也得不到支持，德国的大学基本上也忽视了应用社会学。但 1914 年以前的德国拥有众多世界上最有声望的社会学家，这真是一个自相矛盾的现象。

第三节　作为一般社会科学的社会学

19 世纪末，社会事实的主流理念是"个人至上"（tout ce qui est général a d'abord été individuel）。早在 1896 年，一位年轻的日耳曼学研究员夏尔·安德勒（Charles Andler）是德雷福斯的支持者，也是一位社会主义者，被认为反映了超越宗教传统的普遍感受。涂尔干反对这一主张，他用热情和才智反驳了这点，这使他迅速成为"物化主义社会学"（chosisme sociologique）的代表人物。至少他的对手是这么认为的。

埃米尔·涂尔干（Emile Durkheim）的生平

在于贝尔·布尔然（Hubert Bourgin）眼中，涂尔干是一位积极的合作者（在他的导师去世之前）：他创立了社会学系，并成为第一位社会学教授。从长远来看，无论是涂尔干的支持者还是反对者，同时代的人们都视他为社会学学派的掌舵人，因为他成功地把社会学打造成一种包容的理论，能够比其他学科更系统地整合社会事实。在涂尔干的推动下，以需要社会事实的名义，社会学的内容从常识转为科学，社会学也就此成为一门可教学的科目。

应该说，涂尔干无疑是同时代的伟大学者中最有激情的一位。有人称赞他为新笛卡尔，也有人把他与斯宾诺莎相提并论；相反，也有人谴责他的思想有害，以他曾领取德国发放的知识分子津贴为由指责他会毁掉国家的道德统一性。该如何看待他同胞在欣赏他的同时做出的这种过激行为呢？

从许多方面看，涂尔干是法兰西第三共和国的"杰作"。这一时期社会鼓励优秀学生追求知识和社会地位的攀升。涂尔干出生于一个原籍在孚日（Vosges），后迁居到埃皮纳勒（Èpinal）的犹太教教士家庭。由于家境贫寒，母亲只能做针线活补贴家用。在老师的帮助下，他获得一笔奖学金，在巴黎的路易十四高中（Louis-le-Grand）毕业后报考巴黎高等师范学院（École normale supérieure）。尽管涂尔干聪明且勤奋，但还是考了三次才通过考试，且名次不算靠前（第十一名）。在大学里，他结识了高年级的饶勒斯（Jaurès）、贝格松以及布吕诺（Brunot）、雅内（Janet）等人，他的个性也在历史学家菲斯特·德·库朗热（Fustel de Coulanges）和哲学家埃米尔·布特鲁（Émile Boutroux）的双重影响下得到蓬勃的发展。在同学眼中，涂尔干工作能力非凡，未来会成为一位前途无量的哲学家。

1882年涂尔干获得哲学教师资格，先后在皮伊（Puy）、桑斯（Sens）、圣康坦（Saint-Quentin）、特鲁瓦（Troyes）等地的高中任教。1885年，他和许多同事一样，获得了德国的奖学金前往莱比锡参加冯特的课程。这次课程以及后来在柏林的学习对他一生都有影响。回来后，他撰写了多部著作，并在《哲学期刊》（Revue philosophique）发表两篇论文介绍德国社会科学和哲学发展的现状，顿时声名鹊起。1887年10月，他和一位锅炉厂主的女儿路易丝·德雷福斯（Louise Dreyfus）结婚，之后过上了资产阶级的生活。

可能波尔多大学文学院教授埃斯皮纳斯注意到了涂尔干，他向颇具影响力的教育部高等教育主任利亚尔（Liard）举荐了涂尔干。涂尔干被任命为波尔多大学教育学和社会科学课程的讲师（1887 年开课），并首次将社会学作为教学课程引入法国大学。在大学重组和教育专业化发展的关键时刻，涂尔干以优异的成绩通过了哲学博士学位的答辩，结束了完美的学生时代，然后在波尔多大学任教一直到 1902 年。几次尝试在巴黎谋一个教职未果后，涂尔干接受了索邦大学的邀请，接替已当选议员的费迪南·比松（Ferdinand Buisson）担任教育科学教授。1906 年，涂尔干正式入职，1913 年，他的教学领域正式扩展到社会学。

涂尔干深刻的独到之处不来自"入学高师、通过教师资格考、成为博士"这种道路，虽然他们那一代大多数文科教授都是这么走过来的。涂尔干的独特性更多地与个人和集体的创作有关，这也是获得声望和权威的基础。

埃米尔·涂尔干的著作

涂尔干的著作给人的初印象是发表密集但体量不大。他一生中共发表了 80 多篇论文，300 多篇研究报告，其中大部分都发表在《社会学年鉴》（*L'Année sociologique*）上，还有四部著作是可以被载入史册的社会学经典。

《社会分工论》（*De la division du travail social*, 1893）是涂

尔干在索邦大学的博士学位论文，然后是《社会学方法的准则》（*Les Règles de la methode sociologique*，1895）和《自杀论》（*Le Suicide*，1897），最后是《宗教生活的基本形式》（*Les Formes élémentaires de la vie religieuse*，1912）。在完成《自杀论》和《宗教生活的基本形式》之间的 15 年里，涂尔干冒着风险创办了《社会学年鉴》，并注入了极大心血。

涂尔干在第一部著作中不仅提出了一种之后也坚持使用的系统处理社会事实的方法，而且提出一些后来仍然经常被研究的主题。其中最基本的就是个人与社会之间关系的本质，或者是涂尔干自己所说的"个人人格与社会团结之间的关系"。在他看来，现代社会中的个人越来越独立，但个人生活又越来越依赖于社会。为了解决这一矛盾，涂尔干认为，在劳动分工的发展过程中，社会团结已经从机械形式转变为有机的、契约的形式，这无疑是不可避免的，也鼓励了对个人身份的肯定。

"环节社会的消失必然要求专业化同时得到发展，要求将个人意识从支撑它的有机环境和涵盖它的社会环境中解放出来。这种双重解放使得个人行为变得更多加独立了。分工也为这个过程祝了一臂之力。借助专业化的发展，个人的本性也变得越来越复杂了；其中，部分本性已经脱离了集体作用和遗传影响，后者只能作用和影响到那些很简单、很普通的事物了。"①

---

① Durkheim, 1893, pp. 399 – 400 de l'édition de 1973.
此处翻译采用渠东译，《社会分工论》，生活·读书·新知三联书店，2000，第 361～362 页。——编者注

这有何新奇之处吗？可以感觉得到，涂尔干在整部著作中由表入里地详细反驳了斯宾塞的影响。如果更仔细地推敲，可以发现涂尔干最根本的创新之处不是提出团结、契约或者劳动分工等主题，也并非那些有机的、进化的视角，而是社会学研究方法。

《社会学方法的准则》刚出版时就引起了激烈争论。在这篇短小精悍的论文中，涂尔干捍卫和传播了自己的社会学研究信念，首次提出了社会事实的主要特征，这一特征是具有社会学性质的，有别于心理事实。

"当我尽兄弟、丈夫或公民的义务时，当我履行自己订立的契约时，我就尽到了法律和道德在我的自身和我的行为之外所规定的义务。即使我认为这些义务符合我自己的感情，从内心承认它们是实在的，也不能使这种实在性不是客观的，因为这些义务不是我自己创造的，而是教育让我接受的……从这里可以看到具有存在于个人意识之外的这种明显属性的行为方式、思维方式和感觉方式。

行为或思想的这些类型不仅存在于个人意识之外，而且具有一种必须服从的、带有强制性的力量，它们凭着这种力量强加于个人，而不管个人是否愿意接受。"①

涂尔干在书中阐述了社会事实的两个主要特征："独立于个人意识之外（以及）对个人意识的强制性"。他毫不掩饰地向质疑他的人宣告，"社会学并不是一种特别的心理学"。毫无疑问，

---

① Durkheim, 1895, pp. 3 - 4 de l'édition de 1967.
此处翻译采用狄玉明译，《社会学方法的准则》，商务印书馆，1995，第23～24页。——编者注

71

对涂尔干来说，社会学的独特性（以及优势）主要是它能够在其他学科的协同下用客观方法解释社会现象。换言之，社会学必须将这些现象视作个人的外部表现，而如历史学、心理学等其他社会科学会"给心理事实赋予主体状态"。相比之下，社会学在解释心理事实方面存在不足。之后，他对这一思想加以补充："从这一点来看，社会学比心理学具有一种至今尚未发现而且必将促进社会学发展的优势。社会学的事实也许难以解释，因为它们比较复杂，但与心理事实相比，更容易抓住。"①

社会学不可替代的地方还在于它涉及人们强制推行社会生活准则和价值观的方式；从本质上看，它基本上是一门道德科学，或者它希望成为一门道德科学。在这点上，涂尔干忠实地继承了孔德的思想。

当然，涂尔干的雄心远远不止这些。按照阿隆（**2**）的总结，典型的社会学方法应有以下三个步骤：1. 介绍社会学研究的问题，并定义研究对象；2. 对之前有关这类问题的思想和理论进行反驳；3. 对所研究的现象进行社会学解释。

这种"三段论"模式在涂尔干最有名的著作之一《自杀论》中展现得淋漓尽致。他通过严密的统计分析和精湛娴熟的方法论证了自杀表面上是一种可以用心理学角度来分析的纯粹的个人现象，但是造成这一现象的原因必须从社会学的角度解释。换句话说，自杀的动机是来自个人所属社会或群体的压力，

---

① Durkheim, 1895, pp. 30 – 31.
此处翻译采用狄玉明译，《社会学方法的准则》，商务印书馆，1995，第50页。——编者注

这个社会或者群体在他们不知道的情况下控制着他们，虽然他们以为自己是在自由行动。某些群体的自杀率具有规律，所以被视为正常的或者病理性的症状。这些理论在当时看来非常前卫，一些学者很难接受，即使是涂尔干的拥趸也有人反对。例如，有人（布莱格）认为涂尔干的社会学主义（sociologisme）过于狭隘；也有人，如西米安（Simiand）质疑涂尔干滥用统计数据。

在《宗教生活的基本形式》中，涂尔干借鉴了冯特的"集体意识"（die Volksseele）这一颇具影响力的概念，重新回归到社会生活中存在的分散、神秘的力量的思想。他将宗教作为研究对象，试图证明宗教并不只是对一个超自然神的信仰。它首先是一种"信仰和习俗的体系"，两者都是在一个赋予它们意义的社区中形成的。也就是说，宗教是一种集体现象。

任何形式的宗教都是建立在截然区分神圣现象和世俗现象的基础上的，这种区分随着各种习俗和象征而加剧，从原始社会到现代社会一直都存在。因此，涂尔干通过分析古老仪式归纳出宗教的本质，从而试图建立一种超越一神论的宗教理论。

接着，涂尔干从人种学角度出发，精确描述了澳大利亚的部落体系和图腾制度，从而归纳出一个真正的、普遍的宗教理论，主要有两点：1. 在图腾制度或任何宗教中，人们会崇拜社会中使人类感觉到神圣的存在；2. 在某些条件下，社会可以创造神或宗教，特别是当集体处在极度紧张的状态下。

可以肯定，涂尔干写这本书得益于多年在《社会学年鉴》

上笔耕不辍。1897年，他发表了一篇有关宗教现象定义的研究报告，又于1900年发表了一篇内容更丰富的有关图腾制度的论文。此外，还包括其他为那部宗教问题巨著所做的准备工作。

第四节　法国社会学学科的组织成效

19世纪和20世纪之交，涂尔干、齐美尔和塔尔德出版的著作质量都很高，引起了热烈的互动交流。当然，一个不可忽略的现实就是"社会科学成为当下的时尚，它是所有的聚会、演讲、报纸的'奶酪'。社会学家无疑是其中的精神支柱"——历史学家亨利·奥塞尔（Henri Hauser）在1903年的一份有关社会科学教育的报告中（**88**）如是说。社会学在许多方面提供了高质量的信息，被视为一个优质工具。与若干年前相比，学界的心态也发生了变化，社会科学即将与社会学合二为一。

奥塞尔所说的社会学成为时尚的基础何在？在法国的背景是大规模社会运动影响了政治形势，进而加速了各种事态的变化。

共和派和高等教育

共和派中的批评者对科学家的意识形态以及实证主义者的热情十分反感。仅举几例，这些科学家中的代表人物有生物学家巴斯德（Pasteur）、历史学家菲斯泰尔·德·库朗热、化学家贝特洛（Berthelot）或者法学家里昂－卡昂（Lyon-Caen）。共和派怀有建立一个新的高等教育体系的强烈愿望，在这个体系中既能够传授研究中发现的知识，又能够促进教师和学生团结起来围绕科学形成一个新的道德共同体。许多重要人物在这一点上想法空前地团结一致。为此，他们成立了高等教育问题研究协会，旨在促进学术界达成统一意见。

许多大学的知名学者，如心理学家雅内和涂尔干都应邀加入这个协会。但是政府和政界也有不少人加入这个协会，他们的意见显得更为重要。1886～1887年贝特洛担任法国教育部部长，格雷亚尔（Gréard）和利亚尔等名不见经传的学者纷纷进入政府担任高级管理职务。前者任巴黎学区副院长，后者则出任高等教育主任。换句话说，在19世纪的最后25年里，这些措施组合在一起有力地推动了教学和科研的发展：完成伟大工程的觉悟、知名人士的参与、政府和社会运动对新理念的支持。这一切都被普罗斯特（Prost）写进了《法国的教育》（*L'Enseignement en France*）（1968）。

19世纪80年代的大学

此时的大学正在进行体制方面的重大改革：组建强大的学术中心；给院系更多权力和资源；围绕专业学位重新组织真正有用的课程；改革中学教师招聘考试，以是否通过资格会考决定最终去留；增加大学教席和提高大学教师的工资，共和国政府应向大学提供新的工作场所。以上列举的种种重大或者适度的改革措施，从政治角度来看，清晰地表明了大学做出的所有努力：首先，以德国的大学为学习榜样为知识和科学创造空间；其次，用共和与科学的理念培养教师，使他们摆脱天主教的束缚。文学院优先考虑历史学（特别重视）、地理学或者教育学（中等重视）等学科，从道德与公民关切的角度来看，发挥了教育的外溢效应。人文学科理应得到重视，因为他们能为人们指出行动的方向，而且影响非常深远。

此外，大学和机构早已在哲学和历史学等传统学科的名义之下建立起了所需学科。因此，从某种意义上看，并不是新学科与传统决裂，而是历史学家或者哲学家扩大了研究领域：首先是地理学，其次是涉及道德的教育学。另一方面，心理学，特别是社会学面临着被已有学术框架及其运作方式限制的主要困难。因此，在20世纪初，这些学者试图在有利的政治氛围中改变设定不久的规则，却遭到了抵制。

尽管新生的社会学无论是方法、预测还是治疗的预期都还不明晰，但还是得到了公共教育部的支持。社会学在选择借鉴的模式、研究对象是制度还是人类等方面还犹豫不决。

政府官员起初支持社会学是研究人类的科学，希望社会学能支持共和事业和世俗道德。因此，涂尔干这位年轻的哲学教师于1885～1886年被派往德国学习。回国后，29岁的他被波尔多大学文学院聘为讲师。

如果涂尔干本人没有转向左翼，那么起码涂尔干的一些亲友是亲近社会主义的，所以尽管涂尔干这位"波尔多大师"（在当时很有名）为返回巴黎而不懈地努力，但还是在外省院系待了15年，而非其他认识或者体制方面的因素（导致他回不去巴黎）。对此还有一个有力证据，1897 年法兰西公学院有战略意义地设立了一个社会哲学的教席，在与有关部门协商后，教育部长并没有任命申请此职务的涂尔干。而是选择了一位"反涂尔干主义者"——让·伊祖莱（Jean Izoulet），可能是因为当时他甘当马前卒，公开支持执政者的行动，不过现在他已被人遗忘。无独有偶，法国政府多次强迫法兰西公学院的教职员工支持他们有关政教分离、反社会主义及其他的政治主张。

当然，政府对社会科学的兴趣远不止教育领域。随着工人阶级的抗争不断扩大，国家不得不在劳资双方中间充当仲裁者。这种前所未有的新职能要求政府必须掌握有关生产、组织、劳动报酬，甚至是尚不得知的工作条件等方面的信息。为此，贸易和工业部于 1891 年新设了劳动局。在这一具有决定性意义的创新之下，法国开发了一套以劳动人口为主要对象的永久性社会调查工具，由深受勒普雷思想影响的社会学家和统计学家承担这项开发任务。他们是 20 世纪初第三共和国政府依仗的专家，目标是在了解社会的基础上更好地控制社会。

私人倡议接力

资产阶级方面也并非无所事事。其中一些人游离于相互渗透的劳资两极世界的边缘。例如，于勒·西格弗里德（Jules Siegfried）就是一名著名的新教徒贵族，担任过勒阿弗尔市（Le Havre）的副市长，1892～1893 年担任商务部长，大力支持社会或者教育领域的各种倡议——他正是约二十年前筹备自由政治学堂的一员。1894 年，西格弗里德向埃米尔·谢森（Émile Cheysson）提议建立一个社会博物馆（Musée social），作为向劳动局提供应用研究和雇主咨询的机构。在尚布伦（Chambrun）伯爵这位工厂主的慷慨解囊相助之下，西格弗里德购置了巴黎的一座公馆，后改建成博物馆。该博物馆的馆长罗贝尔·皮诺（Robert Pinot）是一名受过勒普雷学派系统培养的法学家。他将博物馆按照研究领域划分为不同部门，其中一个负责任务调查的部门由埃米尔·布特米负责，他是巴黎政治学院的创始人。保罗·德·鲁西耶（Paul de Rousiers）和保罗·比罗（Paul Bureau）的几项研究最后形成了专著，成为勒普雷学派的源头。他们还去过英国考察工联主义（trade-unionisme）。他们对工团主义（syndicalisme）的研究成果非常显著，而有关雇主阶级的研究尚未向社会开放。无论如何，这都开启了应用社会科学的研究。但不幸的是，这也导致皮诺和他的主要同事在 1897 年被解雇了。

从那时候起，"社会科学"逐渐被"社会学"所替代。这一词汇的改变应部分归功于哲学家勒内·沃姆斯的努力，他当时被视为有机主义的狂热支持者。这位聪明的法国高师学子一生中有许多值得思考的地方，他拥有丰厚的社会资本，在加入社会学组织之前已经在短时间内轻松斩获多个学术头衔，羡煞旁人。他希望新的大学能够为社会学学科的发展留一席之地，但他感觉这个学科当前的地位实在无足轻重，因此，他不惜以牺牲自己的事业为代价，为社会学发展倾尽才智。

但沃姆斯可能犯了一个错误，他想让来自不同领域的、有经验的学者和科学家都能够参加到学科建设中来，但没有考虑到学科的实际发展水平。他假定社会学能从一个公共的、成型的空间中受益，实际情况却完全相反。因此，他建立的各种协会和机构与社会学的关联度都很低。

沃姆斯的组织行动主义

尽管社会学是一门新颖的学科，但是沃姆斯还是希望能够激发它对科学学术模式的需求。事业成功的第一要素是谨慎的态度，这点在沃姆斯的职业生涯中贯穿始终。加上他卓越的组织能力，从一开始就取得了令人肃然起敬的成绩。可以看到：1. 1893 年，沃姆斯创办了《社会学国际期刊》（*Revue internationale de sociologie*），期望打造一个观点开放的学科平台。2. 1894 年，沃姆斯联合国际知名学者成立了国际社会学研究所（Institut international de sociologie），刚开始成员有 40 人，其中只有 7 名法国学者。研究所承诺每年举办一次年会，鼓励会员参加活动和相互交流，办得很成功。3. 同年，在贾尔和布里埃（Giard & Brière）出版的《国际社会学丛书》（*Bibliothèque sociologique internationale*）中，沃姆斯本人亲自编纂了《有机主义与社会》（*Organisme et société*）（1896），梳理了在法国鲜为人知的有机主义理论。尽管市场不大，这套丛书在 15 年内出版了 50 多部著作，涵盖俄罗斯、德国、意大利、美国和法国的社会学家的作品。4. 1895 年秋，身为秘书长的沃姆斯拟定了巴黎社会学会（la Société de sociologie de Paris）的章程，并成功说服塔尔德担任主席一职。该学会从第二年开始，每个月组织一场围绕科学议题为中心的活动。在活动中，普通听众也可以参与辩论。

　　沃姆斯事业的成功得益于法国和国外许多知名人士的热心帮助。除了沃姆斯的期刊，其他杂志不可能会得到哲学家里博（法国心理学的奠基人之一）、人口学家贝蒂荣（Bertillon）、社会学家齐美尔和滕尼斯、人类学家泰勒和韦斯特马克（Westermarck）如此多学者的支持（名单还可以进一步延长）。不过，这些名单中的排名顺序也反映了沃姆斯计划的局限性，真正参与的人并不多。他们之中有些人并不认为自己是社会学家，对社会学这门新学科的看法存在分歧，对共同工作的贡献日益减少，又怎么可能长久维持？

　　沃姆斯的国际主义路线最终穷途末路，当时国家研究团队的理论观点甚至比沃姆斯自己的观点更有连贯性。而且研究团队的首个基地不是设在沙龙，而是在大学（**30**）。至少事后我们可以这么想，这不是一个事先写好的故事。

知识界的犹豫

　　如果学者想将研究成果推广到学界之外更广阔的世界，从长远来看，成功与否取决于能否冲破固有的藩篱，与"市民社会"（société civile）开展对话。社会学也不例外。甚至还有多种渠道的私人赞助支持。

　　学院获得法律授予的法人资格之后，接受的公立机构捐赠和遗赠规模逐渐扩大。所以尚布伦伯爵不但不满足于主宰社会博物馆的命运，而且对"社会经济学"（économie sociale）——社会学的另一个名称——的未来充满了热情。他决定为这个专业的教师发放补贴：巴黎自由政治学堂（谢松获得补贴）、巴黎大学法学院（经济学家夏尔·基德获得补贴）和文学院（埃斯皮纳斯经过一番相当激烈的竞争之后获得补贴）。因为对思想不敏感，所以不需要牺牲学科的小圈子。似乎捐赠者并不清楚社会经济学应该主要是政治学、法学还是人文科学。

1900 年前后社会科学的地位仍不稳定的另一个表现是高等教育机构数量的增加，从而在很大程度上消除了公众与私人之间的隔阂。1895 年，当时化名为迪克·梅（Dick May）的让娜·魏尔（Jeanne Weill）创建了自由社会科学学院（Collège libre des sciences sociales），她在这所学院和新索邦大学担任管理职务。这所学院后来由孔德的遗嘱执行人议员德尔贝博士（Delbet）管理，也就是在实证主义的保护下，但学院的课程仍然有多种选择，就像在此处授课的人一样，既有勒普雷式社会经济学家，又有沃姆斯主义者，还有来自索邦大学的人。

社会学作品的出版

除了涂尔干学派之外，很少有学者明确了解社会科学是什么，尽管很多人宣称自己知道。公众里即使是最有见识的那一部分对社会学也不明所以。出版商对这种时尚也不大理解，所以保持着谨慎的态度。然而，19 世纪末一些出版商开始试图进入这个有前景的市场。

费利克斯·阿尔康（Félix Alcan）接手了热尔梅·巴耶尔（Germer Baillère）这家专业的科学出版社，保留了原有的大部分文献，包括那部著名的《当代哲学丛书》（*Bibliothèque de philosophie contemporaine*）。这套丛书收录了斯宾塞、塔尔德、富耶、涂尔干等人的著作。这就是出版界的普世教会合一运动（œcuménisme），在学界已经站稳脚跟，不会为一个学派而拒绝出版另一学派的作品。当然，《社会学年鉴》也得到了阿尔康的资助，但阿尔康没有资助《社会科学总丛书》，这是另外一个机构——高等社会研究学院（l'École des hautes études sociales）的作品，在后面很快就会讲到。

其他出版商，例如出版勒普雷著作的玛梅（Mame），支持沃姆斯的贾尔·布里埃，都在鼓励社会科学著作的出版，尽管从财务角度来看，结果并不是总能达到他们的期望。唯一在此领域采取资本化运作的是弗拉马里翁集团（Flammarion），它于1902年推出了《科学哲学丛书》（*Bibliothèque de philosophie scientifique*），其中收录了古斯塔夫·勒庞的作品。勒庞是一位多产的学者，涉猎范围很广，最为大众所熟知的著作是《乌合之众》（*Psychologie des foules*，1895），本书阐述了"群体"（masse）是如何以牺牲个体的个性为代价而形成的。通过这本新选集，弗拉马里翁集团展示出了普及科学的市场雄心，让更多读者能够读到知名学者的作品，无论是物理学家还是心理学家，都是本领域的权威人士（**44**）。

难道真如勒庞自诩的那样，他是"是弗拉马里翁集团的一棵摇钱树吗"？这个问题很难回答，不过必须指出，他引入了一种有益科学出版的新模式，即如何将生僻的主题迅速转化为大众喜闻乐见的话题。

德雷福斯事件以后，这种一致的表面出现了危险的裂痕。1900年，迪克·梅带领自由社会科学学院的众多成员（德雷福斯派）愤然脱离了学院，以"科学原则更高"之名，遏制流言，追查事实真相。安顿在索邦大道，他们创办了高等社会研究学院，并得到布特鲁和克鲁瓦塞（Croiset）等一批有影响力的学者的支持。

迪克·梅不辞辛劳，组织收集整理了自由社会科学学院及之后的高等社会研究学院的授课内容在阿尔康公司出版。作者有塔尔德、布特鲁、涂尔干主义者塞莱斯坦·布格雷（Célestin Bouglé）和皮埃尔·杜·马鲁桑（Pierre du Maroussem）（勒普雷学派）等人。

1901 年，在索邦大道的同一个地方，在组织者的祝福下，俄罗斯高等社会研究学院（École russe des hautes études sociales）宣告成立，它计划提供国际教育，但主要面向俄罗斯移民。马克西姆·科瓦伦斯基（Maxime Kovalewsky）和常驻布鲁塞尔的欧仁·德·罗贝蒂（Eugène de Roberty）在巴黎社会学界享有盛誉，他们在沃姆斯领导的组织中发挥着重要作用。

事实上，所有社会思潮或者政治思潮都会使用教育作为工具。极左人士很长时间内都不愿接受被视为资产阶级的学科，社会主义学派的教育理念与社会科学学会中的自由主义成员提出的私人倡议相去甚远。这种现象不仅影响到了巴黎，里尔人在当地信仰天主教的教师的影响下也在做一样的事，里昂人甚至仿效社会博物馆的模式设立了一个有趣的社会信息和研究办公室。因此，美国著名社会学家莱斯特·弗兰克·沃德（Lester Frank Ward）1900 年称"社会学诞生于法国，在这里社会学对各阶层的思想控制强劲而有力"并不令人惊讶。

社会学的发展水平显然参差不齐，在一个比以往任何时候都更分裂的社会环境中尤其缺乏凝聚力。这种混乱的背后，无疑表明知识分子的分裂一直持续到了20世纪：一边是那些打着社会改革的旗号参与社会价值观建设（或者是接受了有机主义理念）的人；另一边一般都是年轻人，以"社会科学应像其他科学一样坚持客观和独特"（**114**）之名，为了大学和资本主义社会中的思想自主和组织自治而斗争。涂尔干主义者就是其中的典型代表。

《社会学年鉴》的冒险

可以毫不夸张地说，如果没有《社会学年鉴》，可能永远不会有涂尔干学派。《社会学年鉴》是涂尔干于1898年在青年哲学家塞莱斯坦·布格雷的协助和费利克斯·阿尔康出版集团的资助下创办的一本期刊。

在社会学发展得如火如荼之际，涂尔干创办《社会学年鉴》有三个目标：1. 在科学的基础上建设社会学学科，清扫招摇撞骗者。2. 汇集一些涂尔干喜欢用来反抗出没于其他组织的业余人士的"劳动者"项目。3. 此外还有一个普通的小目标，就是学习客观上在获得学界认可这场比赛中是竞争者的其他学科的经验（特别是地理学和心理学）。

头衔、资历和成果使涂尔干拥有了领导这场"战斗"的重要信心。总而言之，他已经成为一位公认的大师，那些追随者无论情愿与否，都被视为他的门徒。《社会学方法的准则》此时才刚刚出版。

尽管涂尔干的立场过于强硬，但他还是设法让许多原来不完全赞同他的人最终投向了他。更准确地说，我们应该将这些来自《社会学年鉴》团队并不断更新的人划分为不同层次。

团队最初的十几个学者主要是涂尔干的哲学家朋友或者巴黎高师的校友，大多数并不是涂尔干的"学生"。涂尔干一开始也没有真正掌控杂志工作人员的招聘工作，至少最初是布格雷、西米安和他的侄子莫斯（Mauss）负责选拔。19 世纪和 20 世纪之交时，这个 20 多人的团队成员也是多种多样的，之后也向非高师学子开放，这些人也不完全是学哲学出身。直到 1905～1910 年，涂尔干在巴黎任教授时终于开始亲自运营杂志并负责招聘。

让人印象深刻的是，涂尔干的团队分组满足了两个要求。其中非常明确的一点就是：拆解社会的"一般性"问题，然后围绕特定领域来组织新生的社会学，这些领域后来成为社会学下各种分支。布格雷负责普通社会学；莫斯和于伯尔负责宗教社会学；西米安和布尔然兄弟负责经济社会学；哈布瓦赫负责社会形态学（从 1905 年开始），涂尔干在福孔奈（Faucon-net）的协助下，一直专注于道德和法律社会学。

各个分组之间联系不多，这就满足了另一个隐含要求：避免各个分组之间拉帮结派，就不会损害《社会学年鉴》（**154**）项目组的团结和涂尔干的个人权威。

尽管这些分组有一些细微差别，且内部关系实际上也有一些紧张（例如莫斯和布格雷在编辑要求上的分歧），但是团队的所有成员都有相同的学术和意识形态取向，因而并没有出现严重的危机。在 19 世纪最后几年的"德雷福斯动荡"中，他们中的大多数人加入了人权联盟，在饶勒斯和著名的巴黎高师图书馆管理员卢西恩·埃尔（Lucien Herr）的双重影响下，他们更趋向接近社会主义运动。有些自相矛盾之处在于，这些年轻人都接受过正规的学术训练（除了涂尔干自己，在他比较亲近的人之中，布格雷、拉皮、哈布瓦赫等人都是文科博士），但又不得不游离在大学的边缘，因为大学缺乏专业研究员这样的职位来提高他们的技能，他们匿名参与了许多伟大的集体性著作，但还没有得到大学的认可。

由于他们大多献身于一个共同目标，大部分涂尔干主义者的职业生涯都不太顺利，至少会延迟毕业。但这不能掩盖这个团队获得的巨大成功，合理化了社会学家对人类现象的所有凝视（**50**）。涂尔干以整个团队的巨大进步回应了认为他是帝国主义的指控，法国的反对者们最终认可这个团队就是社会学本身。

逐步制度化

20世纪初，社会学发展的诸多条件已经具备，且以非常重要的方式体现。

1. 学科权威著作层出不穷。例如，在1895年这一年里，仅仅在法国，就出版了塔尔德的《社会的逻辑》（*La Logique sociale*）、勒庞的《乌合之众》、伊祖莱的《现代城市》（*La Cité moderne*）和涂尔干的《社会学方法的准则》。同一时期，德国的滕尼斯和齐美尔出版的重要著作也别具特色，在社会学中占有一席之地。总之，新生的社会学用重要著作回应了与日俱增的对知识的需求，但其基调和发展方向已经与以前完全不同。

2. 与此同时，社会学的传播手段也在与时俱进。当然，19世纪80年代勒普雷主义者就指明了方向。从那时候起，传播条件就有所改善。像泰奥迪勒·里博创办的《哲学期刊》，或者由格拉维埃·莱昂（Xavier Léon）和埃利·阿莱维（Élie Halévy）于1893年创办的《形而上学与道德》（*Revue de métaphysique et de morale*）这本年轻的期刊，都会刊登社会学方面的新闻报道，不过效果尚不得而知。涂尔干的论文（Durkheim，1893）发表之后，遭到了阿莱维的严厉批判，但是两人并无个人方面的不和。社会学也顺理成章地制定了一些具体工具。沃姆斯创办了《社会学国际期刊》，紧接着涂尔干也创办了《社会学年鉴》，这开创了一个新时代，将社会学提升到和其他学科同等的地位。此前，这些学科已经五脏俱全。德国要在十年以后才能达到如此成就。

3. 相比法国只有巴黎社会学会这一个学会而言，德国的社会学家组织更加严密，且已经开始国际化。当然，这要归功于沃姆斯多次组织会议和座谈会，这些会议有时候放在公共利益活动（如展销会或者博览会）之后。这种国际化联系能让重要著作跨越国界，在原文出版后的几个月后就被翻译成其他语言。无论是塔尔德、齐美尔还是其他不出名学者的作品，都是如此。

4. 随着研究员这一职业日益制度化，社会学的职业化也初现端倪。一些大学的学院（在法国是文学院，在德国是法学院）和高等实践研究院（第五系部）开设了一些教授社会学的教职。但是社会学家还无法立足。他必须首先证明自己是哲学家或是历史学家，又或是法学家，才会被认可。一旦被聘用之后，他将会被安排负责别的科目：教育学、宗教史、道德哲学、社会经济学或者国民经济学，而社会学则默默在学术体系的缝隙中艰难地寻找空间。

1914年一战爆发前夕，社会学家可能已经多处担任教职，但是大多数情况下不太稳定。确切地说，当时的文学院提供了四个教职，而法学院没有提供任何教职。

因此，在这一阶段的介绍中，要记住社会学的"成功"仍然有一部分是虚幻的。事实上，人们仍然把社会学与社会的概念完全混为一谈，任何对社会事实的讨论，都只是对这些事实进行条理化的梳理而已。至于那些没有混淆概念的人，他们则倾向于认为心理规律在社会规律之前。对于当时的大多数知识分子，研究人类的每一种行为必须首先从个体角度考虑。社会性是人类最深奥的地方，因此将社会行为视为人本体以外的事实是很荒谬的。涂尔干及其学派在努力规范社会学时就遇到了这样的阻力。而像塔尔德、齐美尔和韦伯等人则相对成功，毕竟他们的观点更容易被公众所理解。

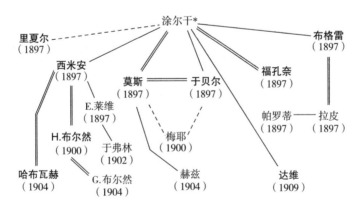

《社会学年鉴》的组织架构

注：字体加粗代表重要成员

资料来源：（**154**）。

法国各地大学文学院社会学教学的历史（1887～1918 年）

波尔多

教育和社会科学课程：

涂尔干，课程负责人（1887～1896 年）。

这门课程后被调整为社会科学的教职：

涂尔干，教授（1896～1902 年）。

里夏尔，候补（1902～1906 年）。里夏尔，教授（截至 1906 年）。

哲学史教职：

拉皮，教授（1906～1911 年）。

蒙彼利埃（Montpellier）

社会哲学课程：

布格雷，讲师（1898～1900 年）。

图卢兹（Toulouse）

1900 年图卢兹大学引入这门课程，并且调整为教职：

布格雷，教授（1901～1907 年）。

福孔奈，候补（1907～1920 年）。

巴黎

社会经济史课程：

埃斯皮纳斯，讲师（1894～1904 年）

课程调整为教职：

埃斯皮纳斯：教授（1904～1907 年）

布格雷，候补（1907～1915 年）；

教育科学课程：

马里翁（Marion），教授（1887～1896 年）。

比松，教授（1896～1902 年）。

涂尔干，候补（1902～1906 年）。

涂尔干，教授（1906～1913 年）。

增加社会学教职头衔：

涂尔干，教授（1913～1917 年）。

本章参考文献

BOUGLÉ Célestin (1870-1940) : *Les Idées égalitaires* (1899). — *Qu'est-ce que la sociologie ?* (1907). — *Le Solidarisme* (1907). — *Essais sur le régime des castes* (1908).

DURKHEIM Émile (1858-1917) : *De la division du travail social* (1893). — *Les Règles de la méthode sociologique* (1895). — *Le Suicide* (1897). — *Les Formes élémentaires de la vie religieuse* (1912). — *Éducation et sociologie* (1922), posthume. — *L'Éducation morale* (1925). — *Le Socialisme* (1928). — *L'Évolution pédagogique en France* (1938). — *Leçons de sociologie* (1950).

HALBWACHS Maurice (1877-1945) : *La Classe ouvrière et les niveaux de vie* (1912). — *La Théorie de l'homme moyen* (1913).

LE BON Gustave (1841-1931) : *L'Homme et la société* (1881). — *Les Lois psychologiques et l'évolution des peuples* (1894). — *Psychologie des foules* (1895).

MAUSS Marcel (1872-1950) et HUBERT H. : *Mélanges d'histoire des religions* (1909).

MICHELS Robert (1876-1940) : *Les Partis politiques* (1911).

RICKERT Heinrich (1863-1936) : *Die Grenzen der naturwissenschaftlichen Begriffsbildung* (1896).

SIMMEL Georg (1858-1918) : *Les Problèmes de la philosophie de l'histoire* (1892).

— *Philosophie de l'argent* (1900). — *Soziologie* (1908). — *Sociologie et épistémologie* (1917).

SOMBART Werner (1863-1941) : *Der moderne Kapitalismus* (1902-1927). — *Le Bourgeois* (1913).

TARDE Gabriel (1843-1904) : *Les Lois de l'imitation* (1890). — *Les Transformations du droit* (1893). — *La Logique sociale* (1895). — *Études de psychologie sociale* (1898). — *Les Lois sociales* (1898). — *L'Opinion et la foule* (1901).

TÖNNIES Ferdinand (1855-1936) : *Gemeinschaft und Gesellschaft* (1887).

WEBER Max (1864-1920) : *L'Éthique protestante et l'esprit du capitalisme* (1905). — *Le Savant et le politique* (1919). — *Le Judaïsme antique* (1921), posthume. — *Économie et société* (1922). — *Essais sur la théorie de la science* (1922). — *Sociologie du droit* (1922). — *Wirschaftsgeschichte* (1923).

WINDELBAND Wilhelm (1848-1915) : *Geschichte und Naturwissenschaft* (1904).

WORMS René (1869-1926) : *Organisme et société* (1896). — *Philosophie des sciences sociales* (1907).

WUNDT Wilhelm (1832-1920) : *Éléments de psychologie physiologique* (1874). — *Elemente der Völkerpsychologie* (1905-1920).

第四章
作为社会艺术的社会学

虽然法国和德国的社会学家通过卓越的领军人物及其独特的研究主题已经构建了社会学的学科核心，但是本学科的其他传统不一定以此为参考或者分析模版。欧洲一些组织起来国家学派的地区就是这样，不大注重理论深度而主要发展一些易应用于社会调查的方法，但也有一些例外。美国更是如此，鼓励本国社会科学的发展，摆脱作为欧洲社会学附庸的状态。

第一节　欧洲其他国家研究中心的出现

简要介绍几个能说明社会学早期发展潜力的例子——比利时、俄罗斯、意大利、法国的勒普雷观点和英国，以及它们走过的道路。

比利时：应用社会学

比利时的应用社会学最早是由凯特勒推动的，他是对社会事实进行数理分析的开创者之一。下一代学者中的佼佼者是纪尧姆·德·格雷夫（Guillaume De Greef），他是一位工会主义者，也是 19 世纪末不可多得的社会学家。

在工业革命刚开展时，格雷夫就致力于捍卫工人阶级的利益。在蒲鲁东的影响下，他支持互助理念，提倡通过工会建立阶级之间的平衡社会关系。他的阶级理论缺乏马克思主义的系统性。对于格雷夫来说，如果只以生产资料所有制为基础来划分阶级，那阶级划分就只能代表社会劳动力分工的一个阶段。尽管这个过程尚未完成，但是终将不可避免地导致职业群体的重新分配，这就有可能克服资本和劳动的对立。格雷夫在 1886 ~ 1889 年极力主张这种观点，并在 1908 年将其系统化了。

应当指出，格雷夫不仅是工人运动的理论家，他还写了许多专志，现在看来这些专志与他持续时间不长的哲学政治观点的学术贡献同等重要。

当时比利时社会学的一大特色就是关注工业发展问题，因而得到了自由派雇主的支持和资助。双方"勾结"（collusion）的一大成果就是 1901 年在新建的布鲁塞尔大学成立了社会学研究所。在工业家欧内斯特·索尔维（Ernest Solvay）的鼓动下，该研究所对城市地区开展了观察和调查，进行了多项研究。研究所的第一任所长埃米尔·瓦克斯魏莱尔（Émile Waxweiler）是一位有机主义者，之后在处理倾向于心理学而不是社会学领域的有关问题时采用行为主义观点。

比利时值得关注是因为它在 19 世纪是知识分子、艺术家或科学家聚会和交流之地，他们因社会或政治观点分歧从欧洲各地来到这里。1845～1848 年的马克思就是这种情况；几十年后，几位俄国社会哲学家也在这个自由王国里避难。

俄罗斯：介于科学与革命之间

比起其他的思想，俄罗斯的社会思想被其政治环境打上了更深的烙印。统治这个帝国的是一套烦琐的官僚体制，拒绝改革开放，奉行亲斯拉夫主义和保守的意识形态。统治阶级中一部分人——主要是知识分子——注意到了自由主义和社会主义在西方的蓬勃发展，希望在此基础上寻找另一种发展模式。

不过，俄罗斯的知识界（intelligentsia）也并非铁板一块。拉夫罗夫（Lavrov）和米哈伊洛夫斯基（Mikhailowsky）领导的主观主义学派依然任重道远，他们仅仅是将塔尔德和革命派别做了简单区分（革命派别此时也分裂为马克思列宁主义和克鲁鲍特金无政府主义两"派"）。不过，几乎所有人都接受了社会科学有助于实现进步的观点。一方面，科学被视为与知识分子结盟的进步力量；另一方面，知识界与官僚主义、反动阶级相互勾结。残酷的斗争无疑阻碍了俄罗斯科学社会学的形成（科学社会学要求脱离意识形态的规范）。彼蒂里姆·索罗金（Pitirim Sorokin）的青年时代就是很好的例证，在 20 世纪20 年代明确真正的使命之前，他一直与民粹主义保持着政治上的联系。换句话说，俄罗斯社会学的缺点首先是政治原因；其次在于过多强调个人动机，即知识分子强调个体社会学的方法，这割裂了个人与家庭背景（有时候甚至是国家）之间的关系。19 世纪末的马克西姆·科瓦伦斯基即其中一例。

这位青年法学家的社会学研究生涯与他曾在多国生活密不可分。完成一次意义重大的西欧旅行之后，他返回莫斯科，对人类学尤其是最早的雅利安法律方面的研究投入了极大热情。由于在大学感觉很不自由，他宁愿流亡以继续科学研究生涯，后来定居在法国的科特达祖尔（Côte d'Azur）并成为沃姆斯创建的研究机构的重要一员。当时出版的他的著作体现了他对有机进化主义的强烈偏好。

在沃姆斯的协会中，科瓦伦斯基还遇到了许多同胞，如尤金·德·罗伯蒂（Eugène de Roberty）和雅克·诺维科夫（Jacques Novicow），他们勇敢地倡导反对战争和甘普洛维奇的社会达尔文主义理论。至于科瓦伦斯基，他于 1905 年回到俄罗斯，担任圣彼得堡大学的教授，并试图建立一套合理的社会科学教学体系。但过了不久他进入政界，之后就几乎不再做研究（3）。

意大利：从犯罪学到帕累托社会学

18 世纪时，伟大的哲学家维科（Vico）——当时在法国还鲜为人知——已经关注到民族的多样性及其习俗。他认为，习俗不是民族反身性的结果，更不是其产生的原因，而是历史长期沉淀的产物，从中可能有一套"法则"（lois）。这种观念与笛卡尔或者孔德相左。此外，维科的观点引发了后来德国的争论，也启发了诸如萨姆纳（Sumner）等美国的学者。

在意大利，法律哲学是 19 世纪社会科学中唯一获得成功的分支。在大学里占据主导地位的是新康德主义和理性主义，只有莫塞利（Morselli）等少数几位学者才信奉孔德的实证主义。

塞萨尔·龙勃罗梭（Cesare Lombroso）这位主治医生引入了一些社会学学术领域中的基本要素。他认为，每个人都受其个体形态和存在特点的严格制约。因此，每个人的行为将会变得可以预测。

他将犯罪作为一个实验领域，与学生费里（Ferri）一起开发出许多人体测量仪器，用以侦测犯罪的"耻辱感"（stig-mates），甚至可以在"天生罪犯人"（criminels-nés）实施犯罪行为之前就能够将其界定为危险人物。这是一种有非常深刻的资产阶级典型特色的设想。

在龙勃罗梭的众多模仿者中，最年轻的一位是西皮奥·西盖勒（Scipio Sighele），他致力于对群体犯罪行为进行更全面的造册登记工作。他和塔尔德同期，而早于勒庞发现当教派和群众服从于非理性或病态的领导人时，就会实施大量犯罪行为。他提出了大众心理的第一条假设，尽管这在今天看来有很大争议，但是比起后来流行的"乌合之众"的假说（特别是在法国）更具有合理性。

维尔弗雷多·帕累托（Vilfredo Pareto）出生在巴黎，但他更常被划入意大利社会学家之列。他的父亲是一位热那亚前贵族，母亲是一位法国平民，在帕累托童年时代，全家移民回到了意大利。跟斯宾塞一样，他原本学习工程学专业，在铁路上工作，有段时间热衷于政治，在 40 岁之前阅读了瓦尔拉斯（Walras）和库尔诺的政治经济学著作。之后，他发表了几篇关于经济理论尤其是数理经济的论文，其中瓦尔拉斯对他的影响显而易见，因为他在这段时间认识了瓦尔拉斯。1893 年，他搬到洛桑，接替他的导师担任政治经济学教授。此后的十年，他撰写了大量经济学和社会科学方面的代表性著作，并做了社会主义和资本主义的比较研究（157）。

帕累托之前是自由主义者，但在生命的晚期与成立不久的墨索里尼法西斯政党关系紧密。他试图利用政治上的名誉实现建立基于事实观察的科学社会学的雄心，然而帕累托也在不断重复着孔德和斯宾塞的教条主义和形而上学（207）。但世纪之交时所谓的观察事实到底是什么意思呢？

法国：勒普雷思想遗产传承与分享

慈善家、卫生学家以及社会统计学家们通力合作推广理想的社会科学模式。他们认为，社会工程应当与政治哲学相结合，有助于重塑一个新社会。然而，该计划要想成功，需要一套足够强大的理论框架，能够指引行动，甚至为未来指明方向。可惜，这样的模式在当时尚未出现。或者更确切地说，他们唯一接触到的人——斯宾塞——也不符合要求，倒不是因为他提出的进化主义，而是他排斥任何社会改革主义。因而，他们转向勒普雷，希望借助他提出的社会学理论改变糟糕的社会现状（181）。

帕累托的社会物理学

在成为社会学家之前，帕雷托是一名经济学家，他认为社会科学本质上是抽象和演绎，没有科学的精确模型。较为接近科学模型的是经济学，它关注人类行为的"逻辑"、一致性和可预见性。尽管其他许多行为并不一定都符合经济学的这一标准，但不见得都是荒谬或者"不合逻辑"的。

社会学这门科学关注的就是非逻辑行为，这种行为追求的目的与其确定的手段之间没有明确联系。帕累托在其名著《普通社会学纲要》（*Traité de sociologie générale*）中阐述的理念是，非逻辑行为是人类本性的灰色部分，即本能、冲动和需求。这些被称为"剩余物"，因个体和文明而异。剩余物的证明物是由伪理性建构的"派生物"（包括信念、理论甚至意识形态），借此人类可以证明其行为的合理性 **(2)**。

可能受到反民主的左派人士索雷尔（Sorel）的影响，帕累托从研究人类本质转到研究社会本质，试图证明社会现象具有循环性，权利和财富分配不均，精英们在暴力和伎俩建立的统治之中牟利，而这种统治极富争议。他的这些思想为统治阶级理论做出了原创性的贡献，也成为新兴政治学首选的主题之一。在他之前，加埃塔诺·莫斯卡（Gaetano Mosca）和罗伯特·米歇尔斯（Robert Michels）均有所涉及。

应该说，1880 年前后，勒普雷主义运动达到了顶峰：无论以哪方面（信徒人数、著作质量、思想传播）设定的标准来衡量，其他团体享有的知名度都不能与之匹敌。但 1882 年勒普雷去世以后，形势就急转直下了。

危机于 1885 年 12 月爆发。当时,《社会改革》主编埃德蒙·德莫兰（Edmond Demolins）被勒普雷主义运动的主要机构——社会经济学会（Société d'économie sociale, SES）理事会解职。起因是德莫兰和另一位勒普雷门徒亨利·德·图维尔（Henri de Tourville）意欲更新三十年来一成不变的社会学教学方法和模式（这在对手眼中意味着背叛），从而造成了两个派别的分裂：正统派仍然把持着社会经济学会，异见派另起炉灶，组织了一个名叫"社会科学"的团体。这两派各持什么意见呢？

尽管勒普雷主义正统派坚持强硬的教条主义立场，但是对对手有关其知识僵化的批评也不是无动于衷。埃米尔·谢松（Émile Cheysson），这位巴黎综合理工学院的前校友及国立路桥学校（Ponts）的桥梁工程师将个案方法推广到车间和社区。他认为工作和家庭一样重要，因而关注个案方法和统计方法上的相辅相成。1881 年，谢松被推举为巴黎统计学会的主席。在他的领导下，该协会开始质疑勒普雷式调查核心的家庭预算分析；取而代之的是研究家庭的购买力，除了支出，还要了解工资和价格等信息。而这些信息的获得需要可靠的统计信息。因此，不难理解谢松会支持设立劳工办公室（成立于 1891 年 1 月，承担包括统计在内的职能），更在这个办公室于 1906 年 10 月改组为劳工部时成为唯一的部长候选人。他在劳工办公室的一位临时助手皮埃尔·杜·马鲁桑是一位勒普雷主义者，撰写了一本有趣的著作《调查的实践与理论》（*Les Enquêtes. Pratique et théorie*），由阿尔康出版社出版。

此外，异见派也迅速组织起来。早在 1886 年，图维尔就开始了一项新的研究，创办了一本期刊《勒普雷方法论社会科学》（*La Science sociale selon la méthode de Le Play*），彰显了他在肯定大师方法的同时试图革除那些陈规陋习的雄心壮志。他的战斗团队由年轻的专栏作家、法律工作者和文学作家组成，例如德莫兰、鲁西耶和比罗等人，在他的领导下完成了大量工作。

他们二十多年来一直在努力改进著名的勒普雷调查方法。首先，为社会事实制定了独特的术语目录，分为 25 个大类，每种类型都设立了细分类目。例如，对"劳动"这一术语，按照其使用动力的性质（人力、风力、水力……）和生产关系的形式（家庭劳动、手工作坊、大工厂……）分配个案。这种分类方法实际上与当时的统计精神有异曲同工之妙，就是将原本对家庭的观察扩展到整个社会。

不过，勒普雷关于家庭的分类受到了严厉的批判，"家庭社会"（Famille souche）的重要程度引起一片质疑之声。比起家庭，社会科学界更加关注教育问题。研究者们将目光投向了盎格鲁－撒克逊世界，他们所代表的自由主义者反对共和派青睐的德国模式。德莫兰是最早提出反对国家化主张的学者之一，因而成为主流团结主义的反对者。他在阿夫尔河畔的韦尔讷伊镇上将其教育思想付诸实践，建立了一所名为"岩石"（Roches）的学校，在 20 世纪上半叶发展成为培养上流阶层儿童的高水平学校。

图维尔（1903 年）和德莫兰（1907 年）去世以后，自由主义扩张形成一个整体，切断了法国社会生活的动力，其中包括愿意接纳自由主义思想的社会天主教主义。从长期来看，关于劳动的科学研究质量受到了边缘化的影响，这种局面直到 1904 年国际社会科学学会的建立才得以扭转。两年以后，该学会被沃姆斯建立的国际社会学研究所取代，后者的优势在于更接近共和派政界人士。结果勒普雷学会在一战前已经暂停了活动。

英国社会学的伟大与苦难

勒普雷学派在法国式微之时，却在英国发展出了一片新天地。这得益于查尔斯·布斯（Charles Booth）（1886～1903）、帕特里克·盖迪斯（Patrick Geddes）（1915）和维克多·布兰福德（Victor Branford）（1914）等人的贡献。这三位学者以及其他许多人继承了勒普雷发起的调查传统，并与英国的政治算术和社会统计相结合。不过，与法国勒普雷学派的模式不同，工业界和城市成为英国勒普雷学派学者的主要研究对象，尤其是一些城市，被他们视为了解现代社会及社会转型可能的重要实验室。在此基础上衍生出城市规划和"花园城市"（cité-jar-din）的理念，在两次世界大战期间被许多国家所采用。因此，关注企业家和劳动管理者等这些未来的管理者，正是为研究经济和社会现象做准备。这就是 1895 年创立伦敦政治经济学院的本意。该学院由西德尼·韦布（Sidney Webb）和比阿特丽斯·韦布（Beatrice Webb）夫妇等社会主义知识分子组成。他们在努力将传统经济与社会主义结合的同时，也在努力为捍卫工人阶级提供理论和实践的工具。

与此同时，其他学者也在从生物学视角思考人口改良这一有争议性的问题。达尔文的表哥弗朗西斯·高尔顿较早（1869）涉猎有关精神能力及其世代繁殖的研究，努力证明可以通过明智地选择配偶，甚至简单地通过普及婚前体检来改善具有遗传性的能力。本着努力改良人类的信念，他创立了一个新的学科——优生学，并创办了一份名为《生物测量学》（*Biometrika*）的期刊进行宣传。他的想法引起了人们的极大兴趣，但他取得的成果反而无人问津。他在做生物人口学的研究时在统计方法方面也有了进展，其中卡尔·皮尔逊（Karl Pearson）的研究有很大贡献。例如回归平均值的偏差，或者二项式分布，最重要的是制定回归法则，这项描述性统计技术至今仍具有价值。简而言之，高尔顿开创了一种真正的方法论，适用于许多领域，他对英国社会学和人口学的重要性不可低估。

与高尔顿并驾齐驱的当属里奥纳德·霍布豪斯（Leonard Hobhouse），他被同时代人视为一位可与最伟大的社会学家比肩的"系统学"（systématique）社会学家。霍布豪斯的著作（1901）凝聚了深刻的时代性，成功地服务于民主和社会改革，其思想与斯宾塞等进化论哲学家接近，在体制方面的重要作用也值得大书特书。

但是，由于对学科内容缺乏最低限度的共识——如根据艾布拉姆斯（Abrams）（**82**）统计，在1905～1907年，社会学就出现了61种定义——英国社会学界分裂为多个派别，彼此之间钩心斗角。因此，不难理解，除了像在澳大利亚从事原始人种研究的马林诺夫斯基（1913）等学者之外，英国的社会学家一直不务"正业"（professionnaliser），直到第二次世界大战结束。

第二节　美国的改革主义

要更好地了解美国社会学的诞生环境，必须考察美国在南北战争之后的状况。从某种意义上来说，19 世纪 70 年代的美国社会科学只是前废奴主义者和谴责青少年的恶习、离婚、纵欲和堕落的改革运动的社会冲动的学术表达。和英国一样，新教道德在这里是全能的。

这些问题在以前属于私人倡议的范畴，从此逐渐朝着更具政治性的方向发展：颁布了要求政府干预儿童教育和城市发展等涉及整个社会领域的法律。

新世界，新科学

和涂尔干等欧洲同行一样，美国社会学学科的创始人起初也是布道者。威廉·萨姆纳（William Sumner）和阿尔滨·斯莫尔（Albion Small）原来是神职人员（前者是一名主教牧师，后者是一名传教士和新教神学学者）；莱斯特·沃德（Lester Ward）和弗兰克林·吉丁斯（Franklin Giddings）的政府专家、国家记者身份，也都具有"布道者"的寓意，他们很早对社会问题产生了专业上的兴趣。起初，他们只是将社会学看作能够满足其最初职业的一种世俗化——也许更符合现代世界——的方式。但是他们选择的方式却大相径庭：即使所有人都认为社会学是一门具体的学科，但是一些人倾向于干涉主义，而另一些人则受到斯宾塞的强烈启发，坚持相当严格的自由主义。

社会学学会的不幸

1903年夏天，在布兰福德和一群孔德主义哲学家的倡议下，英国社会学学会宣告成立，这是第一个全国性的社会学学会。由此，社会学学科汇集了各行各业的人，其中大多数是不追求学术名利的、开明的业余爱好者，他们几乎都很富有，有的甚至年事已高。

当时，社会学学会的构成多有自相矛盾之处，因为英国的社会学根基比起法国或德国而言较为薄弱。1907年，在资助人马丁·怀特（Martin White）的干预下，伦敦政治经济学院成立了一个社会学系，霍布豪斯担任首席教授。这个社会学系和社会学学会有过一段美好的合作蜜月期，其中一项成果就是1909年创办的《社会学评论》（*Sociological Review*）这份特别的期刊，负责人是霍布豪斯。但由于伦敦政治经济学院的社会学家志在施展学术抱负，而社会学学会的大多数社会学家仍然坚持更加务实的态度，两者之间的合作氛围越来越恶化。1911年，两方关系彻底破裂：霍布豪斯辞去了该杂志的负责人职务，应用社会学派前往利物浦大学"避难"，那里建立了一个社会学部。另一方面，优生学派（社会学学会的正式成员）在高尔顿的资助下创建了自己的生物统计学实验室。他们应霍布豪斯之邀在他和对手的辩论中支持他，因此与伦敦政治经济学院的社会学家保持着距离。由于在科学界享有崇高的声望，优生学派获得了统计学会的成员们的支持，两者致力于推动社会学与生物学的结合。

在干涉主义者中，沃德首先提出了社会科学的愿景。这位植物学家接受了自然科学与社会科学必须结合的观点，但是他也强调生物进化与社会进化之间的差异，甚至认为后者应该由人类和社会来控制。因此，他支持改革运动，建议公共当局对教育采取必要的干预措施，而作为专业人士，社会学家必须单纯地为社会进步和福利提供服务。

在城市化、工业化和大规模移民迫使政府做出社会创新之时，对于社会学的认同很有必要——也并非偶然，也是对知识分子解释这些现象并参与管理的集体努力所做出的响应。

沃德的社会学学科愿景得到了当时大多数社会学家的赞同。吉丁斯就是一个很好的范例。在纽约，他与改革界保持着密切的联系，同时又在哥伦比亚大学担任社会学教授。事实上，正是这所大学开始的著名社区调查成为美国社会学在两次世界大战之间得到科学界认可的重要组成部分。

在这场社会学盛宴中，最为出彩的当属萨姆纳，他深受欧洲主流的斯宾塞主义影响，被认为是美国第一位"职业"社会学家（**24**）。这位社会哲学家首先是一位杰出的教师，吸引了众多听众和学生学习社会学。耶鲁大学的一家俱乐部是他留下的永久记忆。在萨姆纳去世多年以后，人们仍然通过这家俱乐部来怀念他及其著作。《民俗论》（*Folkways*）（1907）① 在萨姆纳一生出版的成果中堪称独特，它是萨姆纳最热衷的主题，闪耀着智慧之光：考察民俗（coutumes）的起源、本质和

---

① 本书原版初次出版于 1906 年，此处原文标注的 1907 年应为法文版出版年份。——编者注

持续性以及人类行为的制度或者规范。他的一个创新发现在于将习俗定义为有助于社会福利的行事方式，如果被所有人接受的话，将扩展为法律，成为正式法律法规的一部分。萨姆纳还提出了一套社会变革理论，他从严格的进化角度将其归因于习俗的自动转化，而不是他所谴责的社会干预主义的不作为。

事实上，萨姆纳并不是一位社会学专家。社会学家的职业化主要发生在 19 世纪末的纽约和芝加哥。

斯莫尔：社会学家中的企业家

尽管斯莫尔没有赢得新英格兰同事的尊敬，但这并不影响他在学术盛宴中一鸣惊人。在大学的两年（1879～1881 年）里，他在莱比锡和柏林逗留，没有学习哲学，而是向施莫勒和瓦格纳等社会经济学家求学。他深信，社会发展只能由有组织的团体推动，这些团体通过相互对抗，成功地主导社会走向进步。他认真研读了甘普洛维奇和另一位奥地利社会学家拉森霍夫（Ratzenhofer）的著作，显然深受影响。不过，斯莫尔对社会学的宣传活动比起他的学术著作更为重要（3）。

1892 年，在私人资助下，芝加哥大学成立了社会学系。第一任系主任是斯莫尔，他一干就是 30 年，这项"传统"对社会学学科的未来具有决定性的意义（**63**）。社会学系名家荟萃，其中有劳伦斯·约瑟夫·亨德森（Lawrence Joseph Henderson，他是一位工业心理学家，也是人类关系学院的创始人）和威廉·托马斯（William Thomas，托马斯是后来加入的，当时他已经 30 多岁了，1897～1918 年在芝加哥大学任教）。正是在芝加哥大学，斯莫尔从 1908 年起远赴欧洲，在弗洛瑞安·兹纳涅茨基（Florian Znaniecki）的全力支持下，开展了著名的"波兰农民调查"。斯莫尔的学生查尔斯·爱尔伍德（Charles Ellwood）和爱德华·海耶斯（Edward Hayes）后来在社会心理学方面也有建树。

斯莫尔是一位体贴入微的老师。为了给学生提供翔实的理论参考资料，更重要的是，为他们提供一套可以直接使用的方法论工具，他与乔治·文森特一起编纂出版了一本手册（1894），这是美国系列专业文献的肇始。随后，他创办了一本特点非常鲜明的期刊：《美国社会学》（*The American Journal of Sociology*）（1895），受到同行们的好评。但是，某些哲学家和社会统计学家因为拥有自己的传播机构，并且自信已覆盖到所有社会科学领域，故而对该杂志反应冷淡。

这些挫折并没有让斯莫尔气馁，他以"社会学推销员"（voyageur de la Sociologie）自居，倡导社会学的学术和知识自主。几年以后，他成为 1907 年在巴尔的摩成立的美国社会学学会（American Sociological Society）的创始人之一，萨姆纳是学会的首任主席。斯莫尔聪明地将《美国社会学》作为美国社会学学会的官方会刊，还推出了介绍学会年度活动的出版物。

1910 年前后的学科状况

必须要强调的一个特点是，与欧洲的情况不同，美国社会学学科的制度化并没有受到教条"传统"或者本土化等原本会影响学科发展的因素的阻碍。在理论层面，美国社会学家的著作更趋向于斯宾塞的自由主义思想（萨姆纳），而不是社会达尔文主义（斯莫尔）和塔尔德的心理学。很快，美国的社会学家接受了为美国社会服务的邀请；在美国的许多大学里，他们被认为是社会专家，而不是培训社会工作者。

当然，还不应忽略批判社会学，凡勃伦（Veblen）终其一生都在对抗主流的知识界。除了耶鲁——它更多地遵循欧洲模式，也是萨姆纳教学的地方之外，社会学系正在全国各地成倍增加，它们倾听并满足社会和机构（州和州一级的市政当局）的需求。开设社会学系的包括芝加哥大学（1892年）、哥伦比亚大学（1894年由吉丁斯主持）、密歇根大学安娜堡分校（1894年由社会现象互动论的先驱查尔斯·库利主持）、密苏里大学（1900年由爱尔伍德主持）以及伊利诺伊大学（1907年由海耶斯主持）等。

显而易见，1914年以前，美国的社会学文凭和论文数量已经是全世界最多的了。其原因可能归结于一套非常灵活的大学组织体系。在这一体系中，人文主义并没有压制新学科的声誉，因此，其教学比其他地方更加协调、更有秩序。应该指出的是，这主要是市民社会文化根深蒂固的结果。同时代的欧洲依然古板僵化，社会学家尽管如涂尔干所期望的那样竭尽全力"为社会服务"，但仍然只被视为评论家，最理想的状况下也只被视作理论家，从来都不是社会实践者（**73**）。

本章参考文献

BOOTH Charles (1840-1916) : *Life and Labour of the People of London* (1886-1903).

BRANFORD Victor (1864-1930) : *Interpretations and Forecasts* (1914).

CHEYSSON Émile (1836-1910) : *Œuvres choisies* (1911), posthume.

COOLEY Charles H. (1864-1929) : *Human Nature and the Social Order* (1902). — *Social Organization* (1909). — *Social Process* (1918).

DE GREEF Guillaume (1842-1924) : *Introduction à la sociologie* (1886-1889). — *Structure générale des sociétés* (1908).

DEMOLINS Edmond (1852-1907) : *À quoi tient la supériorité des Anglo-Saxons ?* (1897). — *L'Éducation nouvelle* (1898).

ELLWOOD Charles (1873-1946) : *Sociology in its Psychological Aspects* (1912).

FERRI Enrico (1856-1929) : *La Sociologie criminelle* (1905).

GALTON Francis (1822-1911) : *Hereditary Genius* (1869). — *Inquiries into Human Faculty* (1883). — *Natural Inheritance* (1889).

GEDDES Patrick (1854-1932) : *Cities in Evolution* (1915).

GIDDINGS Franklin (1855-1931) : *Principes de sociologie* (1896). — *Inductive Sociology* (1901). — *Readings in Descriptive and Historical Sociology* (1906).

HAYES Edward C. (1868-1928) : *Introduction to the Study of Sociology* (1915).

HOBHOUSE Leonard T. (1864-1929) : *Mind in Evolution* (1901). — *Morals in Evolution* (1906). — *Development and Purpose* (1913).

KOVALEWSKY Maxime (1851-1916) : *Les Sociologues contemporains* (1905). — *Le Régime économique de la Russie* (1908).

LOMBROSO Cesare (1835-1909) : *L'Homme criminel* (1895). — *L'Anthropologie criminelle* (1901).

MALINOWSKI Bronisław (1884-1942) : *The Family among the Australian Aborigines. A Sociological Study* (1913).

MAROUSSEM Pierre DU (1862-1936) : *Les Enquêtes. Pratique et théorie* (1900).

MICHELS Robert (1876-1940) : *Les Partis politiques* (1911).

MOSCA Gaetano (1858-1941) : *Sulla teorica dei governi e sul governo parlementare* (1884).

NOVICOW Jacques (1849-1912) : *Les Luttes entre sociétés humaines et leurs phases successives* (1906).

PARETO Vilfredo (1848-1923) : *Traité de sociologie générale* (1916). — *Œuvres complètes* (1964-1988), posthume.

SIGHELE Scipio (1868-1913) : *La Foule criminelle* (1882). — *Le Crime à deux : essai de psychologie morbide* (1893). — *Psychologie des sectes* (1898).

Small Albion W. (1854-1926) et Vincent G., *Introduction to the Study of Society* (1894).

Sumner William G. (1840-1910) : *Folkways* (1907).

Thomas William I. (1863-1947) : *Sex and Society* (1907). — Et Znaniecki F., *The Polish Peasant in Europe and America* (1918).

Tourville Henri de (1842-1903) : *Histoire de la famille particulariste* (1897-1903). — *Précis de philosophie fondamentale d'après la méthode d'observation* (1928), posthume.

Veblen Thorstein (1857-1929) : *The Theory of the Leisure Class* (1899).

Ward Lester F. (1841-1913) : *Sociologie pure* (1883).

Waxweiler Émile (1867-1916) : *Esquisse d'une sociologie* (1906).

Webb Sidney (1859-1947) et Webb B., *La Démocratie industrielle* (1897).

阶段性总结

第一次世界大战之后，社会学作为一项公开的智力项目，同时也是原创理论设计与一系列实证调查方法的检验地。

然而，问世的社会学著作很少能够体现这些理论体系或者实证方法论。从这方面看，涂尔干的《自杀论》和韦伯的《新教伦理和资本主义精神》只是孤独的典范。毫无疑问，社会学学科在积极认知社会事实方面的贡献已经非常显著。但当他们不是在纯描述时，它们更像是那些长期以来一直被研究的对象（法律、宗教、道德、政治、经济）的社会学视角，而不是对新事实的独特"征服"（conquêtes）。因此，社会学的理论仍然需要进一步丰富，而非大部分停留在推断之上；调查事实虽然极大地提高了少数领域的经验认知，却几乎没有扩大社会知识。

不过，社会学的基础几乎已经完全奠定。研究体系业已存在：包括涂尔干的"社会事实"决定论；韦伯的社会行为解释说；帕累托的非合理行为的逻辑说；齐美尔的微观社会互动形式说；滕尼斯的社会形态转化说……要在这些之外再构建社会学的一般对象已无可能。

如果将社会学比做一件漂亮的拼接（Arlequin）外套，几乎无法就如何编织它达成共识。韦伯曾说过社会学学科并非只有唯一观点、唯一目标，对其含义（"是什么"）和解释（"为什么"）的理解不是互相排斥的，而应该是相互支持和互为补充的。

这些相关问题从表面上看对研究宣称要成为一门科学的这个学科的历史学家似乎很简单。那就是理论在何时、何处、何种条件下以及如何帮助发现，甚至预测新的现象？事实是否允许系统性假设的检验？方法是否适用于研究对象？研究是否增加了知识积累？

在涂尔干主义者的努力下，法国学派第一次构建了真正的"范式"：一组有联系的基本假设、一个明确的领域、一个原创的方法、无与伦比的研究者以及成果积累的研究。但是它缺乏足够的实证调查，对当代社会缺乏真正的了解，而勒普雷则恰恰相反，他对事实独特的兴趣会使研究成果很快过时。英国的社会学界也是如此，他们认为对社会的系统认知可能也只是了解其中的一部分，只能为局部的、周期性的改革提供支撑。德国人对日常生活进行了哲学性的反思（齐美尔）；或者相反地，他们仔细审视社会变革的规律（滕尼斯）；或者，不管任何理论问题，都要进行大规模的经济和政治调查，形成了最有影响的学派（韦伯）。至于帕累托和他的门徒们，他们并不承认社会学，认为自己是一群孤立的法学家和哲学家。相反，在美国，在改革主义热情的影响下，社会学不再是令人生厌的学术辩论，而是发展成一门应用科学。

第二部分

1918 年后

第五章
不平等的命运（1918～1945年）

两次世界大战期间，历史为我们提供了一个独特的机会，可以观察社会学这一新生学科的命运受到各种严峻的政治、经济和社会环境的影响。苏联的建立、全球经济危机的爆发和欧洲法西斯主义的兴起使社会学面临着重大的考验。在法国，已经形成了第一个真正意义上的社会学"学派"，但其创始人涂尔干已与世长辞；德国这个社会学的又一发祥地，正遭受着帝国战败后的分崩离析；美国这个新移民国家，已经取得了举世瞩目的制度化成果。

第一节　后涂尔干时代的法国社会学

第一次世界大战之后，法国社会学面临着许多困难。涂尔干在59岁时英年早逝（1917年），其追随者也在战场上伤亡殆尽，人口更新受阻，因此动摇了法国在社会学领域的领袖地位。此外，尽管法国社会学的合法性很强，威望仍处于巅峰时期，但是无论是在教育领域（1910 年以后只有四个大学设立社会学教职）还是研究领域，体制基础都十分薄弱。

多亏了涂尔干的门徒们，法国社会学才得以延续发展下去（**53**）。但政治和社会的内部分裂及环境恶化必然导致法国社会学的地位下降。不同学派，甚至整个社会学科都会受到影响。

涂尔干主义的传承和衰落

20 世纪 20 年代仍然是法国社会学学派发展的有利时期，其间首要工作就是迅速恢复高密度的出版活动。战争前夕已经完成的著作（Fauconnet, 1920；Davy, 1922；Granet, 1922）、大师手稿（Durkheim, 1922, 1925, 1928, 以及在本书的第一部分引用的文献）或者殁于战争前线的门徒手稿（Hertz, 1928）都计划公开出版。整整十年，涂尔干的门徒都在有条不紊地推进这项活动，主要包括布格雷、达维、葛兰言、哈布瓦赫等人。1925 年，《社会学年鉴》恢复出版（1913 年中断），两年后再次中断。尽管遭遇了失败，但在涂尔干门徒的推动下还是成功建立起了一个规模很小但是对所有社会科学都开放的学术团体——1924 年由莫斯主管的法国社会学研究所（Institut français de sociologie）。

涂尔干社会学的生命力，表现在门徒众多，且忠实于伟大、传统的主题。这些主题包括道德（Bayet, 1925；Bouglé, 1922）、宗教（Granet, 1934；Mauss, 1950）、法律（Davy,

1922）、教育和教学（R. Hubert，1949；Lapie，1923）或者"社会形态说"（Davy et Moret，1923；Halbwachs，1938a）。对于涂尔干曾经蔑视甚至拒绝的研究对象，他们也有涉猎：心理学（Halbwachs，1925，1938b，1950）、经济学（Simiand，1932）、人文地理（Halbwachs，1928）。在这种多元化的过程中，涂尔干曾研究过的问题及其对于人文领域所有学科的一般方法也得到了广泛传播。

最终，在保罗·拉皮（1923 年）和布格雷的努力之下，社会学于 1920 年被纳入巴黎高等师范学院的教学大纲。同年，布格雷在银行家艾伯特·卡恩（Albert Kahn）的资助下，在巴黎高等师范学院设立了一个社会文献中心。

然而危机四伏，局势每况愈下。首先，一战以后，在涂尔干的门徒中很难再有一位真正的领袖来维持社会学年鉴学派的凝聚力。既有体制方面的原因，也有理论方面的原因，两者实际上有重叠。对于涂尔干主义以及更为宏大的社会学学科使命，大学教授和研究人员之间存在"解释冲突"（conflit d'interprétation）。在这场冲突中，大学教授将"新精神主义"（néospiritualisme）和共和国的建立联系在一起，强调社会学在道德层面上的敏感性；而研究人员则秉承理性经验主义，强调"社会形态"的研究（在涂尔干的门徒看来，"群体代表"的人口、经济和结构构成了社会学基本的研究对象）。不过，"大学教授"比"研究人员"的社会知名度更高：他们的原创性研究不足，但出版的著作更多，在成果推广中注重社会学的哲学与社会效益（Heilbron，in 31）。因此，涂尔干学派人员

培养危机的主要原因除了大学入学率低之外，也与他们的研究
人员身份脱离普通大众有关：莫斯、于贝尔、葛兰言一直在法
国社会科学高等研究院，西米安在那里工作到 1920 年；哈布
瓦赫倒是在 1935 年之前长期在斯特拉斯堡大学担任教授，但
是斯特拉斯堡远离巴黎。这些研究人员主要从事民族志研究，
与社会学基本脱钩。首当其冲的当属莫斯，他在人种学学科上
取得了决定性的进展。他的同伴们早已负责任地警告过他这一
做法的局限性："社会学研究固然要博采众长，但是贪多必然
无益"。①

其次，一战爆发导致曾经在强烈政治需求下产生的知识积
累和体制认同的来源都已枯竭，面临着寻求共和国政权的世俗
和民主理想的科学合法化的任务。一旦这项工作完成之后，政
治上的需求必然导致将优先领域转移到经济和行政管理，更确
切地说，大学的法学院要培养更多的经济学家和法学家：这方
面的一个例子就是经济学家夏尔·李斯特（Charles Rist）于
1933 年在法国自由政治学堂创建的经济和社会科学研究科学
所（Institut scientifique de recherches économiques et sociales），
以支持法国统计总局开展的经济和社会状况调查（**71**）。

社会学与人文科学

（法国社会学）从不自认为是只在本学科领域工作的孤
立学科，而是看待人类现象的一种方法和态度。因此，不是
只有社会学家才能研究社会学。在法国，许多社会学研究都是

---

① 列维-斯特劳斯引述，见（**12**）。

以其他学科的名义进行的，并吸收这些学科的成果。尤其是法国人文地理学派（école française de géographie humaine），该学派的人尽管只受过地理学的正规训练，但常以某一国家或地区的人文和地理方面的个案研究的形式开展社会学研究……

法国社会学的普及性使它能够为一些人文科学的复兴做出贡献。我们将讨论……西米安对经济科学的贡献。那些关系看似疏远的学科也从社会学发展势头中受益：例如，欧洲现代语言学大师费迪南·德·索绪尔（Ferdinand de Saussure）……和安托万·梅耶（Antoine Meillet）……一再强调对涂尔干的教学的赞赏以及感激之情。

法国社会学因此在某些方面有些自鸣得意，其他学科的学者注意到了这一点，并对此很不满。由于法国社会学很早就能够勾勒出理论领域的全部范围——远早于可能穷尽之时——其他学科在根据自身的方法发展时就不可避免地会遇到社会学。如果不是社会学家偶尔表现得像一位骄傲地帮助"幼儿"迈出了第一步的"母亲"，并给他们提供建议，那么这些"相遇"本应该对每个人（且在多数情况下）都是有益的。但是，这对于完全觉得自己在努力做原创工作的人来说并不总是开心的事。他们有时候会很不耐烦，甚至颇有怨言……

除了语言学家的情况外，至少有两个双方都毫无保留地开展了合作、承担了彼此责任的例子。第一个例子是亨利·于贝特，同时在宗教社会学（与莫斯合作）与历史和考古学领域做研究……第二个例子是葛兰言，他的作品由涂尔干学派直接发行……因此，不光是语言学和地理学，就连欧洲考

> 古学和远东古代史，都受到了社会学的影响。这些影响可谓
> 非常的"前卫"。在二战爆发前的几年里，由罗歇·凯卢瓦
> （Roger Caillois）主持的社会学学院（Collège de sociologie）
> 成为社会学家、画家和超现实主义诗人的交流的场所。这种
> 尝试取得了成功。社会学与人类及其所有趋势或思想潮流研
> 究之间的密切协作是法国学派最具特色的特点之一。
>
> ——Lévi-Strauss，«La sociologie française»，（**12**）

最后，这场合法性危机由于涂尔干社会学在"30年代的一代"心中的官方哲学形象——保罗·尼赞（Paul Nizan）曾毫不留情地用"看门狗"（Les Chiens）来形容（1932年）——而进一步恶化。事实上，法国知识界的争论已经从社会哲学领域转向了政治意识形态："在此期间，法国人缺乏对自身社会的好奇心，他们犹如保守的囚徒，已经习惯了第三共和国的做法，不喜欢太多转变，也缺乏足够的恨意去摧毁或反抗这个国家。政治辩论在30年代热火朝天，除了带有强烈的意识形态特征之外，还具有一个奇特的'异化'特征：舶来的意识形态、共产主义和法西斯主义都与这个国家的现实格格不入"（Aron，37：5）。正是由于这些问题，"对于任何20世纪30年代的社会学从业者而言，与1900年前后青年社会学家们的激情洋溢或者1920年前后良好的学术氛围相比，此时的法国社会学……给人的印象哪怕不是暮气沉沉也是勉强生存"（Stoetzel，**4**：636）。

20世纪30年代，法国社会学依靠着两位涂尔干主义者——哈布瓦赫和布格雷——才能在知识界留有一席之地。

哈布瓦赫是一位活跃、高产的涂尔干主义者。虽然其范式

的原创性略显不足（Halbwachs，1924，1930），但他强调社会学的经验研究基础，尤其热衷于研究当代社会的现实问题。哈布瓦赫突破了涂尔干学派的窠臼，将研究拓展到心理学和经济学领域（早于西米安开始经济学领域的研究）。他通过研究个人记忆和群体记忆的社会条件，改革了对"群体代表"的事实分析（Halbwachs，1925，1941，1950）；通过发展社会人口学和人文地理的研究（Halbwachs，1928，1938a）加深了对"社会形态学"的分析，同时恢复使用统计和定量方法。哈布瓦赫还发展出一种社会分层理论（Halbwachs，1972），并将之应用到研究工人阶级生活条件的重要成果中（Halbwachs，1913，1933）。与涂尔干激进的整体论相反，哈布瓦赫指出了社会阶级在界定个人行为方面的重要性，同时强调了"群体代表"的需求是消费行为的基础。哈布瓦赫还向法国公众介绍以前受鄙视的外国学者：韦伯、帕雷托、凡勃伦以及他访问过的芝加哥学派学者。哈布瓦赫于1935年末开始在索邦大学工作，1944年转到法兰西公学院，1945年在布痕瓦尔德集中营（Buchenwald）不幸去世。涂尔干学派因而失去了最有代表性的人物，如果当时能够及时转移，他本来可以活到二战之后。乔治·古尔维奇（Georges Gurvitch）当时在伦理社会学和法律社会学（Gurvitch，1938，1940）领域已颇有建树，虽然没有使用涂尔干范式，但他在1938年接替了涂尔干在斯特拉斯堡的职位，二战期间前往美国避难。

涂尔干的"看门狗"（chien de garde）形象

……涂尔干是法国社会学的创始人之一。正如他在《社会分工论》中提到的,他身兼多职,既是学者、教师、行政管理人员,又是索邦大学教授交流的中介人。巴黎高等师范学院建立社会学专业宣示了社会学在行政管理中的官方伦理地位。多年来,涂尔干一直扎根讲台,笔耕不辍,树立了崇高的权威,并赋予这项工作令人肃然起敬的科学魅力:以其自身和科学的魅力,教导学生们热爱自己的祖国、为阶级合作辩护、接受一切现实、在资产阶级的博爱和民主的旗帜下开展社区建设……涂尔干以及其他人的著作都在传播服从、顺从和社会尊重的教义。多年来,这些教义收获了广泛的尊重和众多的信众:在涂尔干看来,社会主义者充斥着激进的愚蠢,正如嘲讽德亚(M. Déat)的愚蠢一样。涂尔干穷其一生都以捍卫资产阶级为使命。他的文本都是宣传品。涂尔干的成功正是来自道德宣传,也因为他是第一个正面捍卫社会的学者。

——P. Nizan, *Les Chiens de garde*, 1932(cité d'après l'édition F. Maspero, 1976, pp. 97 - 98).

在社会学的制度化方面,布格雷做出了最有效的贡献。他在巴黎高等师范学院当社会学系副主任(1927 年)和主任(1935~1940 年)及他对社会学和社会科学的不同表达形式持开放态度(Bouglé, 1935, 1937)都使布格雷对法国社会学的教学、组织和演变有决定性作用。在此期间,他依托社会文献中心创办了《社会学年鉴》(*Annales sociologiques*)(1935~1942年)。在他的照顾下,该期刊招聘了不同背景的撰稿人,为社会学学科开辟了不同于涂尔干主义的潮流,其中甚至还有反涂尔干主义者。这些研究促进活动的结果中成效最卓著的无疑是通过由查莱蒂校长担任主席的大学社会研究理事会（Conseil universitaire de la recherche sociale）（1935～1940 年）与莫斯合作，获得并分配了洛克菲勒基金会的慷慨资助。这笔来自美国的资助专门用于对当代问题进行归纳研究（recherche inductive），帮助法国社会学在 1932 年再次起飞，保证社会学在存续的同时为未来做准备（Mazon，**31**；**55**），这一笔捐赠资助了雷蒙·阿隆（Raymond Aron）（**74**）、乔治·弗里德曼（Georges Friedmann）（1934）、罗伯特·马若兰（Robert Marjolin）（1936）、雷蒙·波林（Raymond Polin）（1934）以及让·斯特策尔（Jean Stoetzel）（1943）等人的研究。第二笔捐赠资助了法国社会研究所和社会文献中心，出版了《文库》（*Inventaires*）的前三卷（Bouglé，1936，1937，1939），后因战争而中断出版。

于是，此时不仅涂尔干学派实际上已经不复存在，就连涂尔干创立的范式也被荒废了。

两次世界大战之间的涂尔干门徒之外的其他人

在 19 世纪与 20 世纪之交，与涂尔干学派并存的还有另外两大社会学学派，创始人分别是勒普雷和沃姆斯，但当时只有勒普雷学派地位显赫。

·事实上，随着塔尔德于 1904 年去世和埃斯皮纳斯于 1922 年去世，国际社会学研究所和 1893 年由沃姆斯创办的同名期刊失去了团队中最杰出的两位法国学者，该团队只能代表少数社会学家，并不包括涂尔干主义者。一方面，这要归咎于沃姆斯的折衷主义理论；另一方面，许多国家的社会学学科越来越制度化，这两点是国际社会学界对国际社会研究所及其期刊不满的主要原因。由于沃姆斯（1921）没有成功发展出一套统一框架，国际社会研究所的活动已经失去了存在的理由。20世纪20年代，只有少数社会学家（Duprat，1919；Essertier，1927；Richard，1937；Maunier，1929）还认为国际社会研究所在19世纪末普及社会学学科中起到了不可忽视的作用，但国际社会研究所已经"不太可能对知识发展做出任何贡献了"（Geiger，in **33**）。1926年沃姆斯去世后，时任波尔多大学涂尔干中心教授的"叛变的涂尔干主义者"（durkheimien apostat）理查德继承了沃姆斯的领导位置。

·两次世界大战之间，勒普雷学派的状况并不比涂尔干学派好多少，涂尔干学派很排斥勒普雷学派，但不是像跟沃姆斯学派一样经常发生公开冲突（**181**）。由于国家控制削弱、劳工运动兴起，社会基督教主义产生了大众危机，勒普雷学派的学术团体和官方期刊《社会改革、社会科学与社会运动》（*La Réforme sociale，La Science sociale et Le Mouvement social*）的活动和受众一度减少，但是该学派依然有丰硕的学术成果。保罗·比罗、约瑟夫·维尔布瓦（Joseph Wilbois）、保罗·德康（Paul Descamps）等人的著作都体现了勒普雷研究体系的生命力，直接研究社会事实、启发改革者的政治和社会行动的目标没有改变。但从那时起，他们已经有意从更宏大的全球社会视角以及心理层面来探究社会事实，从而向涂尔干主义靠拢（Bureau，1923）。这种采用更综合的方法代替以前的专题法在德康（Descamps，1924，1930）和维尔布瓦（1934）的研究中尤其明显。德康为葡萄牙的社会学做出了卓越贡献，也对萨拉查主义（salazarisme）产生了很大影响（Descamps，1935）。维尔布瓦则成为组织社会学的先驱（Wilbois，1937）。尽管勒普雷学派努力整合资源，1935 年把《社会改革、社会科学与社会运动》改组成《社会研究》，并定之为社会经济学会和国际社会科学学会唯一官方期刊。但勒普雷学派在第二次世界大战前夕法国社会学的体制重组中仍然微不足道。他们只能通过与农业界的领导圈子保持密切关系来维持影响力，而农业界在 20 世纪 40 年代投靠了维希政权，这影响了勒普雷学派的形象。

然而，从理论上讲，勒普雷学派在法国社会学的"秩序建构"（establishment）中仍具有象征性意义：布格雷在 1937年就主张"将勒普雷和涂尔干的传统结合起来"（**31**：**270**）。此外，勒普雷学派对许多国家（美国、英国、甚至土耳其和罗马尼亚）的学派影响很大。由于涂尔干主义长期遭到忽视，勒普雷社会学的历史性作用更加突出。

第二次世界大战前夕，法国社会学已经变得面目全非：二十年内便失去了至少在法国曾被称赞的威信和影响力，此前蓬勃的学术能力丧失殆尽，原本就很脆弱的制度化也停滞不前。涂尔干学派在世纪之交的成功，不仅源于这位无可替代的大师组织起来的天才团队，更是首先源于他们已成为过去的道德和政治理论。由于缺乏社会需求（可能是因为缺乏激励手段），加上注重综合而不是分析，因此法国社会学既不能扩展研究领域、调查当代社会现实，又无法改进目标远大但研究方法有限的方法论——正如涂尔干的关门弟子所言。但他们努力使学科在极端不利的情况下开始必要的变革，以回归勒普雷学派优秀的经验研究传统。

第二节　德国社会学：从失败中崛起

与法国的情况相反，第一次世界大战的结束标志着德国资产阶级时代的开始，而非衰落。1918 年德国战败宣告了一种政治秩序的终结，其中最重要的是德国的大部分知识分子并不畏惧变革，而是担心丧失文化和社会基础。一战以后，滕尼斯著作的重要性凸显，开始得到学界重视。他对"共同体"与"社会"的概念分类是这一时期德国社会学的主流。事实上，这个问题相当清晰地反映了德国对合理化进程的关切，这种合理化进程影响了现代社会，并危及社区组织及其价值观，社会主义的兴起证明了这一点。

另外，"文化"（culture）和"文明"（civilisation）的对比问题在意识形态上得到了最强烈的回应。斯宾格勒（Spengler）的《西方的没落》（*Déclin de l'Occident*）自 1918 年出版以来取得的巨大成功就证明了这一点。事实上，战争宣传将一战的最终爆发描述为德国的崇高理想（文化）对抗盎格鲁－撒克逊的物质主义和平均主义（文明）。虽然这是社会学与进步意识形态关系史上独一份的案例，但并不奇怪，因为魏玛共和国并没有得到韦伯兄弟、滕尼斯和一些犹太学者以外的社会学家的支持。滕尼斯明显倾向于"共同体"，但他反对政治利用自己的作品（Tönnies，1935）。其他学者如桑巴特、米歇尔斯甚至热日尔（Geiger）都对社会民主的经历非常失望，因为新的共和国秩序只是实现了资产阶级的平庸的胜利，还有比厌恶的资本主义更受蔑视的社会主义的胜利（**13：175**）。

社会学群岛

在主要的社会学学科"引路人"（phares）都不愿自我定位为社会学家，而在德国社会学学会（Société allemande de sociologie，DGS）自称为"深奥的学者群体"的国家里，由于不被认可和没有威望，很少有社会学课程或者很难把社会学与哲学以外的人文学科联系起来也就不足为奇了。而且一战以后学者所在地都很分散。

在贝克尔部长的保护和努力之下，德国设立了一些新的社会学教职，研究集中在少数几位理论家手里，还创办了许多期刊。利奥波德·冯·维泽（Leopold von Wiese）1921年创办了《科隆社会学季刊》（*Kölner Vierteljahrshefte für Soziologie*），理查德·舍恩瓦尔德（Richard Thurnwald）于1925年创办了《国际心理学与社会学杂志》（*Zeitschrift für Völkerpsychologie und Soziologie*），1932年还出版了德英双语版，因为这两本期刊都面向国际，非常开放，尤其是第二本还向美国社会学开放；在柏林，新教神学家卡尔·邓克曼（Karl Dunkmann）主编了《应用社会学档案》（*Archiv für angewandte Soziologie*），专门研究社会行动。此外，许多科学类的期刊都接受社会学论文，包括

《社会学年刊》（*Jahrbuch für Soziologie*）（1925－1927）、《社会研究杂志》（*Zeitschrift für Sozialforschung*）（1932－1933）、《社会科学与社会政策档案》（*Archiv für Sozialwissenschaft und Sozialpolitik*）以及《施穆勒年鉴》（*Schmollers Jahrbuch*）。同时，德国社会学学会也在德语国家的首都定期举行大会。

社会学活动的生命力可见一斑，但许多方面也存在差异（Mühlmann，in **4**）。在缺乏共同范式和概念的情况下，这一时期的大多数德国理论家无疑只有一个共同点，那就是将社会学视为一门偏爱"综合"研究方法的、狄尔泰所谓的"精神科学"。他们疯狂寻找回归"社区"文化之道，对研究德国社会几乎不感兴趣，但还是被当时德国规模浩大且极度严肃的社会运动所影响（滕尼斯认为"只有概念还不是真正的科学"）。另外，德国许多著名经验研究与理论家的关注点和社会学概念没有任何关系，这与马克斯·韦伯著作的包罗万象形成鲜明对比。

边缘学科

魏玛共和国是政党和社会学派繁荣的时代。有一些城市成了相对集中的地区中心，如海德堡、法兰克福和科隆，但它们没能成为全国中心。令人奇怪的是，柏林从来就没有成为过社会学教学或者研究之都。在学术界，社会学的存在感较低，因为社会学的教职非常少。尽管在20世纪20年代情况有很大改善，社会学家不再各自为战、恶性竞争，虽然有不少理论家抱团，但给人的主要印象还是非常分散。比起其他学科的学者，社会学家还是不够团结。他们自说自话，其他人也不理解，通行规则是个体之间的对话。正如一位学者感叹的那样，德国是一个有社会学家而无社会学的国家。每个人都想成为原创者，但又沦为边缘者。正如马克斯·韦伯曾经讽刺道，他们沉迷于自己的圈子，走不进一个真正的学术沙龙。

在所有排挤竞争对手的技术中，依样画葫芦地模仿竞争对手的论述风格流行起来。反马克思主义者按照阶级给他的对手划分阶级归属。形式主义学派的支持者鄙视知识社会学。例如，他们强调卡尔·曼海姆（Karl Mannheim）的思想只能诞生于浪漫主义时期的海德堡，那有偏爱晦涩的争论、过于精练的辩证和过度崇高的思想的环境。德国社会学会的成员们充分验证了所谓的"鲱鱼定律"（loi de Herring），即某个学科的专家反而会总是特别不擅长自己领域内的事情：历史学家遗忘过去，心理学家为情感所困，经济学家预算超支，社会学家的社会关系一团乱麻。

——W. Lepenies（in *Les Trois Cultures. Entre science et littérature*, *l'avènement de lasociologie*, Éd. Maison des sciences de l'homme, Paris, 1990）。

因此，在希特勒上台之前的德国，认出社会学家要比弄懂社会学更容易。尽管社会学家理论的深刻矛盾性常常使人难以区分社会学家和哲学家，有时甚至难以区分社会学家和意识形态学家。

理论体系不够丰富

在齐美尔、韦伯和滕尼斯这三位德国社会学"创始人"

(pères fondateurs) 中，只有滕尼斯在魏玛共和国时代仍有作品问世。他提出了公共舆论理论 (Tönnies, 1922)，并独立地对社会病理学进行实证研究 (Tönnies, 1925－1929)。在海德堡，玛丽安·韦伯 (Marianne Weber) 主持着一个有影响力的学术沙龙，还指导出版了她丈夫马克斯·韦伯生前的著作，他直到1920 年去世前还参与起草了德国新宪法。阿尔弗雷德·菲尔坎特 (Alfred Vierkandt) 和利奥波德·冯·维泽从众多"系统社会学" (sociologies systématiques) (**74**) 的构建者中脱颖而出。菲尔坎特通过胡塞尔创建的现象学视角继承和发展了齐美尔和滕尼斯的思想遗产，冯·维泽使形式社会学有可操作性。汉斯·福莱尔 (Hans Freyer) 和奥斯马尔·斯潘 (Othmar Spann) 更关注与兴起的意识形态密切联系的理论和规范推导，但弗兰茨·奥本海默 (Franz Oppenheimer) 反对兴起的意识形态。

菲尔坎特在民族学方面的研究早已声名鹊起 (Vierkandt, 1896)。这位柏林学者试图整合处在十字路口的德国社会学。他和齐美尔一起赋予了社会学定义社会最初"形式"的使命，但反对个人主义和实证主义。他反对将互动作为社会的基本要素，主张社会行动的本质不是群体本身，而是个体或者群体寻求"社会规定"（如服从或者寻求他人承认的本能）：这些规定都是各种历史表现的社会化本能，只能通过现象学方法（胡塞尔）来理解其本质。事实上，社会关系并非源自物质条件，而是来自"共同体"意识，这是一种理想的社会组织形式。相比滕尼斯的二分法，菲尔坎特倾向于将社会和共同体视为连续分布的两个极端，从长期来看社会分布是固化的。菲尔坎特的许多著作代表了魏玛共和国时代主流社会学思想的许多方面的成就，如1931年出版的他主编的《社会学简明词典》（*Handwörterbuch der Soziologie*）。尤其是介绍了现象学等重要思潮，其中包括马克斯·舍勒（Max Scheler）（1923a）、特奥多·李特（Theodor Litt）（1923）和西格弗里德·克拉考尔（Siegfried Kracauer）（1922）等人的研究成果。

冯·维泽被认为是齐美尔形式社会学真正的延续者，也是这一代人中最重要的"系统社会学"理论家。冯·维泽从1919年起就在科隆大学教经济学，他提出一个社会理论：社会是个人关系的总和，而个人关系的结晶产生了所有可观测现象的基本"形式"。与齐美尔一样，他反对任何现实主义的社会观念，主张社会学的目标是研究个体与群体联系起来或使之分裂、对立的过程。这个过程可以解释为个体态度的产物，即遗传倾向（H）、行动者过往的经历（E）、自然环境构成状况（M）以及其他行为者的行为，过程公式是 $P = (H \times E) \times \{M \times (H \times E)\}$（von Wiese, 1924 - 1929）。因此，社会学在"精神科学"和自然科学的中间。冯·维泽以个人作为实证观察的单位，在自己的研究中加入了在当时更加具有原创性（也更有边缘性）的实证主义方向（von Wiese, 1926），还伴随着以组织理论形式出现的实证研究和实际应用的愿望。他远离纳粹主义，是1945年之后社会学学科领军人物的合适人选。

福莱尔和斯潘的理论局限于意识形态。在莱比锡，福莱尔反对形式社会学和韦伯的唯名论（Freyer, 1930a,

1930b），提倡激进的历史主义，即从"共同体"向"社会"的转化不可逆转意味着一个国家的发展会因必须容纳各种社会阶层而变得更加专制（Freyer，1933）。他深信社会学的历史作用就是履行更新集体价值观的使命，因而赞成纳粹主义。在维也纳，斯潘也关注相同的主题。他反对阶级社会的个人主义，认为个人主义就是无政府主义和马基雅维利主义的来源，也反对等级社会（*Stände*）的普世主义。他认为精神共同体才能使人类认清自己，所以希望能够恢复精神共同体（Spann，1931）。不难理解，福莱尔和斯潘的作品随后在社会上引起了很大共鸣。相比之下，奥本海默虽然早在1919年在法兰克福成为德国第一位社会学教授，却几乎被人忽视了：与甘普洛维茨一样，他认为国家是胜利者为控制落败者而制造的工具，这种专制形式会在废除引发了资本主义和阶级斗争的大地主后消失，导致出现一种受到普鲁东启发的社会自由主义（Oppenheimer，1923–1933）。

"阿隆写道，如果有人问起社会学有什么意义，也许答案应该是：什么意义都没有。如果有人问，社会学教给我们什么？我们的回答是：抛弃如约束或模仿这种简单公式，更好地去理解人际关系的多种形式、不同类型的社会关系、人际互动和个人与社会形态的不断交流，规模最大的社会事务中也会有个人的存在，时间最短的个人接触中也有集体的存在（**74：44**）。"

研究领域的扩大

尽管韦伯的才智备受钦佩，但其作品缺乏真正的传承。的确，对于这位海德堡的大师来说，没什么比这些科学家和理论家几乎没有区别的伟大理论体系更陌生的了！事实上，人们已经公然抛弃了理性主义，因为想直接把握"真实的世界"（monde vécu），胡塞尔的现象学赋予了真实世界科学合法性（**15：376－379**）。一些比较小的学科领域还能感受到韦伯留下的痕迹，有时候也能感受到他的影响。

·文化作品中的社会学（文化社会学）与社会结构事实的社会学不同，舍勒（1926）提出前者的规范应为"首先表现为一种历史现实的科学理论"（**74：35**）。阿尔弗雷德·韦伯根据他哥哥马克斯·韦伯的方法，加上听取了斯宾格勒的反对意见，区分了两种理想类型：普世的"文明"，可以在不同社会传播（包括积极的科学和技术）；独特的"文化"（比如宗教）正相反，是独一无二且不可转让的，因为这与一个民族和时代紧密相连，研究文化只能自己研究自己，因为回避了历史进化论（Alfred Weber，1927，1935）。以上方法本质上都是哲学的，与之相反，舍恩瓦尔德通过研究丰富的民族文化发展了马克斯·韦伯开创的比较研究传统（Thurnwald，1931－1935）。

在文化社会学领域最重要的两位学者，此时还没有完成他们的著作。奥地利的阿尔弗雷德·舒茨（Alfred Schutz）（1932）的研究工作前途无量，他试图引入胡塞尔的现象学方法修正和发展韦伯的理解社会学。

此外，年轻的诺贝特·埃利亚斯（Norbert Elias）于1933 年写完了他第一本讲路易十四宫廷的书（Elias，1969），并在巴塞尔出版了有关个人自我约束和国家发展在

"文明的进程"中的作用的研究成果,其中明确提到了韦伯、马克思和弗洛伊德(令人非常意外)。他严厉批评了集体主义的退化,也反对个人主义垄断理论领域,强调以韦伯的方法从动态和不稳定的视角来考察个人在互动过程中所构建的历史结构,以及行为是如何确定的。二战以后,他的理论影响了英国和荷兰的学派。

·这一时期还产生了知识社会学,领军人物是哲学家舍勒和匈牙利裔德国人卡尔·曼海姆。在科隆,舍勒为了回应实证主义的历史论和马克思的决定论,将知识区分为多种类型,不同类型彼此之间没有优劣之分;决定知识的历史形态的各种社会因素是多样化和多元性的,其"本质"却是固定不变的,因此,这些因素的内容和有效性都无法界定(Scheler, 1925)。曼海姆从海德堡换到法兰克福之后,更加坚信非科学的知识都是由社会决定的。他深受马克思主义和韦伯的相对主义的影响,认为每个人群都会根据当时的社会地位生产出独特的知识。因此,统治阶级会利用神秘化的"意识形态"合法化现有的秩序,而被统治阶级的"空想"(les «utopies»)则希望能够改变这种秩序。知识分子只有从社会关系中超脱出来,才能整合这些部分真理(Mannheim, 1929)。曼海姆的相对主义与他的同胞及启发者格奥尔格·卢卡奇(György Lukács)的相对主义差距很大——卢卡奇认为只有无产阶级才能获得历史上最全面的知识(Lukács, 1923),尽管如此,文学界却因为曼海姆的相对主义而很愤怒(**134:311-330**)。

社会世界的个人构建：社会学家的视角

舒茨的重要贡献在于，他认为寻找一个人的行动对行为者的意义这件事对希望能对此做出解释的社会学家并不特别，但这是社会行为者日常生活的持续过程。正如韦伯之前清晰地阐明过，所有行为在很大程度上都会受到他者行动的影响。观察行为者对社会事实日常的解释可以看出，除了亲密者之间面对面的关系之外（"融洽"关系），简单的"同代人"通过"典型化"构建既能解释他人行为又能定义自我的理想模式。典型行为规则的构建过程（通过减少个人经验或者知识传递来实现理想化）必然会成为理解社会学中的研究对象，因此它不能建立在移情的基础上，这也使克服主观主义和客观主义之间的经典对立成为可能。

因此，在严格的理论层面上，我们要感谢舒茨在解释行为时强调"计划"的重要性，对行为者的目的和原因进行区分［任何互动可能的假设基础是，行动者的"原因动机"（motifs en-vue-de）是其互动者的"目的动机"（motifs parce-que），反之亦然］，突出了语言在传播社会知识、进而也是社会现实的集体建构中的核心作用。

因此，它昭示了社会学在研究行动、互动和日常生活中的一些主要方向（参见第七章）。

· 政治社会学领域是理论和实践的重点研究对象。米歇尔斯是这一领域的权威，在各个方面都有研究。无论是在德国（他的出生地）还是在意大利，政治思潮的演变（从社会主义到法西斯主义）都受他指引。很早以前，他在有关政党的研究中（Michels，1911）发现了著名的"黄铜律"（loi d'airain），即群众组织中会产生一个永久的职业政治寡头。后来，他有关民族主义（Michels，1929）和精英流动（Michels，1934）的研究成果，一再批判了民主中的关键问题。同时代的德国社会学家在政党（Thurnwald，1926）、集体行动（Geiger，1926）、大众心理学（Sulzbach，1923；Lederer，1940）以及帝国主义（Eckert，1932；Schumpeter，1951）等方面都有学术贡献。

最后，大量著作遭到不公平的冷落（由于它们的经验主义和不符合当时理论推理的自主性），绝大部分作品涉及阶级现象和分层现象，揭示了社会主义思潮对关于资本主义和工业社会的社会学分析的影响，其中最早的是韦伯，最重要的是桑巴特（**20**）。1925年的职业普查为研究工人阶级（Woldt，1926；Jost，1932）和"新中产阶级"的社会状况和意识形态（Kracauer，1930；Dreyfuss，1933；Lederer，1937）提供了重要基础，开了社会流动性领域研究之先河（Mitgau，1928；Geiger，1932）。除此之外，被忽视的还有奥地利自由主义经济学家约瑟夫·熊彼特（Joseph Schumpeter）关于社会阶层工作的理论（Schumpeter，1951）和社会主义者保罗·拉扎斯菲尔德（Paul Lazarsfeld）对青年（Lazarsfeld，1931）和失业的实证研究（Lazarsfeld，1933）。

纳粹统治下的德国社会学家们

第三帝国的建立令德国社会学的发展势头戛然而止。1934

年，在纳粹意识形态的控制下，德国社会学会举行了最后一次代表大会，之后在福莱尔的管理下停止了运营。大部分社会学杂志也就此停刊。从 1933 年到德奥合并，大批犹太裔社会学家纷纷出逃：曼海姆前往英国；奥本海默辗转巴黎和耶路撒冷来到美国；埃利亚斯历经瑞士和法国也来到英国；谢奥多·盖格尔（Theodor Geiger）因为勇敢地批判纳粹主义的种族政策（Geiger，1933，1934）不得不前往丹麦避难。1923 年政府于法兰克福创立了社会学研究所（Institut für Sozialforschung），其中的新马克思主义哲学家陆续逃难去了美国，他们在哥伦比亚大学形成了"法兰克福学派"，直到主要成员在 1950 年返回德国（**79**）。舒茨和熊彼特前往美国定居，卢卡奇选择前往苏联避难，1944 年才返回布达佩斯。其他学者，如勒内·孔尼格（René König）等人，陆续踏上了流亡之路。最后，仍有一些学者扎根于一些比较冷门（同时也不受欢迎）的领域，如人种学、民俗学或者人文地理（Mühlmann，in **4**）。纳粹政权的公开合作者（弗雷尔、伊普森等）1949 年反对德国社会学会和国际社会学协会，二战后转而加入了国际社会学研究所（由沃姆斯创立，1949 年恢复活动）（Weiss，in **87**）。除了他们之外，留在该国的社会学家大多受到迫害，但社会学本身并没有被禁：有些人不是对本来应该为德国革命服务的社会"科学"怀抱希望吗（**134**：331）？事实上，大部分德国社会学的历史在美国传承下去……

第三节　跨越大西洋的社会学

"世俗"社会学

此时的美国进入了繁荣的工业时代，城市生活方式已经占据主导地位。但总体繁荣之下难以掩盖大城市中心地带的边缘化、越轨和犯罪现象，这些城市因最近的移民潮而出现人口大幅增长，1929 年的经济危机加剧了这些问题。欧洲第一次世界大战的惨状、共产主义运动的兴起、美国社会示范和"贫血"等一系列原因引起的失望情绪，导致早期美国社会学家中的进化论者的哲学和科学信誉坍塌了。人类的行为不再理性，知识的进步也不必然代表着社会道德的进步。

在美国实用主义（皮尔斯、杜威、詹姆斯）的压力之下，社会学家被迫放弃构建宏大理论体系的传统，以便能形成真正的、"正面"的知识。即完全不拘泥于政治和社会的意识形态，建立在归纳实证研究的基础上，且能够立即应用于社会。因此，美国社会学的第二阶段仍然坚持以进步理念为根本基础，不过它不再执着于道德改革，而开始关注社会行为的科学研究（Bramson, in **73**：**42**）。

因此，美国社会学的初步努力就是研究社会变革及变革带来的功能障碍（Ogburn，1922），更侧重于发现治疗"社会问题"的方法，而不是理解社会系统演变和功能的一般原则。直到 20 世纪 30 年代早期洛克菲勒家族为社会学提供了巨额财务资助，通过社会科学研究理事会（Conseil de la recherche en sciences sociales，SSRC）和为了能"在全球社会和宗教尤其是基督教新教的推动下，提高研究的行动效率"（Institut de re-cherche sociale et religieuse，ISSR）而于 1922 年成立的宗教社会研究所，在美国社会学对目标的定义和追求（如果还没有实现的话）中起到了决定性的作用（**70**：**42**）。许多大学都从中受益。此外，从 1925 年《普内尔法案》（*Purnell Act*）生效以后，农村社会学得到政府的支持而获得自主发展。

洛克菲勒家族通过赞助芝加哥大学的方式，促使社会科学研究理事会为芝加哥的地方社区研究委员会（Local Community Reasearch Committee）提供资助，引起了社会学系内部的巨变，更影响到该学科及其功能的演变。1930 年，美国社会学学会的成员数量急剧下降，这一方面是由于宗教协会的扩张；另一方面是芝加哥早期理论和改革传统的"老人"（Ellwood，1933，1938）与主张从实际目的出发做数据调查的"新人"（Ogburn，1922）之间的鸿沟造成的：位于芝加哥的《美国社会学》背上了"叛徒"的骂名，从 1936 年起被《美国社会学评论》（*American Sociological Review*）取代，失去了美国社会学学会官方杂志的地位（**73**）。

"经验主义"在美国社会学占据了统治地位。它并不反对任何理论方向，确切地说，它的特点是不信任系统化的"假设—推导"方法，而是在特定"理性"构建的问题范围内研究每个特定的社会现象。这样是为了更好地确定研究者都要遵循的对社会事实进行经验调查的初始模式，而非理论上的构建和解释等抽象模式。因此，这种经验主义自然是多元化的——

每个学派都根据其他科学的传统来分析自己的问题，并自由地选择理论和概念要素并对其进行重新解释。因此，芝加哥学派的理论定位是"生态学"理性，哥伦比亚大学的文化主义奉行的是"精神分析"理性，后来发展出基于有机论模型的功能主义、博弈论、互动理论等（**69**）。

事实上，美国社会学想突破社会哲学和学科过去的纯粹推测方法之心早已昭然若揭。对于19世纪末的欧洲社会学家，美国人也是有所偏倚，例如喜欢勒普雷和塔尔德胜过孔德和涂尔干、喜欢齐美尔胜过马克思和韦伯。学生喜欢选择阅读实证研究的文献，或者折衷主义的理论文献——例如，罗伯特·以斯拉·帕克（Robert Ezra Park）和恩斯特·沃森·博格斯（Ernest Watson Burgess）合作撰写的《社会学科学导论》（*Introduction to the Science of Sociology*）（Park et Burgess，1921）是塔尔克特·帕森斯（Talcott Parsons）第一本著作（Parsons，1937）问世之前使用率最高的文献。正是在威廉·菲尔丁·奥格本（William Fielding Ogburn）的努力之下（他于1927年从哥伦比亚大学转到芝加哥大学，并于1928年担任美国社会学学会主席），美国社会学进入了一个统计方法论主导的时代，其复杂性也在不断提高。这种具有实用主义本质的社会学的一个显著特点就是，它首先发挥"社会技术"的作用，用来解决相关问题：芝加哥大学学者"城市地区项目"（Urban Area Projects）的研究对象聚焦于解决边缘化、犯罪和社会隔离等问题，而哥伦比亚大学在选举前和市场的调查技术方面崭露头角。因此，美国这一代社会学家被认为是第一代职业社会学家，"欧洲的社会学家是正规的，美国的社会学家是世俗的"（**69：8**）。

在此期间，两大学派先后占据主导地位：20年代是芝加哥学派（但其制度性较差），其后十年是哥伦比亚大学及周边地区异军突起。与此同时，哈佛大学社会学的理论反思也在继续加强，进入40年代后开始挑战经验主义（**18**）。

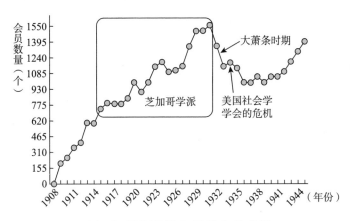

1945年前美国社会学学会的成长

资料来源：（**73：29，59**）。

城市：芝加哥大学的实验室

芝加哥不仅是美国社会学的诞生之地，也产生了第一个学派——虽然它在理论整合方面不如实证研究的一致性。芝加哥是一个大型工业城市，移民潮加剧了社会问题的恶化，形成和发展了城市社会学的传统。广义上说，就是研究个人与环境的互动。社会学家认为，城市不仅是分析社会变迁以及文化和形态混乱、失序、重组等现象的特种实验室，而且是（空间、社会和文化的）异质元素在不断的互动中相结合的"生态社区"（communauté écologique）。每个社区都是各种力量非稳定均衡的产物，这种不平衡现象引发的扰乱现象影响着空间、社区和人格（**67**）。这种社会"空间"的概念，后来又转化为空间社会化的概念，成为芝加哥学派的特点之一，显然源于其自身的行为主义传统和德国形式社会学。其推动者是帕克和博格斯，前者师从文德尔班和齐美尔，在 1915 年来到芝加哥之前一直是记者，后者则是位地理学家。两人在《社会科学导论》中详尽阐述了这一概念，并将其应用于城市与人类行为的互动研究（Park，Burgess，McKenzie et Wirth，1925）。帕克因一篇提案性文章（Park，1916）被视为这个新方向的创始人。

这个问题启发和引导了城市社会学的许多领域的研究：边缘现象（Anderson，1923；Cressey，1932；Wirth，1928）、种族隔离（Zorbaugh，1929；Frazier，1939；Hughes et Hughes，1952；Park，1950）、犯罪问题（Shaw et McKay，1929；Shaw，1930；Sutherland，1937，1949）、青少年犯罪（Shaw et McKay，1939；Thrasher，1927）和精神疾病问题等（Faris et Dunham，1939）。在研究中优先采用的方法有社会背景分析、街区个案研究、参与性观察以及生命史分析。托马斯和兹纳涅茨在一项研究中（Thomas et Znaniecki，1918－1920）就引用了贵族的书信来揭示个人与环境的关系（Thomas，1923；Znaniecki，1936）。毫无疑问，大部分著作还是描述性的研究，他们自称"城市生态学"只是为了谋取学术上的声誉。不过，这也表明了他们在实证研究对象扩大到全局性的问题，为改革主义者赋予实证研究更大的自主权——为了将政治干预纳入科学知识的框架范围内，必须维持社会现实结构的稳定与和谐（**158**）。

城市：社会实验室

一般市民和研究机构热衷选择城市，是因为城市生活环境和各种制度发展非常迅速。这种发展就在我们的视线之内，其过程可以观察，毫无疑问也是可以试验的。

城市之所以成为研究社会生活的有利场所，并具有社会实验室的特征，就是因为在城市里，人类的每一个特征经放大后都是显而易见的。

在城市特有的自由中，每个人都能够找到容身之所，哪怕是在很偏僻的地方，也能以自己独特的方式野蛮生长。地处偏远的小社区往往能得到城市的支持。毫无疑问，城市的吸引力之一在于，每种类型的个体——哪怕是罪犯、乞丐或者是智者——都可以在某个地方找到合适的陪伴。被家庭的亲密人际圈或者小社区的狭窄空间所扼杀的恶习或者天赋，都能在城市的道德氛围中生长出来。

其结果是，所有秘密的野心和压抑的欲望在城市中都可以得到某种程度的表达。城市放大、扩展和展现了各种风格的人类本性。这就是城市的有趣甚至迷人之处。事实上，城市是一个发现人类内心秘密、研究人类本性和社会的理想场所。

——R. E. Park，«La ville comme laboratoire
social»，1929，in（**67：179**）

到 20 世纪 30 年代末，芝加哥学派逐渐日薄西山。赫伯特·布鲁默（Herbert Blumer）和埃弗雷特·切灵顿·休斯（Everett Cherrington Hughes）是新一代芝加哥学者（"第二个芝加哥学派"）的核心人物。布鲁默在 1928 年任教期间，不但将乔治·米德社会心理学方面的成果（Mead，1934）引入社会学，还带领自己的学生关注社会互动现象。休斯是帕克的学生，他放弃了老师的改革主义目标，引入了更好的经验主义方法。尤其是在其作为主要创始人的劳动社会学领域，开展了丰富的个案研究（**159**），也因此闻名于世。他们的创新方向在其学生的身上得到了印证（见第七章）。另外，哥伦比亚大学新星蒙特（Monte）提出的"操作主义"（opérationnalisme）在一场事关社会学方法和方向的争论中最终胜出。此时的社会学已经不再重视改革主义，而是更加功利主义。诚然，芝加哥学派在很大程度上对方法多样性持开放态度，结果让那些希望为城市问题找到解决方法的资助方深感失望。在大萧条的冲击下，美国社会对社会学的要求会更多……

美国社会的研究

当帕克和他的学生们对城市现实的研究陷入碎片化之时，哥伦比亚大学的研究兴趣转移到了"社区研究"这一新领域。

工业化破坏了草根社会和传统区域性社群的深层融合，造成社会同质性的分化和阶级之间的泾渭分明，从而破坏了美国人独特的价值体系和"机会平等"的信念。1929 年的经济危机及其后的大萧条不仅使现实更为严峻，也加深了人们对现实的深刻认识。"文化主义学派"（école culturaliste）的研究传统关注的问题是文化环境——特别是阶级亚文化——对社会人格和个人行为的形成的影响（**69**）。哥伦比亚大学事实上就是文化人类学学派的堡垒，在博阿斯（Boas）、克鲁伯（Kroeber）和本尼迪克特（Benedict）之后，玛格丽特·米德（Margaret Mead）、林顿（Linton）以及卡迪纳（Kardiner）云集于此。

林德（Lynd）夫妇早在 1924 年就开始了一系列的研究。他们之前并没有接受过社会学的训练，也没有公开言明社会改革的目标。在宗教社会研究所的资助下，他们选取了印第安纳州一个中型工业城市米德尔敦（Middletown）作为整个美国社会的重要"小宇宙"（Lynd et Lynd，1929）。这项调查以盎格鲁—撒克逊文化人类学为模型，采用芝加哥学派（**18**）的方法，从社会、经济和文化多个层面细致地描述了社区的全貌。这部作品像一面镜子，照见美国幻灭的形象，在公众中取得了巨大的成功。1931 年，罗伯特·林德接替吉丁斯成为哥伦比亚大学社会学系系主任。之后，威廉·洛伊德·沃纳（William Lloyd Warner）（人类学出身）领导的科研小组在扬基市（Yankee City）继续开展调查（Warner et al.，1941 - 1959）：从 1930 年起，历时五年，动用大量资源，最终出版了五卷本的成果。值得一提的是，沃纳根据社会分层的等级来定义社会结构，其中威望的维度优先于财富，"社会阶级"由自我宣称并得到承认的成员组成，这成为美国社会学的标志性成果。

这项初步研究引发哥伦比亚大学及其他更多的研究，采用的方法也更加趋于精密和定量研究，并且都在试图通过一个典型社区来管窥社会全貌（Dollard, 1937; Davis et Dollard, 1940; Davis et Gardner, 1941; Whyte, 1943; West, 1945）。他们的主要特点在于强调社会阶层的存在，甚至种族之间的等级（尤其是在白人与黑人之间）以及社会先驱者们矢志追求的机会相对公平正在丧失。20世纪30年代末，当林德夫妇重新评估大萧条的影响时，得出的结论更为悲观（Lynd et Lynd, 1937）——和许多研究人员一样，他们越来越多地批评社会经济组织和北美文化，并强调了美国信条的价值观与现实之间的矛盾（Horney, 1937; Lynd, 1939; Warner, 1941; Laski, 1948）。

哈佛与理论反应

在1930年社会学系建立之前，哈佛大学就以广泛开展实验性研究而闻名。其中，埃尔顿·梅奥（Elton Mayo）于1927~1932年研究西部电气公司位于芝加哥的霍桑工厂的工人——发起单位是疲劳研究实验室［由劳伦斯·约瑟夫·亨德森（Lawrence Joseph Henderson）所创立，他曾将帕累托的著作译介到美国］，后来转为工业研究系。这些研究被视为"工业社会学"（sociologie industrielle）的肇始，它反对当时占统治地位的泰勒主义，而是突出强调社会关系在劳动生产力方面具有决定性的影响（Roethlisberger et Dickson, 1939）。它还表明，哈佛大学已经开始关注将实证研究明确地融入各种理论框架，梅奥的研究成果与涂尔干、帕累托甚至皮亚杰（Piaget）、弗洛伊德、雅内等人截然不同——哈佛大学在社会学理论的发展中将会发挥不可估量的作用。

哈佛大学社会学系的创始人是彼蒂里姆·索罗金。他于1924 年移居美国，在美国的社会学界占有一席之地——尤其是第二次世界大战之前。索罗金政治经验丰富（曾担任过克伦斯基的秘书，后被苏联驱逐出境）（Sorokin，1925），从社会、文化、精神三个方面对历史变迁开展了深入反思（Sorokin，1947）。他强调"文明"在其中起到的核心作用，即在文化取向和社会制度相似的社会群体在经历周期性的历史过程中，文明的发展会因为享乐主义和暴力盛行而走向衰落和消失（Sorokin，1937－1941）。索罗金反对任何形式的进化论（Sorokin，1943），关注宏观社会学和历史学问题，经常借鉴欧洲学者的观点（**25**）批判经验主义，因而在美国社会学届处于边缘化地位，但他是社会流动领域研究的先驱，并且成就非凡（Sorokin，1927）（**113**）。

1944 年，帕森斯受到哈佛大学的青睐。两年后，他组建了新的、跨学科的社会关系系（此时索罗金正主持哈佛创新利他主义中心）。1949 年，他当选为美国社会学学会主席。帕森斯对田野研究的兴趣不大，对美国知名的前辈们也不以为然。毫无疑问，他在知识项目和社会哲学方向上的建树引人注目。在他第一本著作（Parsons，1937）中，他研究帕累托、韦伯和涂尔干等三位学者（加上英国经济学家马歇尔）关于行动的原始概念中的共同点，这与功利主义、文化主义和实证主义相去甚远（**21**）。因此，"社会行动的结构"被界定为社会和文化体系制度化过程中的文化内涵的模式，并由个人根据其所处的情境不断更新。

不过，直到二战以后，帕森斯才发展出一套在美国社会学界占据主导地位的一般理论。在此期间，哈佛逐渐成为美国社会学的中心，关注"社会学奠基者"们的理论，许多重要的学者极力维护这些理论的活力，以抗衡当时的环境经验主义（Mac Iver，1917；Ross，1920；Giddings，1924；Cooley，1930；Eubank，1932；Mead，1934）。

结 论

在正在恢复的社会中，社会学这一年轻学科的命运各不相同。在法国，社会学界为大师的逝去悲痛欲绝，继而群龙无首——好比法国社会感激不尽的老仆人奉献终身之后变得一无是处。在德国，社会学被动员起来帮助新生政权，社会学与哲学的模糊联系以及对历史进步的迷恋阻碍了社会学沿着刚设计好的精妙路线继续前进；在"褐色瘟疫"即将爆发之际，一切都变成了空谈。至于英国，社会学的地位摇摇欲坠（除了社会地理学长盛不衰），只有莫里斯·金斯伯格（Morris Ginsberg）孤军奋战，他担任着伦敦政治经济学院唯一的社会学教职，而整个学术界和政治界对社会学充满公开的敌意（**84**）。

因此，社会学不得不从诞生之地跨越大西洋，摆脱因欧洲民主政体失败而遭受的挫败。美国这块新土壤可谓得天独厚：社会变革的加速、知识和实践理性结合的新教伦理、追求效率

的实用主义和对意识形态的质疑、资本主义对赞助科学和社会
的责任的高度认知、大学对创新者的欢迎态度。欧洲这个社会
学的摇篮从未聚集过如此多理想的发展条件!

本章参考文献

Ouvrages français

BAYET Albert : *La Science des faits moraux* (1925).

BOUGLÉ Célestin (1870-1940) : *Leçons de sociologie sur l'évolution des valeurs* (1922). — *Bilan de la sociologie française contemporaine* (1935). — *Les Sciences sociales en France : enseignement et recherche* (1937). — (Éd.) *Inventaires. La crise sociale et les idéologies nationales* (1936). — *Inventaires, II. L'Économique et le politique* (1937). — *Inventaires, III. Classes moyennes* (1939).

BUREAU Paul (1865-1923) : *L'Indiscipline des mœurs* (1920). — *La Science des mœurs : introduction à la méthode sociologique* (1923).

DAVY Georges (1883-1977) : *La Foi jurée* (1922). — *Éléments de sociologie appliquée à la morale et à l'éducation* (1924). — Et MORET André : *Des clans aux empires* (1923).

DESCAMPS Paul (1873-1946) : *La Sociologie expérimentale* (1924). — *L'État social des peuples sauvages* (1930). — *Le Portugal. La vie sociale actuelle* (1935).

DUPRAT Guillaume-Léonce : *Introduction historique à la psychologie sociale* (1919).

ESSERTIER Daniel : *Psychologie et sociologie* (1927).

FAUCONNET Paul (1874-1938) : *La Responsabilité* (1920).

FRIEDMANN Georges (1902-1977) : *Problèmes du machinisme en URSS et dans les pays capitalistes* (1934).

GRANET Marcel (1884-1940) : *La Religion des Chinois* (1922). — *La Pensée chinoise* (1934).

GURVITCH Georges (1894-1965) : *Essais de sociologie* (1938). — *Éléments de sociologie juridique* (1940).

HALBWACHS Maurice (1877-1945) : *La Classe ouvrière et les niveaux de vie* (1913). — *Les Origines du sentiment religieux d'après Durkheim* (1924). — *Les Cadres sociaux de la mémoire* (1925). — *La Population et le tracé des voies à Paris depuis cent ans* (1928). — *Les Causes du suicide* (1930). — *L'Évolution des besoins dans les classes ouvrières* (1933). — *Morphologie sociale* (1938a). — *Esquisse d'une psychologie des classes sociales* (titre de la rééd. de 1955) (1938b). — *La Topographie légendaire des Évangiles en Terre sainte* (1941). — *La Mémoire collective* (1950), posthume. — *Classes sociales et morphologie* (1972), posthume.

HERTZ Robert (1882-1915) : *Mélanges de sociologie religieuse et de folklore* (1928), posthume.

HUBERT Henri (1872-1927) : *Les Celtes depuis l'époque de la Tène et la civilisation celtique* (1932), posthume. — *Les Germains* (1952), posthume.

HUBERT René (1885-1954) : *Histoire de la pédagogie* (1949).

LAPIE Paul (1869-1927) : *L'École et les écoliers* (1923).

MARJOLIN Robert : *L'Évolution du syndicalisme aux États-Unis* (1936).

MAUNIER René (1887-1946) : *Introduction à la sociologie* (1929).

MAUSS Marcel (1872-1950) : *Sociologie et anthropologie* (1950). — *Œuvres* (1968-1969), posthume.

POLIN Raymond : *Les Coopératives en Tchécoslovaquie* (1934).

RICHARD Gaston (1860-1945) : *La Loi morale. Les lois naturelles et les lois sociales* (1937).

SIMIAND François (1873-1935) : *Le Salaire : l'évolution sociale et la monnaie* (1932).

STOETZEL Jean (1910-1987) : *Théorie des opinions* (1943).

WILBOIS Joseph (1874-1952) : *Le Cameroun* (1934). — *La Nouvelle Organisation du travail* (1937).

WORMS René (1869-1926) : *La Sociologie : sa nature, son contenu, ses attaches* (1921).

Ouvrages de langue allemande

DREYFUSS Carl : *Beruf und Ideologie der Angestellten* (1933).

ECKERT Christian : *Alter und Neuer Imperialismus* (1932).

ELIAS Norbert (1897-1990) : *La Civilisation des mœurs* (1939a), trad. 1973. — *La Dynamique de l'Occident* (1939b), trad. 1975. — *La Société de cour* (1969), trad. 1974.

FREYER Hans (1887-1969) : *Einleitung in die Soziologie* (1930a). — *Soziologie als Wirklichkeitswissenschaft* (1930b). — *Herrschaft und Planung* (1933).

GEIGER Theodor (1891-1952) : *Die Masse und ihre Aktion* (1926). — *Die soziale Schichtung des deutschen Volkes* (1932). — *Soziologische Kritik der eugenischen Bewegung* (1933). — *Erbpflege : Grundlagen, Planung, Grenzen* (1934).

GRÜNWALD Ernst : *Das Problem der Soziologie des Wissens* (1934).

IPSEN Gunther : *Program einer Soziologie des deutschen Volkstum* (1933).

JERUSALEM Franz W. (1883-1970) : *Grundzüge der Soziologie* (1930).

JOST Walter : *Das Sozialleben des industriellen Betriebs* (1932).

KRACAUER Siegfried : *Soziologie als Wissenschaft* (1922). — *Les Employés* (1930) trad. 2000.

LAZARSFELD Paul (1901-1976) : *Jugend und Beruf* (1931). — *Les Chômeurs de Marienthal* (1933), trad. 1981.

LEDERER Emil (1882-1939) : *The New Middle Class* (1937). — *The State of the Masses* (1940).

LITT Theodor : *Gemeinschaft und Individuum* (1923).

LUKÁCS György (1885-1971) : *Histoire et conscience de classe* (1923), trad. 1960.

MANNHEIM Karl (1893-1947) : *Idéologie et utopie* (1929), trad. 1956. — *Die Gegenwartsaufgaben der Soziologie* (1932). — *Mensch und Gesellschaft in Zeitalter des Umbaus* (1935). — *Le Problème des générations* (1928), trad. 1990.

MICHELS Robert (1876-1936) : *Les Partis politiques* (1911), trad. 1914. — *Der Patriotismus* (1929). — *Umschichtungen in den herrschenden Klassen nach dem Kriege* (1934).

MITGAU Hermann : *Familienschicksal und soziale Rangordnung* (1928).

OPPENHEIMER Franz (1864-1943) : *System der Soziologie* (1923-1933), 4 vol.

SCHELER Max (1873-1928) : *Wesen und Formen der Sympathie* (1923a). — *Nation und Weltanschauung* (1923b). — *Die Formen des Wissens und der Bildung* (1925). — *Die Wissensformen und die Gesellschaft* (1926).

SCHUMPETER Joseph (1883-1950) : *Impérialisme et classes sociales* (1951), posthume, trad. 1972.

SCHUTZ Alfred (1899-1959) : *Der Sinnhafte Aufbau der soziale Welt* (1932), trad. américaine en 1967.

SOMBART Werner (1863-1941) : *Die Juden und des Wirtschaftsleben* (1928).

SPANN Othmar (1878-1950) : *Der wahre Staad* (1931).

SULZBACH Walter : *Vorteile und Instinkte* (1923).

THURNWALD Richard (1869-1954) : *Die menschliche Gesellschaft in ihren ethnosoziologischen Grundlagen* (1931-1935), 5 vol. — (Éd.) : *Partei und Klassen im Lebenpsychologie und Soziologie* (1926).

TÖNNIES Ferdinand (1855-1935) : *Critique de l'opinion publique* (1922) trad. 2013. — *Soziologische Studien und Kritiken* (1925-1929), 3 vol. — *Geist der Neuzeit* (1935).

VIERKANDT Alfred (1867-1953) : *Naturvölker und Kulturvölker* (1896). — *Gesellschaftslehre* (1922). — (Éd.) : *Handwörterbuch der Soziologie* (1931).

WEBER Alfred (1868-1958) : *Kulturgeschichte als Kultursoziologie* (1935). — (Éd.) : *Ideen zur Staats-und Kultursoziologie* (1927).

WIESE Leopold VON (1876-1968) : *System der allgemeine Soziologie* (1924-1929), 2 vol., trad. américaine en 1932. — *Soziologie : Geschichte und Hauptproblem* (1926).

WOLDT Richard : *Die Lebenswelt des Industriearbeiters* (1926).

Ouvrages nord-américains

ANDERSON Nels : *Le Hobo* (1923), trad. 1993.

COOLEY Charles H. (1867-1929) : *Social Theory and Social Research* (1930).

CRESSEY Paul G. : *The Taxi Dance Hall* (1932).

DAVIS Alison et DOLLARD John : *Children of Bondage* (1940). — Et GARDNER Burleigh et Mary : *Deep South* (1941).

DOLLARD John : *Class and Cast in Southerntown* (1937).

ELLWOOD Charles A. : *Methods in Sociology : A Critical Study* (1933). — *A History of Social Philosophy* (1938).

EUBANK Earle E. : *The Concepts of Sociology* (1932).

FARIS Robert E.L. et DUNHAM Henri W., *Mental Disorders in Urban Areas* (1939).

FRAZIER Edward F. : *The Negro Family in the United States* (1939).

GIDDINGS Franklin H. (1855-1931) : *The Scientific Study of Human Society* (1924).

HORNEY Karen (1885-1952) : *La Personnalité névrotique de notre temps* (1937), trad. 1953.

HUGHES Everett C. (1897-1983) et Helen M. : *Where Peoples Meet : Racial and Ethnic Frontiers* (1952).

LASKI Harold : *The American Democracy* (1948).

LYND Robert S. (1892-1970), *Knowledge for What ?* (1939). — Et LYND Helen : *Middletown : a Study in American Culture* (1929). — *Middletown in Transition : A Study in Cultural Conflict* (1937).

MAC IVER Robert (1882-1970) : *Community : A Sociological Study* (1917).

MAYO Elton (1880-1949) : *The Human Problems of an Industrial Civilization* (1933).

MEAD George H. (1863-1931) : *L'Esprit, le soi et la société* (1934), posthume, trad. 1965.

OGBURN William F. (1886-1959) : *Social Change with Respect to Culture and Original Nature* (1922).

PARK Robert E. (1864-1944) : *Race and Culture* (1950), posthume. — Et BURGESS Ernest W. : *Introduction to the Science of Sociology* (1921). Et MC KENZIE Roderick D. et WIRTH Louis : *The City* (1925).

PARSONS Talcott (1902-1979) : *The Structure of Social Action* (1937).

ROETHLISBERGER Fritz J. et DICKSON William J. : *Management and the Worker* (1939).

ROSS Edward E. (1866-1951) : *Principles of Sociology* (1920).

SHAW Clifford R. (1896-1957) : *The Jack-Roller : A Delinquent Boy's Own Story* (1930). — Et MCKAY Henry D. : *Delinquency Areas* (1929). — *Social Factors in Juvenile Delinquency* (1939).

SOROKIN Pitirim A. (1889-1968) : *Sociology of Revolution* (1925). — *Social Mobility* (1927). — *Social and Cultural Dynamics* (1937-1941). — *Sociocultural Causality, Space, Time* (1943). — *Society, Culture and Personality* (1947).

SUTHERLAND Edwin H. : *Le Voleur professionnel* (1937), trad. 1963. — *White Collar Crime* (1949).

THOMAS William I. (1863-1947) : *The Unadjusted Girl* (1923). — *Primitive Behaviour* (1937). — Et ZNANIECKI Florian : *Le Paysan polonais* (1918-1920), trad. part. 1998.

THRASHER Frederic M. (1892-1962) : *The Gang* (1927).

WARNER W. Lloyd (1898-1970) : *The Social Life in a Modern Community* (1941). — *Et al.* : *Yankee City Series* (1941-1959).

WEST James : *Plainville, USA* (1945).

WHYTE William F. : *Street Corner Society* (1943), trad. 2002.

WIRTH Louis (1897-1952) : *Le Ghetto* (1928), trad. 1980.

ZNANIECKI Florian (1882-1958) : *Social Action* (1936). — *The Social Role of the Man of Knowledge* (1940).

ZORBAUGH Harvey W. : *The Gold Coast and the Slum* (1929).

第六章
壮志凌云的岁月（1945～1968年）

　　第二次世界大战结束时，欧洲的社会学被完全冷落：在德国枯竭，在法国低迷，在英国被轻视，在意大利惨遭忽略。

　　相比之下，美国则是"风景这边独好"。美国本土在二战中完好无损，吸引了许多伟大的学者前来避难；尽管也存在一些严重的经济和社会弊病，但是美国社会并未像欧洲一样经历政治危机的冲击。最为重要的是，美国的社会学已经成功地克服了认识论停滞不前的问题，虽然有些青涩，但已经开始在新的理论框架下开展了大量经验性研究。此时的争论与其说是方法的合法性，不如说是有效性！

　　因此，在美国的社会学步入成熟时期，不管从哪个角度来看，美国社会学都自诩抱有雄心壮志，为了自己，更是为了学科的国际命运。

第一节　美国社会学的黄金时代

1945 年以后，美国进入了一段经济繁荣和社会相对和平的时期，并在国际政治中坚定地充当着头号强国的角色。这种优势地位促使它成为自身的政治、经济和社会模式以及"自由世界"的积极保护者——无论是在外部（"冷战"）还是内部（"麦卡锡主义"）。

美国社会又重拾了 20 世纪 30 年代遭到破坏的价值观和表现；社会思维在 20 年里发生了翻天覆地的变化（Lipset, 1963）：从悲观到乐观，结果从某种激进主义到批评"罗斯福新政"激发的平等价值观的保守主义。美国的社会学不再只是分析社会偏差和解组的现象，而是探寻在稳定环境下社会变迁的可能性：所有工业社会将趋同于同一种类型，其文化、社会和政治方面的特征将取决于由工业化进程带来的技术和组织需求（**13：242**）。

因此，美国社会学重点关注决定各种形式的个人行为的社会因素（选举、专业、消费者、家庭、性、邻里等），以便确定阻碍普遍主义（形式上的平等）和成就（成功）实现的制约因素，而这些本来就是工业社会秩序的特征，并指导行为者的行动。从这方面来看，这一时期对社会流动性的研究的浓厚兴趣（Lipset and Bendix, 1959; Blau et Duncan, 1967）表明了这一现象的重要性，因为社会流动既可以在条件不公平合法化的前提下保证"机会"的公平，又可以发挥打破社会结构僵化和解决社会冲突的功效（**113**）。

体制建设

美国社会学的体制建设进程开始于二战，在 20 世纪 60 年代加速，进入 70 年代戛然而止。其主要原因是越来越丰富、多样且目标明确的社会需求的增长。

洛克菲勒基金会及其资助的社会科学研究理事会失去了垄断美国社会学的资金来源的地位：新的私人赞助方（卡内基、福特、兰德等）和公共赞助方（国防部、农业部、卫生部）的出现，为该学科提供了成倍增长的资源，研究中心、学术协会和期刊倍增，新的研究领域获得资助，大量的、专业的社会学家脱颖而出（**73**）。由此诞生的哥伦比亚大学应用社会研究办公室（le Bureau de recherche sociale appliquée，BASR）、密歇根大学社会研究所（Institut de recherche sociale，ISR）、哈佛大学社会关系实验室（Laboratoire des relations sociales，LSR）和科罗拉多大学国家舆论研究中心（Centre national de recherche sur l'opinion，NORC）等都是私立机构。美国社会学学会在大萧条之后流失了三分之一的会员，1945～1970 年的会员数又增加了十倍。值得一提的是，1953 年美国社会学学会的总部搬到了纽约后，于 1963 年改名为美国社会学协会（American Sociological Association），之后又搬到华盛顿。

面对出现的人才危机（二战之前的那一代社会学家都已经退休），大学和研究中心要么起用年轻的同事，如罗伯特·金·默顿（Robert King Merton）在 32 岁时成为教授；要么聘用非本学科的学者，如心理学家和数学家保罗·拉扎斯菲尔德（Paul Lazarsfeld）、统计学家列奥·古德曼（Leo Goodman）、法学家大卫·理斯曼（David Riesman）、记者威廉·怀特（William Whyte）；甚至还有外国人，如经济学家冈纳·缪尔达尔（Karl Gunnar Myrdal）。这种人才现状反映了实证研究和理论研究之间的差距日益扩大，而默顿正是在试图缩小这种差距的努力中树立了学术权威。

定量经验主义的胜利

缪尔达尔（1944）在 20 世纪 40 年代领衔的有关黑人现状的研究，或者理斯曼（1950）主持的关于美国社会特征的研究（两项研究都得到了卡耐基基金的资助），虽然都成功完成了，但并非新经验主义的代表；相反，他们终结了两次大战期间定性调查的伟大传统。而特奥多·阿多诺（Theodor Adorno）在伯克利进行关于反民主态度的研究中，对两种传统选择了折中主义的方法。

塞缪尔·安德鲁·斯托弗（Samuel Andrew Stouffer）和拉扎斯菲尔德的早期著作开创了当代经验社会学的新方向，后来成为这一领域的领袖人物。斯托弗在二战期间领导了一个研究军队士气的实验室；他针对美国士兵态度的大规模调查（Stouffer et al. , 1949 - 1950）成为新一代大规模定量调查的样板（Merton et Lazarsfeld，1950），也为社会学赢得了新的尊重（**199**）。拉扎斯菲尔德是一位经验丰富的奥地利裔应用心理学家，接受过维也纳学术圈的思维训练。他于 1941 年成功

创建了哥伦比亚大学应用社会研究办公室，多次对大众传媒
（Lazarsfeld，1944，1948）、选举抉择的形成（Lazarsfeld，
1943–1948，1954）、政治态度（Lazarsfeld，1958）或消费者
决策（**188**）做了大量著名调查。

新一代学者坚持个人主义、定量主义和唯名主义，有别于
上一代学者。其原因在于经济（资助者要求取得具体的、有
用的成果）和务实（只有在经验可验证的情况下，社会学才
能做出实证的判断）之间密不可分。

然而，只有可量化的数据才能通过统计手段进行严格的分
析和验证测试，而能够量化和测试的是那些能够直接大规模观
察的事实。因此，个人被视为享有"社会结构"的特权，这
种结构一方面决定了个人的行为方式，另一方面又决定了社会
结构的组合。因此，要解释这些行为及其产生的结构性集体现
象，就需要阐明与这些个人或者集体行为背后的态度相关的
"变量"。

此外，由于在实践中获得这些行为数据并不简单。因此，
对仔细抽样的人口进行问卷调查成为一种优先使用的观察工
具。下一步就是根据收集的数据构建变量，再测量这些变量之
间的统计关系，从而进行因果推断（相关分析、线性回归）、
合法性检验（多变量分析）和密度估计（因子分析或者依赖
性分析）：归纳经验，总结出规律。这么提出的概念纯粹是名
义上的，从各种方法结合中衍生的类型激增就是明证。这种经
验社会学与受到行为主义启发的社会心理学非常相似——无论
是其个人主义的方法，还是"态度"（观点推断）在解释行为

时的作用。对于其推广者（如果不是针对所有用户）而言，它是务实的。作为唯一可行的、有效的方法，它并不拒绝理论，也不排斥概念，只是选择了忽略。它通常很多产，有助于发展显然还需要理论化的关于行动的经验社会学。

"美国社会学"不是美国人的发明

……几乎所有的现代经验主义技术——拉丁美洲的朋友有时会用两个词来概括它们：美国、社会学——都是在欧洲蓬勃发展起来的。抽样技术是布斯（Booth）对伦敦工人生活进行调查之后发展起来的。因子分析是英国人斯皮尔曼（Spearman）发明的。家庭社会学的定量视角的提出者是法国矿物学家勒普雷。塔尔德是态度测量和传播的社会心理研究等领域的翘楚（就法国当时的情形来看，可以毫不夸张地讲，他在与涂尔干的史诗级争论中笑到了最后）。将数学方法用于民意调查研究是孔多塞在法国大革命时期深入研究的主题。同一时代的拉普拉斯和拉瓦锡从革命政府的立场来进行社会研究，他们的学生比利时人凯特勒旗帜鲜明地在"社会物理学"之下建立了经验社会学……在意大利，在本世纪上半叶，尼塞弗洛（Niceforo）就社会学和心理学的测量问题提出了一些明确建议，并在书中对这些测量方法的进展做了精彩介绍。德国学者有很多开创性的贡献：马克斯·韦伯一度非常热衷量化，并做了很多定量研究；滕尼斯发明了一种新的相关系数；冯·维泽在复活节假期里带着学生到乡村学习社会关系的概念。

然而，1933年之前，经验主义研究在西欧仍然没有取得任何声誉。

——P. F. Lazarsfeld（1962）；traduit in *Philosophie des Sliences Sociales*, Gallimard, Paris, 1970.

拉扎斯菲尔德出生在维也纳，1932年通过洛克菲勒奖学金来美国学习，1935年以后在美国永久定居。起初，他在罗格斯大学纽瓦克分校任教，1940年成为默顿的同事，之后很快成长为哥伦比亚大学经验主义和定量研究传统方面的领军人物。他重点关注编纂调查方法的程序和收集、分析数据的技术（面板、多变量分析），忽略了对认识论的深入反思（**130**）。很快，他博得了世界性的声誉——甚至有被滥用之嫌，这源于他为美国社会学做出了重大的贡献并被积极传播至海外（**199**）。

最重要的是，拉扎斯菲尔德想证明，只要实践者的做法符合某些标准，社会学就可能具备科学知识的所有特征。首先，必须从概念的语言转向"指标"（indicateurs）的语言，即可观察的事实，只有这些事实才能驱使这些概念的假设可操作化——这是通过定性方法和定量方法经验验证的必要条件。其次，必须根据分散的指标制定综合性的指数（indices）或定性的类型（typologies）以便测量，有时也会鉴定重要社会现象的缺失或存在、性质、规模或强度；这些指数（或者类型）将构成假设解释假说体系中的变量，这一体系必须通过一种实证观察（或测量）的测试（当然是概率方面的测试）。最后，必须确保观测到的变量之间的相关性既不是虚构的（分析样本的结构导致的），也不是假的（中间变量或一个与考虑的变量共有的解释性变量引起的），相关性也不是来自更复杂的因果结构，在结构中这些变量与其他相关变量有"互动"；它是合理且有意义的因果推论的条件（Lazarsfeldet et Rosenberg，1955）。

功能主义的"霸权"

在此良好态势下，帕森斯和默顿的理论成果显得尤为出色，他们为提升美国社会学的声望进而获得霸权地位做出了巨大的贡献。他们的范式一般被称为"功能主义"，尽管作为共同概念的社会现实具有非常显著的"系统性"（后来称为"系统"）的特征。

结构功能主义——帕森斯在第一部著作（Parsons，1937）中就确信社会行动具有"系统性"的特征（见第五章），它将解决两个方面的问题：一方面是社会系统的维持和运作的条件，另一方面是社会行动方式本身，从而得出他的"结构功能主义"的伟大范式（Parsons，1951；Parsons et Shills，1951；Parsons et al.，1953）。

第一个问题的答案在于确定任何行动系统的功能要求，以及满足这些要求相对应的结构要素。这些要求共有四项，即受罗伯特·贝尔斯（Bales，1950）启发而提出的"AGIL示意图"：适应外部环境（A）、实现目标（G）、行动整合（I）和潜在模式维持（L）。事实上，社会系统本身，与构成其环境的生物（适应）、精神系统（工具）、文化（表达）等系统构成了一个行动子系统。这些结构元素之间密切相关：生物体通过社会行动适应环境中的"角色"、界定和控制这些角色的

"群体"、整合这些群体的"规范"。从这个角度来看，社会学只是研究社会行动的科学之一，与经济、政治科学和社会心理学一样（Parsons et Smelser，1956；Parsons，1969；Parsons et Bales，1955）必须与其他人文科学开展合作。

至于行动本身，它面临着行为人对其行动客体有关的判断以及必须采取的态度的选择：在第一种情况下，它的判断标准将是"普遍性"或"特殊性"，并以客体的"绩效"或"质量"为基础；在后一种情况下，它与客体的关系将以"特殊性"或"传播性"来界定，其标准为"情感中立性"或者"情感"。这些结构变量（"模式—变量"）既能分析个体的行动，又能与集体结构（从职业到整体社会类型、社会分层、经济、家庭或政党）的等级——"网络"（cybernétique）——等功能性需求相结合（Parsons，1949，1960，1964，1967，1969）。因此，在工业社会中占主导地位的是"适应"功能，主流价值观是普遍主义或者"绩效"（成就），人际关系通常充满特殊性和情感中立性。例如，促进科学技术相关的职业、追求和承认个人的成功及发展核心家庭等都是经济生活中的优先项。20 世纪 60 年代，通过对全面社会的比较分析（Parsons，1966），帕森斯对社会变迁的思考揭示了社会越先进就越有适应创新的能力，功能分化程度也就越高。因此他在晚年认可了之前厌恶的进化论。

长久以来，帕森斯都是一位无可争议的理论家，这不仅因为他在著名的哈佛大学任教、在理论和概念领域无与匹敌、对哥伦比亚经验主义者的极大宽容或他成功地契合了社会哲学方向与主导意识形态；还因为他在当时单独提供了宏观社会学分析框架的丰富"范式"——尽管他的概念和分析的理论性特征更强（**161**），在启发和传承上十分有限。事实上，他的追随者们充分发挥聪明才智利用这些资源，在一定程度上成功地更新和扩展分析社会事实主要领域的方法（Barber，1952；Dreeben，1968；Johnson，1966；Keller，1963；Levy，1953；Smelser，1963）——特别是政治社会学（Deutsch，1963；Easton，1965；Etzioni，1968；Lipset，1960；Mitchell，1967）常常会受到"系统的一般理论"框架对官僚主义的重新界定的启发（Buckley，1968）（**200**）。

结构功能主义的系统与子系统

行动系统的功能要求	行动系统的子系统	社会系统（子系统）的结构功能	社会系统（和社会科学）的子系统	等级层次
L - 潜在模式维持	文化的（文化）*	价值	社会化（社会心理学）	信息　丰富性
I - 整合	社会的（社会）	规范	社区（社会学）	
G - 目标实现	精神的（个性）*	集体	政治（政治科学）	
A - 适应	生物学的（生物有机体）*	角色	经济（经济科学）	能量　丰富性

*社会系统的环境。

资料来源：作者自制。

功能分析的范式——虽然是帕森斯的学生，但哥伦比亚大学的默顿有不同的雄心：提出一套可操作化的实证研究方案，并把社会学的理论和实践融入当时的美国社会学。

默顿认为，英国人类学（马林诺夫斯基、拉德克利夫－布朗）的功能模式在重大修改后能够提供一套解释社会现象的方法。某些现象在维持社会系统的功能化方面作用十分明显，而这些社会系统在与其他现象的互动中逐渐扩大。这种"相对化"的功能主义表明社会系统的某些要素有时是"功能性的"，有时是"反功能性的"，有时甚至是"多功能性"的；还会存在功能等价物，尤其是"显功能"会隐藏在观察者或者行动者本身的"潜功能"之后（Merton，1949）。

功能主义范式在各个领域的应用，使默顿得以成功地提出了著名的"中间范围"（à moyenne portée），尤其是应用在混乱与越轨（Cloward et Ohlin，1960；Merton et Nisbet，1961；Clinard，1964）、地位与角色的关系、群体影响、人格与科层制、集体行为的反直观效应等领域（Merton，1949；Merton et al.，1959）以及科学社会学领域（Merton，1938，1973）。默顿及其追随者还将科层制作为重点研究的主题（Selznick，1949；Blau，1952）。默顿一直谨慎地否定马林诺夫斯基有关"社会系统的功能整合性"的假设，但被美国的功能主义者遗忘。这通常会导致社会结构缩小为职业结构，个体行动简化为具有独特文化的行动者的职业定位所决定的角色工作。

随着功能主义的发展，社会学分析重新回到了社会哲学的脉络，这一脉络追溯到 17 世纪（霍布斯），从而背弃了传统社会学的目标。它不再追寻社会秩序产生的缘由（社会的或者社会之外的）或者原因（功利的或者文化的），而是论证功能是维持社会秩序的必然核心：历史的方法让位于结构的观点，后者感兴趣的是社会行动者内部化之后，遵守法律法规和系统控制的机制；它借鉴了涂尔干的结构主义、韦伯的个人主义、坎农的生物学理论、林顿的人类学理论、弗洛伊德的心理分析以及维泽的网格分析……

反对派的崛起

20 世纪 50 年代末，帕森斯的理论和功能主义遭到猛烈抨击。刚开始，这种抨击还受到一定的控制。后来，严重的政治事件急剧增多且不受控制（如反贫困计划的失败、种族暴乱、古巴革命以及越南战争的开始），美国社会的危机导致结构功能主义的社会学类型走向衰落（**13**）。功能主义的优点受到质疑，曾经被忽视的问题又浮出水面，例如权力问题（Dahl，1961；Lenski，1966）和冲突问题（Dahrendorf，1957）——即使它只是涉及功能主义的解释力而已（Coser，1956）。

即使在默顿所在的哥伦比亚大学，在 20 世纪 60 年代的十年里独领风骚的是"批判社会学"（sociologie critique）的主要推动者——查尔斯·赖特·米尔斯（Charles Wright Mills）。这位社会学家（于 1962 年英年早逝）最早的学术渊源威斯康星大学使他敢于挑战既有的系统理论（哈佛大学）和经验主义实践（哥伦比亚大学），同时谴责他们的深奥主义和虚伪的意识形态中立。在关于中产阶级异化（Mills，1951）以及最为重要的有关美国经济、政治和军事精英的共谋（Mills，1956）等研究中，他呼吁将日常现实经历的"个人审判"与"社会结构的集体问题"联系起来，发挥"社会学的想象力"（Mills，1959）。
这样，他将欧洲古典社会学（马克思、韦伯、莫斯卡）和美
国古典社会学（凡勃伦）的历史和批判的脉络重新连接起来。
索罗金批评美国社会学的"量化恐惧症"（quantophrénie）
（72），默顿批评美国社会学的"精神分裂症"（schizophrénie）
（Merton，1949）都没有产生多大的影响（主要原因在于前者
被美国社会学边缘化，后者融入美国社会学体系中），而随着
20世纪60年代校园的骚乱，米尔斯的批判掀起了一股日益激
进的潮流。

　　与此同时，芝加哥大学和哈佛大学出现了一种强烈的反主
流社会学的思潮，成为"后帕森斯"时代的理论方向（将在
本书的下一章中进行讨论并给出相应的参考文献）。

　　此时，简而言之，五六十年代的美国社会学已经实现了许
多雄心壮志。在实证研究方面，完成了方法的规范化和常规
化，获得了库恩（Kuhn）所说的"规范科学"（science nor-
male）的地位。在理论方面，帕森斯的"结构功能主义"
（structuro-fonctionnalisme）具有可以广泛运用的三大优势：首
先，共享的概念体系可以交流知识；其次，足够抽象和普遍的
分析框架能够积累知识；最后，也是很重要的一点，科学形式
的合理化方案足以主导美国社会的意识形态－文化的复合体。

美国社会学的沉疴

　　社会学理论的近代史可以归纳为两种相反的趋势。一种
趋势是社会学家首先追求理论普及，并且寻求尽快制定社会
学的规范。为了赋予社会学工作意义，他们宁愿分析理论普

及的主流形式，而不从实证上验证其合理性。他们对小规模的、需要详细观察的、模棱两可的任务不以为然，而是试图从整体上、综合性层面去把握。另一种趋势则是一群极端的社会学家，他们只对其计算的准确性抱有信心，而不关心研究结果。他们认为事实是可以验证的，也经常加以验证，但是很少将这些事实关联起来，甚至也不去解释选择观测对象的理由。前一种趋势的社会学家信条是：我们不确定自己观点的真伪，但可以确定其意义。而激进的实证主义者的座右铭则是：我们不知道自己的观点是否有意义，但可以确定它的真伪。

——Merton（1949，trad. 1965：27）

在量化流行的推波助澜之下，每个人都成了科研人员或有学问的研究者，只要他在几张纸上设计各种问题，向所有可能的受访者发送问卷并回收答案，经过不同的方式分类之后，将计算机的计算结果排列在表格中（机械地列举比例、相关系数、指数、标准差和其他可能的误差项），最终在文章或著作中塞满数字、表格、公式和指数，那就证明了这项研究"客观、系统、精确、定量"。在当代的社会学、心理学以及社会心理学等研究中，设计了一些真正的仪式，由那些准备把持这些仪式的人机械地执行着。

——Sorokin（1956，trad. in **72：220 – 221**）

简言之，我相信所谓经典的社会分析是可以定义、应用的一套传统；相信它的基本特征是关注历史中的社会结构；而且它的问题是与紧迫的公众论题和持续的人类困扰直接关联的。我也相信在目前的社会科学及其学术政治环境中，这一传统的延续面临巨大障碍。但是形成这一传统的诸多心智品质正在成为当代全部文化生活的共同尺度，而且不管它们多么含糊不清，出自多么令人困惑的种种虚饰之中，它们正被感到是一种需要。许多从事社会科学的人，尤其是在美国的实际工作者，好像不愿接受目前自身所面临的挑战，这颇为奇怪。事实上，许多人放弃了社会分析的学术与政治使命；其他人则毫无疑问，无法胜任被分配到的角色。有时候，我们会抓到他们几乎无意识地使用老旧的把戏，而且很胆小。不过，尽管不愿意，但只有他们有这个机会，现在学术与公众非常关注他们据称要研究的社会世界。这正是社会科学、社会学想象力的文化应用和人与社会学科的在政治方面的学术前景所在。

　　　　　　　　　　——C. W. Mills（1959, trad. 1967：25 - 26）

　　毫无疑问，美国社会学在理论和实证的整合方面存在严重缺陷：帕森斯的理论被证明更像是一套综合性的分析体系。不过可以看到，理论工作者和实践工作者倒也能够和平相处——双方在原则、目标和方针上能够达成一致（**73**）——而这两类研究者都受到外围人士不分青红皂白地指责。事实上，哥伦比亚大学的操作主义者和哈佛大学的理论学者们不也是暗自分享社会行动和社会制度等最低的共同原则吗？尽管实证方法很容易因为是纯技术型而受到斥责，但至少在人们的印象中，功能主义和实证方法在"社会流动性"（mobilité sociale）这一特定研究领域中存在惊人的一致性（**113**）。最后，美国社会学在国际上的成功已有多处端倪（后文中将论述）——发展如此迅速以至于紧接着出现了质疑。

第二节　法国社会学的重建

在法国获得解放之时，其社会学的情形总结如下：大学的组织和教学、社会学家的培养方式从 20 世纪初以来几乎没有任何变化；过去十年来，相关的研究活动重新兴起并出现了新的方向，但这些研究仍然是个人工作，这些人游离于大学之外，被体制孤立，理论来源也各不相同。所有人都清楚法国的自然科学在发展水平和认知水平两个方面都比美国落后，后者已经成为社会科学新乐园。

由此看来，1945 年以后法国现代社会学的"建设"过程是这个奄奄一息的学科涅槃重生的"重建"过程。从体制角度来看，这一进程包括两个时长不等的阶段，对应于法国两个共和国的时期。在第一阶段，社会学与其他社会科学相比处于边缘地位。在少数先驱者们的坚持下才得以继续，直到 1958 年后重新崛起。就其发展方向而言，法国社会学很快确定了认知法国社会现实问题的雄心壮志，因而更倾向于经验分析而非理论构建。

体制建设进程

二战以后，在"重建"经济和行政管理的意识形态背景下，找出阻碍增长和现代化的社会因素显得十分必要（**60**）。因此，经济科学和政治科学成为优先发展的学科：例如，1945 年，国家人口研究所（Institut national d'études démographiques，

INED）和国家政治科学基金会（Fondation nationale des sciences politiques，FNSP）宣告成立，1946 年又成立了国家统计和经济研究所（Institut national de la statistique et des études économiques，INSEE）——所有观测和分析工具对社会学研究的价值将会得到验证。社会学并没有被遗忘，尽管开展社会学研究的新机构开展的新工作更多应归功于个人倡议而非明确的政治意愿。这些新机构的成立都与法国社会学三个主要重建者的名字紧密联系在一起：波尔多大学教授让·斯特策尔重启了法国公共舆论研究所（Institut français d'opinion publique，IFOP）以及《探索》（Sondages）杂志，这是一家创立于 1938 年的私营机构；索邦大学教授乔治·古尔维奇于 1946 年创建了社会学研究中心（Centre d'études sociologiques，CES），这是二战前成立的国家科学研究中心（Centre national de la recherche scientifique，CNRS）的一个专门实验室。1946 年还出版了《国际社会学手册》（Cahiers internationaux de sociologie），这是《社会学年鉴》1949 年出版第三辑前唯一的社会学杂志；乔治·弗里德曼（法国国立工艺学院教授兼技术教育总监）于 1952 年参与并领导了社会学研究中心的组织工作，并于 1953 年创立了劳动社会科学研究所（Institut des sciences sociales du travail，ISST）。值得一提的是，年鉴学派的历史学家们在组织和促进研究的工作中起了很大作用，他们于 1947 年创建了高等研究实践学院的第六系部，主要是经济与社会科学。还有国际机构（欧共体和联合国教科文组织）和来自福特、洛克菲勒、柯达等美国公司以及雷诺等法国公司的赞助（**58**）。然而，有利的知识环境并没有给重建社会学带来太多益处。法国共产党当时影响力很大，得到许多社会学家的支持和同情（直到1956年）。但法国共产党公开指责社会学学科有三宗罪：一是与马克思主义相冲突，只有马克思主义才是唯一的社会科学；二是依附于北美理论；三是指导"警察"服务统治阶级。在哲学领域，社会学也不受欢迎，无论是存在主义还是个人主义都不欢迎社会学。因为社会学呼吁"将社会事实视为客观存在"，从而背离了主体及其自由意志。在大学里，社会学也因想要从哲学和历史学中脱离出来而被教授蔑视。在这种"怀疑滋生无知"（ignorance nourrie de soupçons）（Heilbron，**32**：**368**）的背景下，可以毫不夸张地说，社会学是失败者、天真派和叛徒。

因此，不难理解二战以后法国体制内的社会学活动主要关注三个学术性不强的领域：劳动和职业关系（Friedmann，1947，1954，1964；Friedmann et Naville，1961－1962；Naville et al.，1961；Reynaud，1966；Touraine，1955）、城市和城市化（Chombart de Lauwe et al.，1952，1959－1960；Chombart de Lauwe，1965；Friedmann，1953）和宗教活动（Le Bras，1955－1956）。其中，第一个领域居主导地位，反映了当时的社会经济问题、弗里德曼的权威（1949年在芝加哥大学与休斯相遇）以及敏感的意识形态（社会主义、经济活动中的基督教伦理和人文主义）这三者的复杂干扰，众多研究者希望为总体上受到忽视的劳动阶级（Chapoulie，in **32**）发声和服务。这些研究的开展得益于弗里德曼的亲切关怀和社会学研究中心青年才俊的努力，他们当中许多人在 20 世纪 50 年代初移居去了美国。尽管美国的政策受到（来自国内和国外的）谴责，但美国俨然已经成为现代社会学之乡。

毫无疑问，社会学研究供应先于需求而不是满足需求，但它还是很好地回答了这个时期的敏感问题，问题核心即"现代化"的社会条件和后果。

在戴高乐主义影响下，法国社会学迎来了最为辉煌的时期。国家现代化奉行的干预主义和知名人士的身体力行给社会学带来了前所未有的发展机遇。"规划者们"（planificateurs）向前迈进了一大步："现在，社会不再是必须接受改造才能获得收益的剩余物，而是应该作为补充纳入经济预测才能提高其有效性"（**42**）。在索邦大学教授雷蒙·阿隆的努力下，新成立的文学和人文科学系设社会学学士和博士学位，随后推出三份重要期刊：1959 年的《劳动社会学》（*Sociologie du travail*）（弗里德曼、斯特策尔），1960 年的《法国社会学期刊》（*Revue française de sociologie*）（斯特策尔）和《欧洲社会学档案》（*Archives européennes de sociologie*）（阿隆、当皮埃尔）。最后，1962 年成立的法国社会学学会（代替了法国社会学研究所）为学科奠定了坚实的体制基础。同时，研究也在多元化、快速地发展。社会学研究中心（隶属国家科学研究中心）和高等研究实践学院设置了多个研究小组，关注新的领域，如农村世界（Mendras, 1967b）、教育和教学（Bourdieu, 1965；Isambert-Jamati, 1970）、休闲娱乐（Dumazedier, 1962）、组织（Crozier, 1955, 1963, 1965）、大众传播媒介

（Morin，1956，1969）、精神疾病（Bastide，1965）和女性地位（Guilbert et Isambert-Jamati，1956；M. – J. Chombart de Lauwe et al.，1963）。

一些重要研究机构致力于基础研究，如阿兰·图雷纳（Alain Touraine）（1961，1965b，1966）的工业社会学实验室（1958 年）、阿隆的欧洲社会学中心（1959 年）和米歇尔·克罗齐耶的组织社会学小组（1966 年）。这一巨大发展得到了科学和技术研究总代表团（Délégation générale à la recherche scientifique et technique，DGRST）的政策支持，从 1959 年起，它通过所属的经济和社会发展分析委员会（Comité d'analyse du développement économique et social，CADES）的协调行动成为社会科学的主要资助者。

社会学的职业化也开始了：非教学人员的研究人员占大多数——1968 年，共有 26 个研究中心聘请了 582 名研究人员和辅助人员（**71**）。不过，这十年的数据喜忧参半：尽管社会学已经利用了拥有的机会建立了一套不可或缺的体制基础，但社会学并没有设法（它想这么做吗？）使自己成为有利于决策的学科——社会学被要求做到这一点倒是毋庸置疑（**42**）。

1950 年成为社会学家

在得到弗里德曼的承诺之后，我进入了国家科学研究中心。当时是 1950 年，社会学部门只有几个人。这几个人几乎都隶属于社会学研究中心，该中心是国家科学研究中心管理层创建的第一个下属机构，最早的领导者是弗里德曼和古尔维奇。社会学研究中心的办公室是一间大房间，中间用窗帘和两级台阶分成两半。它位于阿拉贡大道的一栋楼里，对面是桑泰（Santé）路监狱。房子主人哈布瓦赫夫人非常支持我们的活动。她丈夫是一位伟大的社会学家，在被驱逐离境时去世，她父亲维克托·巴施（Victor Basch）在二战遇害。这个小小的研究中心在弗里德曼的领导下由四个人组成：埃德加·莫兰（Edgar Morin）、保罗－亨利·雄巴尔·德·劳韦（Paul-Henri Chombart de Lauwe）、保罗·莫克普（Paul Maucorps）和我本人。我们没有任何具体的理论或者经验可供借鉴。莫克普和雄巴尔加入团队的时间最早，才智过人的莫兰早已开始撰写各种主题的论文。而我由于更年轻、更笨拙，只能在坚持理论方向的基础上尝试开展研究。年轻学者的物质生活并不宽裕，薪水低，职业发展缓慢，只能寄希望于在工会的推动下逐步改善。此时，我住在比扬科（Billancourt）大桥附近的雷诺公司工人社区，这一点都不奇怪……

社会学家的小圈子被大学边缘化，他们在当时——现在仍然是——不如历史学家、哲学家或者拉丁语学者过得体面。我们成了边缘群体或者非典型群体。英年早逝的莫克普早年是一位海军学员，投奔"自由法国"之后成为可能为数不多的海军军官。雄巴尔·德·劳韦的专业是民族学，曾经参加过英国皇家空军。莫兰在战争期间曾经历过重重危险，过着颠沛流离的生活。我们不仅在大学生活中处于边缘地位，还遭到了共产主义组织的攻击。我们从来不曾与当时的共产主义知识分子有过争执；至少我个人从来没有这样做过。

> 但是社会学家被指责为资产阶级的代理人，因为他们的思想威胁到了法国共产党。
>
> ——A. Touraine, in *Un désir d'Histoire*, Stock,
>
> Panis, 1977.

当时的经验主义

法国社会学在前一阶段的活动与世纪之交的涂尔干时代形成鲜明对比："缺乏统一的领导，存在多个'龙头'，社会学者的出身、年龄和接受的培训也各不相同，其竞争对手结成的联盟也不稳定；缺乏统一的范式，研究方向各异，既不明确也不固定，充满了偏执和折中主义的缺点"（Bourricaud, in **42**：9）。

法国的经验主义实践并不具备美国社会学中经验主义富有战斗性的特征。相反，它构成了法国社会学重新复苏的条件：过于强烈的社会需求，渴望弥合人们对混乱中的社会现实的认知鸿沟，热衷于运用美国式的观察方法和分析方法，急于同古典社会学思辨的核心定位决裂，哲学家引导社会政治方面的辩论，马克思主义公开表示对资产阶级的社会科学占据主导地位的敌视。在决策者和其他领导人的压力之下，社会学家被迫充当"行动的辅助者"，希望能够摒弃先辈们运用综合方法和历史方法的传统和学术刚刚分流时哲学家的一些做法。从这个意义上说，无论是涂尔干主义（作为要摒弃的过往学说的代表）还是历史唯物主义，尽管在知识层面上很受欢迎，在政治层面上却被嫌恶，虽然可以提供灵感，但并非真正的理论和概念框架。韦伯的著作虽然在阿隆（**2：74**）和朱利安·弗洛因德（Julien Freund）（1966）前期坚持不懈的努力之下得以保留，但一直被忽视，很少被翻译（直到 1971 年，才有《经济与社会》第一卷被翻译成法语）；此外，古尔维奇也像涂尔干一样遭到激烈反对（**77**）。至于帕森斯，虽然早在 1955 年弗朗索瓦·布里科（François Bourricaud）就已将他介绍给法国公众，但其系统性视角在一个尚未准备好"重读"涂尔干的环境中并不受欢迎。只有默顿才是一个广受好评的样板，1953 年亨利·孟德拉斯（Henri Mendras）翻译了他的作品，因为他没有太多哲学上的痕迹。

在经验研究的热潮中，各种社会现象成为社会学研究的优质主题：地方民族志（Bettelheim et Frère，1950；Bernot et Blancart，1953；Lefèbvre，1954；Isambert-Jamati，1955；Rambaud et Vincienne，1964；Morin，1967）、社会人口调查（INED，1950；Girard et Stoetzel，1954；Girard，1961，1964；Touraine et Ragazzi，1961）、政治行为分析（Dogan et Narbonne，1955；Fauvet et Mendras，1959；Rémond，1965）等，这些作品反映了法国社会学家对当时紧张的社会问题的兴趣：农村移民、家庭变迁和民主机制的运作。

"科学性"是 20 世纪 60 年代社会学研究发展的一个重要特征。为了回应二战以后社会学研究工作的描述性取向，同时受到人类行为学雄心的刺激，研究人员投入了相当多精力为方法的不同阶段制定有效性标准。如果想掌握正确的经验观测技术（来自勒普雷学派和人种学的传统），就必须控制之前假设的操作，同时验证之后的结果。因此，来自美国的资源自然引起了关注：1959 年，费斯汀格（Festinger）和卡茨（Katz）的著作《行为科学研究方法》（*Research Methods in the Behavioral Sciences*）① 首次被译为法语；在雷蒙·布东（Raymond Boudon）和保罗·拉扎斯菲尔德（1962～1963 年担任索邦大学的客座教授）的倡议下，出版了加上法国内容的《社会研究的语言》（*The Language of Social Research*）这本哥伦比亚方法论手册的修订本（Boudon et Lazarsfeld，1965，1966；Chazel et al.，1970）。布东（1967，1969）通过强调因果分析的方法发展这种数学导向，同时更加注重从认识论层面对研究方法进行批判性分析（Boudon，1968；Bourdieu et al.，1968）。

古尔维奇的斗争

古尔维奇很早就对这种主要是经验研究的取向感兴趣，他一直在关注如何避免纯分析的经验主义（斯特策尔当时极力鼓吹）（Blondiaux，in **32**）和纯思辨的理论化这两大风险。他指出，法国社会学有两大对手：美国的神话［为此，他和比利时人亨利·雅纳（Henri Janne）于 1956 年创立了法语国家社会学家协会（Association internationale des sociologues de langue française，AISLF）］和宏大的系统性理论（涂尔干主义、马克思主义、结构功能主义、结构主义），这些宏大理论反对唯名论、决定论、教条主义和历史主义（结构主义不在其列）。

---

① 此处原文 *Les Méthodes de recherche dans les sciences sociales* 为法语版书名，由句意这里改为英文原版书名。——编者注

忘记涂尔干！

然而，这是一个很好的选择。60 年前，涂尔干和他的门徒一起工作时的精神如今已经不再被接受了。对我们而言，社会影响的重要性是不证自明的。我们不再需要建立理论体系，不再关心社会心理学或者社会有机论等孤立的问题。如果研究技术一直需要改进的话，制定准则应该是哲学家的工作，天才拉朗德（Lalande）称为社会学方法的"准则"。涂尔干的观点与我们已经有天壤之别……

涂尔干的社会学受孔德和德国辩证法的启发。与之相反，当代社会学是坚定的经验主义。社会学家研究这些社会问题，并非为社会化进程开辟前景，只是对这些问题感兴趣而已。一个戏剧广播节目就是研究集体恐慌心理的机会。战争现象可以成为研究市民伦理和军队伦理的起点。现在看来，涂尔干过于雄心勃勃但又缺乏耐心。他的社会学是有问题的、贫瘠的且瘫痪的。人们不禁要问，是否需要保护年轻一代的研究人员不受其影响。

——J. Stoetzel（Bordeaux，1946）；source：（**32：443 - 451**）.

在古尔维奇所谓现实主义和多元主义的社会概念试图区分各种现象的经验性表象下的"深层水平"，社会学家不能仅凭一个明确的概念化就僵化其"活力"和偶然性，必须发现和揭示这些"水平"并不断将其与"总社会现象"（phénomène social total）联系在一起（Mauss）。因此，古尔维奇主张"辩证和相对的超经验主义"，将经验与定理、理解和解释紧密相连，以

"观念互惠"来克制个人与社会之间的一切对立（Gurvitch，1950，1955，1962）。如此令人印象深刻的理论和概念结构——马克思主义者对此褒贬不一（Lefèbvre，1959），一位马克思主义者更愿意看到社会学空间被可能有问题但有启发性的、倾向于社会主义、反涂尔干主义、反美主义的言论占据——不会成为它希望成为的那种范式，因为一直缺乏指导研究人员的有效理论和方法，所以研究人员更多是给予尊重而不认为它真正有用（Gurvitch，1958 – 1960）。自从克洛德·列维 – 斯特劳斯关于亲属关系的著作（Lévi-Strauss，1949）出版以来，民族学和人类学就有了自己的范式，而在社会学中，结构主义只是引发一场有关社会心理学的徒劳无益的辩论，不涉及有效的科学实践；毫无疑问，这是社会学学科出现理论脱节、缺乏知识框架的标志。事实上，直到20世纪60年代末，哲学思潮兴起，与马克思主义同频共振，才孕育出一种社会学思想（参见第七章）。

　　然而，理论上的反思和辩论从未缺席：早年，阿隆和古尔维奇（**77：112**）之间的冲突便是例证，同样的例子还出现在布里科有关权威的著作（Bourricaud，1961）、克罗齐耶有关官僚机构的研究成果（Crozier，1963）抑或图雷纳（1965a）建立"行动的社会学"（sociologie de l'action）的努力之中。这些学者不同程度地借鉴了韦伯的学说，而图雷纳在此基础上还借鉴了马克思主义。从1958年起，众多著作和教科书的出版为未来社会学家的实践奠定了理论和概念基础（Gurvitch，1958 – 1960，1962；Friedmann et Naville，1961 – 1962；Stoetzel，1963；Mendras et Reynaud，1963；Aron，2；Mendras，1967a）。古尔维奇仍然是一枝独秀，他的反思大多时候保持着开放的态度，尽管有时会带有些折中主义。从索邦大学开设关于当代社会的第一期课程开始，阿隆就将事实分析和理论归纳结合起来，其贡献不可小觑（Aron，1962a，1964，1965）。

到 20 世纪 60 年代，法国社会学趋于成熟，社会认可度和经验研究的质量可以证明。但是，它要对抗社会哲学这一古老的"恶魔"，又急于在一个加速变革的社会中体现其工作的重要性和紧迫性，因而难免会出现相应的理论缺陷（Darras，1966；Reynaud，1966）；一场无法预见的学生运动——1968 年 5 月学潮——使之付出沉重代价，从而造成后来的社会动荡。

第三节 社会学的国际化

1970 年前后，社会学的国际化无疑取得了成功，不仅在工业化社会中人尽皆知，就连发展中国家的接受程度也非常高。然而，受到社会、历史方面不可抗拒的影响，国际化的过程呈现出很大的差异性和不平等。

联合国教科文组织和美国的作用

首先，联合国教科文组织起到了决定性作用，它致力于恢复二战以后的社会学学科（**86**），特别是在众多"第三世界"国家。1949 年，在联合国教科文组织的主持下，成立了国际社会学协会（l'Association internationale de sociologie，ISA）。学会最初出版一份通讯，1959 年以后更名为《国际社会科学期刊》（*Revue internationale des sciences sociales*），协会因而更名为国际社会科学理事会。大量研究社会科学的大学机构应运而生，包括在科隆（1952年）、雅典和德黑兰（20世纪60年代初），南亚经济和社会发展研究中心（1956年在加尔各答成立，后来迁到新德里），甚至有一些重要的国际教育和研究机构出现在拉丁美洲（包括巴西的拉丁美洲社会科学研究中心，位于智利圣地亚哥的拉美社会科学学院）和非洲（位于坦吉尔的非洲发展管理训练研究中心）。从1964年起，联合国教科文组织成立了维也纳中心，针对欧洲（西欧和东欧）和世界其他地区的裁军、发展和规划等问题开展比较研究。它还试图通过出版国际文献和《社会科学词典》（1964年以英文出版）来发挥传播知识的功能。自创立以来，它在道德、国际冲突、移民特别是种族主义等领域开展了大量重要的研究。从1970年起，在联合国教科文组织倡导下，拉扎斯菲尔德（**131**）撰写了《人文和社会科学研究的主流趋势》（*Tendances principales de la recherche dans les sciences sociales et humaines*）等严谨的社会学著作。

美国众多基金会和联邦政府在给予西欧国家大量财政资助之前并没有征求这些国家的意见——仅仅做了一些经验研究而已。马歇尔计划是以经济手段达到政治干预之目的："用理性的经验主义方法代替欧洲传统的意识形态和全球化路径，强化实用主义倾向，探索对立的社会力量之间达成妥协的可能性，从长远来看，应有助于推动欧洲独裁、等级森严的制度向更接近美国理想的制度转变"（**199：58**）。

当然，如果说美国社会学方向（特别是方法论上）在世界一半地区占有统治地位，那么社会科学的共产主义理念则是强行占据了另一半江山。但是这种分歧并非那么泾渭分明：一方面，马克思主义思想在一些国家（德国、意大利、拉丁美洲国家）非常活跃，一些东欧国家（波兰、匈牙利、前南斯拉夫）成功地保持了某种独特性；另一方面，越过"铁幕"的科学交流逐步增多，表现在社会主义国家中翻译自英文和德文的出版物变多了，1970年还在保加利亚瓦尔纳举办了国际社会学学会第七届大会。

西方社会学的重构与建设

社会学的地位在不同西方国家有很大的差异，这一差异不仅仅源于社会学出现的时间长短或社会经济现代化的程度（**131**）。

例如，在斯宾塞和霍布豪斯的国家，英国社会学长期不被视为有应用目标的经验性实践：二战后，英国尝试引进了金斯伯格、马歇尔、曼海姆等人甚至美国希尔斯（Shils）[①] 的理论，扩大社会学教学（仅有伦敦政治经济学院一家开设社会学专业）和学科体制基础（1950 年创办了《英国社会学期刊》，次年英国社会学学会成立）来克服学术认知度太低的困境。十年间（1945～1955 年）劳动政策的有效实施催生了数不胜数的对福利国家的研究，包括当代一些最重要的经验性研究成果，主要在于分层领域（Marshall，1950；Rowntree et Lavers，1951）、社会流动（Glass，1954）、教育（Floud et al.，

---

① 此处原文拼写为 Shills，但看参考文献可知应为 Edward Shils。——编者注

1956）和家庭（Young et Willmott，1957）。但是，这些研究只是延续社会地理学中官房学传统的一部分，直到 20 世纪 60 年代出现的一系列研究才发生理论转变，其中包括约翰·雷克斯（John Rex，1961；Rex et Moore，1967）有关社会冲突的著作、托马斯·伯顿·伯特莫尔（Thomas Burton Bottomore）（1964）有关精英的研究、沃尔特·加里森·伦奇曼（Walter Garrison Runciman）（1966）有关不平等的观点、由约翰·戈德索普（John Goldthorpe）（1968 - 1969）领导的有关工人阶级的研究团队以及巴希尔·伯恩斯坦（Basil Bernstein）（1971 - 1975）有关社会语言学方面的研究。这些理论思考都借鉴了韦伯（早在 1947 年就被译介到英国）和马克思的理论。在 20 世纪 60 年代，在美国民族学界和现象学界迅速被接受的帕森斯和功能主义在英国反而被反对——体现了英国人对一般理论体系的极度不信任（**83**）（**84**）。

德国的情况也不太稳定。1945 年战败以后，德国社会学与之前的主要方向大致相同，即对理论和概念体系的普遍"怀疑"（**15：399**）。不过，经验性研究——德国社会学始终坚持这个方向，美国社会学大规模介入将其发扬光大——继续向前发展，即便是最极端的实证主义者，也抱有一番以人类解放条件理论的形式将社会学发展成为一种道德理论的雄心壮志（Geiger，1952；Dahrendorf，1958；Schelsky，1959；König，1964），而经验研究正是为这一理论的科学性提供描述性素材。那时，法兰克福学派（**81**）自身也被美国社会学的方法所牵引。但是自从阿多诺从哥伦比亚大学回国之后，很快就主持了一场足以影响德国社会学的辩论，贯穿整个 20 世纪 60 年代，即"批判理论"和波普尔（Popper）理论——被科隆学派（勒内·柯尼希、赫尔姆·舍尔斯基）所推崇——之争，后者更像是一种"实证主义"（Adorno et al.，1969）。这场辩论最为引人注目之处在于将"批判社会学理论"提升到一种伪范式的范围，而它——至少一直到最近（参见第七章）——却对社会学毫无裨益！跟两次世界大战期间德国社会学的掘墓人相比，韦伯的思想给社会学重建者的冲击更大：社会学知识脱离价值判断和政治预期之后总是显得格格不入。于是，在进入 70 年代时，德国社会学在体制建设上取得了无可争议的成功，该学科提供了别处都没有的，有史以来最激烈的冲突的场景，这对之前好不容易塑造的社会形象造成了灾难性后果（Weiss，in 87）。

随着墨索里尼法西斯的垮台，社会学几乎完全从意大利的知识界和科学界消失了。无论是 19 世纪末著名的实证主义犯罪学，还是帕累托政治社会学派，在基本意识形态世界中处于占主导地位的马克思主义的对立面。只有米兰的天主教人士勉力支持，靠都灵大学（世俗）和奥利维蒂基金会努力延续。20 世纪 50 年代，社会学学科的当代先驱们引入了经验研究，技术进步的社会后果是——以后也是——优先的研究对象（Ferrarotti，1958；Gallino，1960；Pizzorno，1960）。60 年代，意大利社会学的研究领域从移民现象（Alberoni，1960）到政治生活（Galli，1967）再到大众的社会问题（Alberoni，1961），在 60 年代末才形成体制化的结构。其演变与意大利政治生活的变迁密切相关；政治生活的巩固，需要拓展意识形态的深度和主旋律的范围——尤其是在集体行动和社会运动的范畴之内（Alberoni，1968）（**92**）。

社会学第二次跨越大西洋对西欧的发展具有决定性的意义；但是，在社会学"回归摇篮"（retours au bercail）的过程中，与国家传统的"幽灵"不期而遇：盎格鲁—撒克逊的官房学、德国的理想主义和意大利的政治生活等。

在北欧，社会学主要关注的是福利国家社会政策实现的条件。这一方向导致荷兰社会学在20世纪60年代末出现了意识形态冲突以及知识界与体制的长期分裂（**89**）。在葡萄牙和西班牙，社会学仍然保留着天主教的传统，在希腊则处于萌芽状态。在欧洲之外的西方世界中，澳大利亚、日本、加拿大和印度等国的社会学都取得了重大发展（**87**）。

共产主义社会学

苏联和东欧国家是很特殊的例子。

在苏联（**90**），1917年革命使得社会学的兴起有了一个相对自由的环境（1919年，在索罗金领导下，首个社会学研究所在彼得格勒大学成立）。1924年，苏联政府解禁了一度被认为是"资产阶级伪科学"（pseudo-science bourgeoise）而遭到禁止的社会学。但是这门学科要在"去宗教化"之后才得以恢复并且被视作一门有用的政治工具：1958年，苏联成立了社会学学会，强调研究人员必须忠诚于马克思列宁主义，批判西方社会学。在经历了一段"方法论意识觉醒"和国际开放

（在埃维昂召开的第六届国际社会学学会大会）的短暂自由时期（20 世纪 60 年代末）之后，20 世纪 70 年代苏联社会学恢复了勃勃生机：1968 年，苏联科学院（Académie des sciences, IRS）成立了社会学研究所，1972 年，将其明确定位为"具体的社会研究"（即阐述官方理论）。它垄断了《社会学研究》（Recherches sociologiques）（1974 年）的出版，旨在实现理论与实践、科学与意识形态之间的有机联系，采取阶级分析方法解决当前社会发展问题，为工人阶级利益服务，坚守社会学家宣传和科学活动的基本原则……（**90：139**）苏联社会学仍然出现了许多经验研究成果（Ivanov et Osipov, in **87**），其中有些成果质量很高。到了实施"信息公开"（glasnost）和"改革"（perestroïka）时，在塔季扬娜·扎斯拉夫斯卡娅（Tatyana Zaslavskaia）自由主义权威的影响下，苏联社会学的优先领域（劳动、工业、生活方式、文化）进一步扩大到以前的"敏感"领域（社会结构和层次、家庭、青年、教育），并且破除了在社会病理学、宗教和权力等研究领域的禁忌。

在其他人民民主政权中，社会学的发展很不均衡，且似乎与社会经济发展水平和革命前的传统有关。在罗马尼亚，有以迪米特里·古斯蒂（Dimitrie Gusti）为代表的新勒普雷主义学派；在波兰，以斯特凡·查诺夫斯基（Stefan Czarnowski）和弗洛瑞安·兹纳内茨基（Florian Znaniecki）为代表的先驱学者；捷克斯洛伐克的托马斯·马萨里克（Tomáš Masaryk）和爱德华·贝奈斯（Edvard Beneš），以及影响力很大的匈牙利人格奥尔格·卢卡奇（György Lukács）等。尽管如此，直到这些国家结束了斯大林主义统治以后，社会学学科才开始根据理论取向（有时是异端）开展原始调查，波兰社会学家斯坦尼斯瓦夫·奥索夫斯基（Stanisław Ossowski）的出色工作是个很好的例证。

拉丁美洲活跃的社会学家

19 世纪和 20 世纪之交时，美国和欧洲（特别是法国）向拉丁美洲传播了社会学，而联合国教科文组织设立和资助的许多国际机构中的研究也十分活跃。20 世纪五六十年代，拉丁美洲社会学的反思主要集中在发展主题以及政治和社会现代化等方面（Furtado，1966；Germani，1962）；独裁政权的回归和经济危机促使人们放弃发展问题，在激进的马克思主义的启发下，采用依附性理论作为分析工具（Gunder-Frank，1968）。此后，在分析社会政治行为构成条件的基础上，拉丁美洲发展出了"批判社会学"（Cardoso，1969；Germani，1977；Staven-hagen，1969）（**100**）。

结　论

第二次世界大战结束后的二十年里，社会学作为一种公认的科学实践有了一定的发展，这似乎在某种程度上应直接归功于美国的影响。美国提供了研究资金、研究人员交流、翻译、支持成立国家机构或国际机构等物质方面的支持。更重要的是，美国社会学帮助那些受援助的主要国家提升了专业化和社会认可度，成为西方国家社会学学科建设或知识界重组唯一可能的参照模式。

毋庸置疑，这种模式具有很强的吸引力和解释力。正因如此，在很大程度上，它已经成为国际社会学发展的强大引擎，也影响到了东欧国家社会学的经验研究视角。长期以来，即使是最严酷的批评者也未能提出另一种替代性的模式，足以体现其霸权地位，或至少是很成功的。与此同时，美国社会学几乎普遍放弃了理论系统化，或者自我满足于功能主义的概念红利：无论是被接受、被漠视还是被反对，功能主义都是稳如泰山，笑到最后。作为社会学的主要对手，马克思主义（它自身并不能克服在目的论方面的映射）与其他现代哲学体系一样，选择抽象地看待社会学，否认这门学科的合法性。毫无疑问，在重建和提升社会认可度之时，社会学需要更多的经验分析，而不是综合推测。换句话说，社会学的成功无疑源于美国模式强大的智力和技术影响，尽管这种成功很有限，在空间中也不均衡，但由于"社会需求"比以往任何时候都更加务实，这种模式的存在无疑极大地有利于实现这一现实的目标。

在 20 世纪 60 年代末一系列反映西方世界深层文化危机的事件发生前夕，这种模式的理论层面已经基本干涸。尽管哥伦比亚学派自主推出了经验分析的研究样式，似乎突破了学科障碍，但是要求对社会学解释的对象和框架采用新方法的呼声还是此起彼伏，不绝于耳。

本章参考文献

Ouvrages nord-américains

ADORNO Theodor W. (1903-1969) : *La Personnalité autoritaire* (1950), trad. 1950.

BALES Robert : *Interaction Process Analysis* (1950).

BARBER Bernard : *Science and the Social Order* (1952).

BENDIX Reinhard (1916-1991) et LIPSET Seymour M. : *Class, Status and Power* (1953).

BLAU Peter M. (1918-2002) : *The Dynamics of Bureaucracy* (1952). — Et DUNCAN Otis D. : *The American Occupational Structure* (1967).

BUCKLEY W. (éd.) : *Modern Systems Research for the Behavioral Scientist* (1968).

CLINARD Marshall B. (éd.) : *Anomy and Deviant Behavior* (1964).

CLOWARD R.A. et OHLIN L.E. : *Delinquency and Opportunity* (1960).

COSER Lewis A. : *Les Fonctions du conflit social* (1956), trad. 1982.

DAHL Robert (1915-2014) : *Qui gouverne ?* (1961), trad. 1971.

DAVIS Kingsley : *Human Society* (1949).

DEUTSCH Karl : *The Nerves of Government : Models of Political Communication and Control* (1963).

DREEBEN Robert : *On What is Learned at School* (1968).

EASTON David : *A Framework for Political Analysis* (1965).

ETZIONI Amitai : *The Active Society. A Theory of Societal and Political Process* (1968).

JOHNSON Chalmers : *Revolutionary Change* (1966).

KELLER Suzanne : *Beyond the Ruling Class : Strategic Elites in Modern Society* (1963).

LAZARSFELD Paul (1901-1976) : *Radio Research 1942-1943* (1944). — *The Analysis of Communications Content* (1948). — *Voting* (1954). — *Personal Influence* (1955). — *The Academic Mind* (1958). — Et MERTON Robert K. : *Mass Communication* (1948). — Et BERELSON Bernard et GAUDET Hazel : *The People's Choice* (1943-1948). — Et ROSENBERG Morris : *The Language of Social Research* (1955).

LENSKI Gerhard : *Power and Privilege* (1966).

LEVY Marion Jr. : *Structure of Society* (1953).

LIPSET Seymour M. (1922-2006) : *L'Homme politique* (1960), trad. 1963. — *The First New Nation* (1963). — Et BENDIX Reinhard : *Social Mobility in Industrial Society* (1959).

MERTON Robert K. (1910-2003) : *Science, Technology and Society in Seventeenth Century England* (1938). — *Éléments de théorie et de méthode sociologique* (1949), trad. 1965 de l'éd. de 1957.

— *The Sociology of Science* (1973). — Et LAZARSFELD Paul : *Continuities in Social Research : Studies in the Scope and Method of « The American Soldier »* (1950). — Et BROOM Leonard et COTTRELL L.S. : *Sociology Today* (1959). — Et NISBET Robert (éd.) : *Contemporary Social Problems* (1961).

MILLS C. WRIGHT (1916-1962) : *Les Cols blancs* (1951), trad. 1968. — *L'Élite du pouvoir* (1956), trad. 1969. — *L'Imagination sociologique* (1959), trad. 1967.

MITCHELL William : *Sociological Analysis and Politics* (1967).

MYRDAL Gunnar (1898-1987) : *An American Dilemma : The Negro Problem and Modern Democracy* (1944).

PARSONS Talcott (1902-1979) : *Essays in Sociological Theory, Pure and Applied* (1949). — *The Social System* (1951). — *Structure and Process in Modern Societies* (1960). — *Social Structure and Personality* (1964). — *Sociétés : essai sur leur évolution comparée* (1966), trad. 1973. — *Sociological Theory and Modern Society* (1967). — *Politics and Social Structure* (1969). — *Le Système des sociétés modernes* (1971), trad. 1973. — Et al. : *Working Papers in the Theory of Action* (1953). — Et al. : *Theories of Society* (1961). — Et BALES Robert F. (éd.) : *Family, Socialization and Interaction Process* (1955). — Et SHILLS Edward (éd.) : *Toward a General Theory of Action* (1951). — Et SMELSER Neil : *Economy and Society* (1956).

RIESMAN David et al. (1909-2002) : *La Foule solitaire* (1950), trad. 1964.

SELZNICK Philip : *TVA and the Grass Roots* (1949).

SMELSER Neil : *The Sociology of Economic Life* (1963).

SOROKIN Pitirim A. (1889-1968) : *Tendances et déboires de la sociologie américaine* (1956), trad. 1959.

STOUFFER Samuel A. (1900-1960) et al. : *The American Soldier* (1949-1950), 4 vol.

WHYTE William H. Jr. (1917-1999) : *The Organization Man* (1956).

Ouvrages français

ARON Raymond (1905-1983) : *Les Guerres en chaîne* (1951). — *L'Opium des intellectuels* (1955). — *Dix-huit Leçons sur la société industrielle* (1962a). — *Paix et guerre entre les nations* (1962b). — *La Lutte de classes. Nouvelles Leçons sur les sociétés industrielles* (1964). — *Démocratie et totalitarisme* (1965).

BALANDIER Georges (1920-2016) : *Sociologie actuelle de l'Afrique noire* (1963).

BASTIDE Roger (1898-1974) : *Sociologie des maladies mentales* (1965).

BERNOT Lucien et BLANCARD René : *Nouville, un village français* (1953).

BETTELHEIM Charles et FRÈRE Suzanne : *Une ville française moyenne : Auxerre en 1950* (1950).

BOUDON Raymond (1934-2013) : *L'Analyse mathématique des faits sociaux* (1967). — *À quoi sert la notion de structure ?* (1968). — *Les Méthodes en sociologie* (1969). — Et LAZARSFELD Paul (éd.) : *Le Vocabulaire des sciences sociales* (1965). — *L'Analyse empirique de la causalité* (1966).

BOURDIEU Pierre (1930-2002) et al. : *Un art moyen : essai sur les usages sociaux de la photographie* (1965). — Et CHAMBOREDON Jean-Claude,

PASSERON Jean-Claude : *Le Métier de sociologue* (1968). — Et DARBEL Alain : *L'Amour de l'art ; les musées et leur public* (1966). — Et PASSERON Jean-Claude : *Les Héritiers. Les étudiants et la culture* (1964).

BOURRICAUD François (1922-1991) : *Esquisse d'une théorie de l'autorité* (1961).

CHAZEL François *et al.* (éd.) : *L'Analyse des processus sociaux* (1970).

CHOMBART DE LAUWE Marie-José *et al.* : *La Femme dans la société* (1963).

CHOMBART DE LAUWE Paul-H. (1909-1998) (éd.) : *Des hommes et des villes* (1965). — Et *al.* : *Paris et l'agglomération parisienne* (1952), 2 vol. — *Famille et habitation* (1959-1960), 2 vol.

CROZIER Michel (1922-2013) : *Petits Fonctionnaires au travail* (1955). — *Le Phénomène bureaucratique* (1963). — *Le Monde des employés de bureau* (1965).

DARRAS (collectif) : *Le Partage des bénéfices. Expansion et inégalités en France* (1966).

DOGAN Mattei et NARBONNE Jacques : *Les Françaises face à la politique* (1955).

DUMAZEDIER Joffre : *Vers une civilisation du loisir ?* (1962).

DUVIGNAUD Jean (1921-2007) : *Sociologie du théâtre, les ombres collectives* (1965).

FAUVET Jacques et MENDRAS Henri : *Les Paysans et la politique dans la France contemporaine* (1959).

FREUND Julien (1921-1993) : *Sociologie de Max Weber* (1966).

FRIEDMANN Georges (1902-1977) : *Problèmes humains du machinisme industriel* (1947). — *Où va le travail humain ?* (1954), 2ᵉ éd. 1963. — *Le Travail en miettes. Spécialisation et loisirs* (1964). — (Éd.) : *Villes et campagnes* (1953). — Et NAVILLE Pierre (éd.) : *Traité de sociologie du travail* (1961-1962).

GIRARD Alain (1914-1996) : *La Réussite sociale en France* (1961). — *Le Choix du conjoint* (1964). — Et STOETZEL Jean : *Français et immigrés* (1954).

GOLDMANN Lucien (1913-1969) : *Le Dieu caché* (1955). — *Sciences humaines et philosophie* (1957). — *Pour une sociologie du roman* (1965).

GUILBERT Madeleine et ISAMBERT-JAMATI Viviane (éds) : *Travail féminin et travail à domicile* (1956).

GURVITCH Georges (1894-1965) : *La Vocation actuelle de la sociologie* (1950), 2 vol. — *Le Concept de classes sociales de Marx à nos jours* (1954). — *Déterminismes sociaux et liberté humaine* (1955). — *Dialectique et sociologie* (1962). — (Éd.) : *Traité de sociologie* (1958-1960).

INED : *Le Niveau intellectuel des enfants d'âge scolaire* (1950).

ISAMBERT-JAMATI Viviane : *L'Industrie horlogère dans la région de Besançon* (1955). — *Crises de la société, crise de l'éducation* (1970).

LE BRAS Gabriel : *Études de sociologie religieuse* (1955-1956), 2 vol.

LEFÈBVRE Henri (1901-1991) : *Les Communautés rurales pyrénéennes, la vallée de Campan* (1954). — *Critique de la vie quotidienne* (1958-1961). — *La Somme et le reste* (1959), 2ᵉ éd. 1973.

LÉVI-STRAUSS Claude (1908-2009) : *Les Structures élémentaires de la parenté* (1949).

MALLET Serge : *La Nouvelle Classe ouvrière* (1963).

MENDRAS Henri (1927-2003) : *Éléments de sociologie* (1967a). — *La Fin des paysans : changement et innovation dans les sociétés rurales* françaises (1967b). — Et REYNAUD Jean-Daniel : *Éléments de sociologie générale* (1963), 2 vol.

MORIN Edgar (né en 1921) : *Le Cinéma ou l'homme imaginaire* (1956). — *Communes en France. La métamorphose de Plodémet* (1967). — *La Rumeur d'Orléans* (1969).

NAVILLE Pierre (1904-1993) *et al.* : *L'Automation et le travail humain* (1961).

RAMBAUD Placide et VINCIENNE Monique : *Les Transformations d'une société rurale* (1964).

RÉMOND René (éd.) : *Forces religieuses et attitudes politiques dans la France contemporaine* (1965).

REYNAUD Jean-Daniel (né en 1926) : *Les Syndicats en France* (1963). — (Éd.) : *Tendances et volontés de la société française* (1966).

STOETZEL Jean (1910-1987) : *La Psychologie sociale* (1963).

TOURAINE Alain (né en 1925) : *L'Évolution du travail ouvrier aux usines Renault* (1955). — *Sociologie de l'action* (1965a). — *La Conscience ouvrière* (1966). — (Éd.) : *La Civilisation industrielle* (1961). — *Les Travailleurs et les changements techniques* (1965b). — Et RAGAZZI Orietta : *Ouvriers d'origine agricole* (1961).

Ouvrages britanniques

BERNSTEIN Basil (1924-2000) : *Langage et classes sociales* (1971-1975), trad. part. 1975.

BOTTOMORE Thomas B. (1920-1992) : *Élites et société* (1964), trad. 1967.

FLOUD John, HALSEY A.H. et MARTIN F.M. : *Social Class and Educational Opportunity* (1956).

GLASS David V. (1911-1978) (éd.) : *Social Mobility in Britain* (1954).

GOLDTHORPE John H. (né en 1935), LOKWOOD David, BECHHOFFER F. et PLATT J. : *L'Ouvrier de l'abondance* (1968-1969), trad. part. 1972.

MARSHALL T.H. (1873-1982) : *Citizenship and Social Class* (1950).

REX John (1925-2011) : *Key Problems in Sociological Theory* (1961). — Et MOORE Robert : *Race, Community and Conflict* (1967).

ROWNTREE B.S. et G.R. LAVERS : *Poverty and the Welfare State* (1951).

RUNCIMAN Walter G. : *Relative Deprivation and Social Justice* (1966).

YOUNG Michael D. et WILLMOTT Peter (1923-2000) : *Family and Kinship in East London* (1957).

YOUNG Michael D. : *Knowledge and Control : New Directions for the Sociology of Education* (1971).

Ouvrages allemands

ADORNO Theodor W. (1903-1969) *et al.* : *De Vienne à Francfort. La querelle des sciences sociales* (1969), trad. 1979.

DAHRENDORF Ralf (1929-2009) : *Classes et conflits de classes dans la société industrielle* (1957), trad. 1972. — *Homo sociologicus* (1958).

GEIGER Theodor (1891-1952) : *Gesellschaft zwischen Pathos und Nüchternheit* (1952).

KÖNIG René (1906-1992) : *Soziologische Orientierungen* (1964). — (Éd.) : *Handbuch des empirischen Sozialforschung* (1962-1969).

SCHELSKY Helmut : *Die Skeptische Generation. Eine Soziologie der deutschen Jugend* (1957). — *Orstbestimmung der deutschen Soziologie* (1959).

ALBERONI Francesco : *Contributo allo studio dell'integrazione sociale dell'immigrato* (1960). — *Consumi e societá* (1961). — *Statu Nascenti : studi sul processi collettivi* (1968).

FERRAROTTI Franco : *Sindicalismo autonomo* (1958).

GALLI Giorgio : *Il bipartismo imperfetto : communisti a democristiani in Italia* (1967).

GALLINO Luciano : *Progresso tecnologico e evoluzione organizzativa negli stabilimenti Olivetti* (1960).

PIZZORNO Alessandro : *Communitá e razionalizzazione* (1960).

CARDOSO Fernando : *Sociologie du développement en Amérique latine* (1969).

FURTADO Celso : *Développement et sousdéveloppement* (1966).

GERMANI Gino : *Politique, société et modernisation* (1962), trad. 1972. — *Authoritarianism, NationalPopulism and Fascism* (1977).

GUNDER-FRANK André : *Capitalisme et sous-développement en Amérique latine* (1968).

STAVENHAGEN Rodolfo : *Les Classes sociales dans les sociétés agraires* (1969).

第七章
范式的爆发（1968～1991年）

　　1968年是混乱的一年，无论是西方校园让人眼花缭乱的骚乱，还是华约部队镇压"布拉格之春"。它标志着西方世界一段激烈的文化、政治和社会争议时期的开端。但相比之下，令大学青年学生和知识分子更加狂热的是马克思主义和第三世界主义思想中最激进的形式（如卡斯特罗的社会主义、中国的"文化大革命"、越南的革命战争和拉丁美洲的游击队）。在沦为"消费社会"（Baudrillard，1970）、"丰裕（abondance）社会"（Goldthorpe et al.，1968）或者"机会社会"（Blau et Duncan，1967）之后，西方文化模式已经失去了合法性，推动了人们强烈谴责一切形式的不平等和压迫（政治、经济、文化、社会、性、种族）的浪潮。

　　社会学显然无法置身事外。一开始，它就作为知识分子争论的核心部分受到质疑和动员。在美国（更确切地说，在盎格鲁—撒克逊世界）和法国各种变迁的背景下，社会学经历了一次重大的理论动荡和结构重组之后，迎来了真正的范式爆发。

第一节　新盎格鲁—撒克逊范式

20 世纪 70 年代，美国社会学的从业人员和获得的公共资助急剧增加（1970～1973 年增加了三倍，每年可达 1.2 亿美元），随后又大幅度下降。1973 年，美国社会学学会已有 20个委员会，成员数量不到 10 年增长了一倍，达到 150000 人，成为一个具有游说职能的重要机构。此外，还有大约 40 个研究各种社会问题的全国性或地区性协会，以及近 200 份社会学杂志（**73**）。这一时期的"胜利"主要是因为社会危机在前几年（1973 年的经济衰退）已达到顶峰，联邦政府对社会学机构抱有期望，希望能获得帮助。而从学生的角度来看，因为越南战争结束（加上政治抗议和文化争议运动），社会学机构变成了一种斗争工具。

社会危机也复杂化了学科危机，机构膨胀更多地暴露了分裂和内部冲突，而非发展和整合。随着帕森斯理论在美国（广义上讲，是盎格鲁－撒克逊地区）社会学霸权地位的终结，出现了许多反功能主义的范式，从而在 20 世纪 60 年代完全破坏了其合法性。

1975 年前后，联邦政府给学科经费的拨款又恢复了增长，直到里根时代再一次减少了。1982 年，为了快速应对联邦政府认为应用社会学无利可图而减少了关注带来的不利后果，社会科学协会联合会（Consortium des associations de sciences so-ciales，COSSA）宣告成立。

批判社会学

阿尔温·古尔德纳（Alwin Gouldner）在那本关于美国社会学危机的书中（Gouldner，1971）不仅运用马克思主义对帕森斯主义进行了批判，还呼吁社会学家从政治、道德、实践等层面认识帕森斯主义。从这点来看，他迎合了大众对于社会学和社会秩序的批判潮流（Birnbaum，1971），《跨行动杂志》（*Trans-Action Magazine*）多年来一直发表这类"自由主义"观点。美国一些机构（如赫曼康创办的哈德逊研究所和其他兜售"未来学"的机构）、监狱、学校、医疗系统或危害到社会学的政府政策都受到了批判和谴责，如著名的卡梅洛特－加龙省项目，原本旨在扑灭全世界的革命斗争，在众多学者抗议下才被撤销（Horowitz，1967）。"激进分子"谴责的对象还包括社会学自身及其机构和作品；在认为知识分子应承担社会政治角色的法兰克福学派批判理论意识形态背景下（Gouldner，1979），"社会学的社会学"成为重点分析的对象（Friedrichs，1970；Gouldner，1971，1976）。

符号互动论的神话

在 20 世纪 20 年代行为主义和实用主义的影响下，乔治·赫伯德·米德（George Herbert Mead）提出，社会环境对个人行为的影响取决于行动者如何解释互动产生的符号并转化为角色（如查尔斯·霍顿·库利的理论），内化之后使"主体我"（self）能够构建和控制这些互动过程。他在芝加哥大学的继任者赫伯特·布鲁默（Herbert Blumer）在 1937 年用个人主义术语提出了"符号互动论"的范式：社会现实是行动者在社会情境中构建的个人行动的总和，这种解释性行动不是基于共同和稳定的文化，而是互动过程本身——即根据其他行为者的行为。因此，社会秩序并不稳定，而是充满了偶然性：行动者永远都是主要构建者，但是没有决定权，社会秩序是互动制度化的暂时产物（Blumer, 1969）。布鲁默批判了功能主义的决定论视角，指责帕森斯在个性化和主动性方面存在不足。在他和休斯等社会学家的影响下，"芝加哥学派"焕发新生，开始在研究越轨现象等芝加哥学派传统的主题时引入个案分析（通常以参与性观察为基础）。这些学者的名字包括欧文·戈夫曼（Erving Goffman）、霍华德·贝克尔（Howard Becker）、安瑟姆·斯特劳斯（Anselm Strauss）以及哈罗德·加芬克尔（Harold Garfinkel）。20 世纪 60 年代初，这种范式一直是主流理论和经验方法的竞争对手，到 60 年代末已经在各个方面都超越了功能主义。

标签理论——由埃德温·莱默特（Edwin Lemert）（1967）提出，约瑟夫·古斯菲尔德（Joseph Gusfield）（1963）、大卫·马扎（David Matza）（1969）、阿隆·西考尔（Aaron Cicourel）（1968）亦有理论贡献，霍华德·贝克尔完成系统化（1963）。该理论认为越轨行为不是个别的违法行为，而是集体制定规范和实施过程的结果，在这个过程中，赋予了某个人（或某个群体）可以越轨的地位。这种问题导向还应用在对精神病患者（Goffman，1961）或者医院的临终病人（Glaser et Strauss，1965）的研究中，后者主要是从"职业"的视角研究贴标签的过程。

戏剧模型——加拿大学者戈夫曼在加州大学伯克利分校任教时提出一个分析互动过程的模型（Goffman，1959），根据这个模型，任何社会行动者除了扮演制度化角色之外，还会努力在他人面前打造一个自己的形象，以确保控制互动。这些策略包括身体行为（Goffman，1963b）、口头行为（Goffman，1981）和对个人身份的必要确认以免"自我"受到威胁（Goffman，1969）。一些边缘情况特别具有启发性：在避难所等"全控机构"（institutions totales）（Goffman，1961）中，戈夫曼不仅指出被监禁者能够逃脱最专制的规范，最重要的是，制度减少的异常"二次适应"（adaptations secondaires）体现了"自我"抵抗的策略；就残疾人和"正常"人的关系而言，两者都必须不断管理"虚拟"（归因）和"真实"社会身份之间的距离，以掩盖虚拟或真正的耻辱（Goffman，1963a）。行动者在面对面的互动过程中表现出冷漠和疏远的特征，其真实性和自发性被掩盖（Goffman，1967）——这种悲观的看法也许反映了 20 世纪 60 年代自由社会观念的危机（**1：233**）。

这一分析框架适用于作为资源系统的社会机构，相互作用的行动者试图通过形成战略冲突的联盟来谋求自己的利益，从而导致社会秩序的重新谈判（Goffman，1961；Glaser et Strauss，1965，1968；Strauss，1978）。这种分析框架用于分析整体社会，与功能主义理论形成了对比。后者通过行动者的文化与地位，围绕共同的价值观和规范建立一体化的社会体系：拉尔夫·特纳（Ralf Turner）的"角色理论"（Rose，1962）更好地阐明了这些行为是如何在路径化的过程中产生的。此外，这一分析框架从根本上是反实证主义的，认为社会行动除了行动之外没有其他任何意义。

"民族学方法论"思潮——这一领域的互动论范式仍然比较激进，因为符号规范本身充满了偶然性（**112**）。加芬克尔是加州大学洛杉矶分校（UCLA）的创始人之一，从舒茨（1967）在纽约的授课内容中学到了，社会现实是行动者的集体构建，尽管个人经历各有不同，但行动者默许了对世界的主观定义（Berger et Luckmann，1966）。加芬克尔被"科学"社会学和社会行动者社会学之间隐含的相似性震惊，他将民族学方法论定义为"个人赋予日常行为意义这种方法的经验论科学"（1967）。因此，对社会现实的解释不再涉及对行为的社会学"理解"，而是简化为收集关于行为者行为的报告（简而言之，是"反身性"和"描述性"的假设），即"报告之报告"（Cicourel，1964）。

这一范式指导了许多"问题"（problématiques）制度领域的经验研究，包括司法（Cicourel，1968）、教育（Cicourel et al.，1976）、医疗实践（Sudnow，1967；Turner，1974）甚至还有科学家研究领域。其中，哈维·萨克斯（Harvey Sacks）建立的"话语分析"（analyse de conversation）代表了一种特别的做法，因为语言既是构建社会秩序的工具，也是社会秩序分析的对象，因此，这项研究主要侧重于社会背景（"不可分割性"）对语言交流一致性和可理解性的影响。以认知社会学（sociologie cognitive）（Cicourel，1973）为例，它就是研究如何理解正是语言以外的解释过程（参见乔姆斯基）实现了说话者的"互动能力"。

民族学方法论革命

在业余的和专业的社会学中，提到的任何"真实世界"，即使涉及物理的或者生物的事件，都是组织化的日常生活活动。因此，与涂尔干所谓的社会事实即社会学的基本准则不同的是，我们认为在研究政策时，社会事实的客观目标是持之以恒的认知、暂时性的成就（ongoing accomplishment），而协调一致的日常生活活动——理解社会成员是如何认知、使用自己日常的和有创造性的方式完成这些活动——是社会学的基本现象。正是这样一个经验社会学的基本现象，才是民族学方法论研究的核心主题。它根据社会成员实践明显的、可报告的*目标来分析日常活动，即可观察的、可描述的和可计量的。社会现象的反身性是实际行动、实际环境、共同认知、共同常识、社会结构和实用社会学推理结合在一起的独特活动。这种反身性使得社会活动能够被发现和检验：为分析提供了可能性……

民族学方法论研究目的不在于提出或者证明调整方法的合理性。它们被讽刺并无特别的用处。虽然也被编写进社会学方法手册，但是它们绝对不是"标准"程序的补充；因为它们的本质不同。民族学方法论并非是要为实际活动提供补救办法，实际活动是比传言的更好还是更坏似乎能够被人们觉察出来。同样，我们也讨论人文主义，更不会发起或者鼓励对理论"宽容"的讨论。

*从这个意义上看，它是可报告的。

H. Garfinkel（1967）. Traduit *in*：Coll.，*Arguments ethno-méthodologiques*，Centre d'étude des mouvements sociaux（EHESS，CNRS），Paris，1985，2°éd.，p. 6，8 et 10.

尽管刘易斯·科塞（Lewis Coser）代表美国社会学学会猛烈抨击民族学方法论，但它还是美国蓬勃发展起来，传播到了东海岸、英国（Heritage，1984）、德国（在比勒费尔德大学）和法国（**112；120**）。

从社会交换理论到理性选择

由于乔治·霍曼斯（George Homans），帕森斯主义在哈佛也面临着双重挑战。其一是该理论过于系统化、普遍化，无法解释具体行动者的实际行动。其二是将该理论的局限归咎于规范体系的制度化能力无法适应各种不断变化的环境下的行为规范。因此，霍曼斯建议在受古典经济学和斯金纳（Skinner）的行为主义启发的功利性人类行为概念中寻找行为的"体制间"（infra-institutionnels）基础。他的社会交换理论（1961，1962）将社会现实简化为个人之间以利润和成本的理性计算为指导的交易：因此，社会秩序源自个人对自己回报与贡献的平衡的认可满意，"相对挫折感"（frustration relative）导致的失衡会引起社会冲突（Runciman，1966）。这种模型适用于解释组织中个人在平衡状态中的忠诚（loyauté）以及失衡状态下的背叛（退出）或者抗议（噪音）（Hirschman，1970）。彼特·布劳在研究"互惠标准"的出现时使用了"社会群体之间权力的差别分配"的术语（1964），威廉·古蒂（William Goode）（1979）则解释了威望的分配。

回归了"前社会学"（présociologiques）时期社会行动的概念（**19**），这种范式在西方世界根深蒂固，其形式包括理性选择的新功利主义理论（Heath，1976；Coleman，1990）或者方法论个人主义（O'Neill，1973），皆由行为者的偏好或限制（包括资源）来解释其行为。随着经济学和博弈理论的丰富（Schelling，1963），它们不断融入政治社会学（Buchanan et Tullock，1962）、集体行动社会学（Olson，1966；Hardin，1982）——以及受马克思主义启发的社会学（Elster，1979）。

历史社会学的复兴

在结构功能主义日渐萧条之时，社会学家不得不克服法国结构主义和分析哲学（波普尔）中的反历史主义者的离经叛道，以求解决学科开拓者们遇到的主要问题。我们可以大胆想象，促成这种回归的原因，除了马克思主义在英国的影响日隆之外，还跟过去二十多年该研究领域的财务拮据有关（Mennel，in **108**）。埃利亚斯的作品（见第五章）反映出英国社会学在"传统社会学"的个案研究方面的复兴以及长期以来在理论化进程方面的坚持不懈。在个案研究方面，相关的研究有对新英格兰殖民地的偏差行为（Erikson，1966）、旺代省的叛乱（Tilly，1964）、伦敦维多利亚时期的上流社会（Davidoff，

1973）以及 19 世纪马赛的社会流动（Sewell，1985）。不过，人们更多地支持"宏大的结构、进程和比较"（Tilly，1984）：独裁或民主的社会根源（Moore，1966）、微观不平等在社会分化伊始的协同作用（Wallerstein，1974－1980）和法国俄国中国的革命进程（Skocpol，1979）；显然，这些都是马克思主义的主要研究领域（Anderson，1974a et b）。这些复兴的首要特征就是拒绝接受历史哲学，但对集体动员现象一直有兴趣。在文化社会学和宗教社会学领域，克利福德·格尔茨（Clifford Geertz）（1973，1983）、罗伯特·贝拉（Robert Bellah）（1970；et al.，1985）和罗纳德·英格莱哈特（Ronald Ingle-hardt）（1990）等人的著作占有重要地位。

经验分析传统的蓬勃发展

新范式并不妨碍学者们沿袭最美国的传统，继续开展经验研究，根据严格的程序筛选数据并做出解释，最终形成了"中间范围"理论。这一领域涵盖的范围十分广泛，包括公共组织管理（Blau et Schoenherr，1971）、机会不平等（Jenks et al.，1972；Featherman et Hauser，1978）、英国的社会流动（Goldthor-pe，1980）、荷兰社会变革的个体效应（Gadourek，1982）、创新的传播（Rogers，1983）以及社会群体之间的关系（Blau et Schw-artz，1984）。这些研究广泛运用了统计学，尤其是因果分析的发展成果。20 世纪 70 年代，一种基于多元回归技术的多元分析模式（路径分析）大获成功，近期又普及了线性模式（*LISREL*）。但是，这种技术的成熟并不能掩盖长期以来假设的不确定性，进而导致对结果的解释也含糊不清（Abell, in **108**）。

20 世纪 80 年代末，英国社会学迅速发展。学科的制度、知识和主题等重要元素无疑构成了发展的潜在财富。现有的理论资源也没有妨碍实证研究基本上都能保证归纳性。而有太多理论性著作研究对象有限，还是一种抽象的形式主义，导致最后成果的启发性很低（Blau, 1977; Berger et Zelditch, 1985）。与此相反，实证研究人员提出的"理论"贡献往往只是概括得出的经验，难以与现有的知识整合起来——这与增量主义的信条相左，后者认为数据的积累是知识增长的首要条件（Turner, in **87**）。此外，这种对经验主义的痴迷导致了许多反常的效应：通常根据特殊的、甚至已经存在的"事实"的名义构造对其观察和分析的方法；确认研究结果的科学性和认知价值，使技术具有严谨性和复杂性；相信数学的形式化可以体现研究成果的公理性；最后——出于统计方法在制定规则中的必要性——结构现象中的个人主义原则盛行。

除了美国社会学反复出现的这些特征之外，还有必要强调下多元化的趋势，个体互动的测量不在只引用自身的程度，而是具有严格的描述性。在这种情况下，有些人认为采用新帕森斯主义是一种解决办法（Alexander, 1982 - 1984），而另一些人则试图利用这种多样性（Collins, 1975; Turner, 1988），将古典思想整合进一种广泛、综合的理论之中。如此一来应该可以克服宏观社会学和微观社会学、结构性观点和约束性观点、行动者和主观性之间贫乏、虚假的对立（**1**）。英国学者安东尼·吉登斯（Athony Giddens）的著作（1979，1984）试图在美国读者之中建立起一个从民族学方法论到马克思主义的统一体（continuum），就与上述的认知密切相关。

美国社会学协会"生气了"

路径分析方法很快在社会学中得到大范围运用，因为它提供了比以前更精确的测量技术手段；另外，使用民族学方法论的学者逐渐减少，主要是一些极具人格魅力的学术领袖及其信徒。在路径分析方法中，信息通过社会学家采用的个人和非个人的各种信息网络广泛传播开来，而民族学方法论开发了专门的传播代码，确保对限定受访对象的访问效果。这两种方法有一个共同点，就是方法过于泛滥，会影响真正的理论。路径分析会纵容对一些重要的调查领域的忽视，尽管会提高其他一些领域调查的精确性，这点对有些领域非常重要，但对另一些领域无足轻重。民族学方法论擅长描述，在理论和认知类别方面较为欠缺，并且刻意回避解决大多数目标，而这些正是自孔德以来社会学的核心目标。在这两种情况下，我认为方法论问题导致社会的意义和实质被忽视。归根到底，社会学学科取决于是否真正有能力阐释周边的社会结构以及生活过程的主要条件。如果我们忽视这项重要的任务，回避这些问题，就会背离我们的使命，学派林立，专业研究人员一盘散沙，他们将对这些问题知之甚少。

——L. Coser, "Presidential address : two methods in search of substance", *American Sociological Review*, 40 (6), 1975, pp. 691 – 700.

第二节　法国社会学两难的困境

1968年5月事件爆发时，法国正处在一个经济增长、社会重构和行政管理组织机构墨守成规的时期。人们表现出集体反抗统治的强烈情绪和异化，似乎"行动者与制度不再匹配"（Touraine，in **48**）。社会学又爆发了另一场危机，对社会危机的解释从根本上说是制度的本质和行动者的行为等相关概念以及两者之间的关系。

扩展和分化的过程

在这种情况下，社会学研究中心已经不可能统一，团队开始各自为战。在经历了起起落落之后，1986年它最终被并入联盟制的现代社会研究所（Institut de recherche sur les sociétés contemporaines，IRESCO）。

同时，得益于出现了大量受过专业系统训练的研究人员（十多年来，大学课程的存在赋予公众越来越大的成功，不可否认，时至今日国家机构的能力仍然相对薄弱）以及政府的研究合同政策（特别是在规划和城市化领域）。国家科学研究中心、各大学以及社会科学高等研究院（1973年与高等研究实践学院分离）的实验室和设备得到成倍的扩充（**59**）。他们的研究不再局限于一个特定的主题，而往往围绕一个特定问题（**51**）。

社会学学科的研究领域扩展到消费（Baudrillard，1970）、文化、边缘化（Labbens，1978；Schnapper，1981）、抗议（Labbens，1978；Schnapper，1981）等新形式，其理论思维也变得多样化。然后，科学领域想要获得资助并不如意，即使知识和出版市场已经有了一定的社会声誉。比如，20世纪70年代被称为"书的世纪"（**51：283**），社会学广受公众青睐，显然更多是受其主题和表达方式吸引，而非附加的认知价值和严谨的方法。

之后的20年，高等教育机构及其提供的知识训练（博士，硕士）日趋多样化，同时也面临着信息和通信等新专业的竞争。研究部（Le ministère de la Recherche，1981年取代科学和技术研究总代表团）通过为国家科学研究中心辅助人员颁发证书的形式，加强了对研究的控制，取代了以往的合同政策和直接干预政策。国家科学研究中心拥有的研究人员超过大学，民族学除外，人文学科和社会科学部门的人数大致相同。国家权力下放刺激了需求的多样化，促进了对一些尖锐社会问题的研究：社会政策（Maurice et al.，1982；Guillemard，1986；Chazel，1987）、移民（Taboada-Leonetti，1987；Tripier，1990）、青年人的偏差行为（Dubet，1987）、教育（Cherkaoui，1982）、贫困不稳定和排斥（Gruel et al.，1984）等等。与此同时，一些传统的领域也出现了重大发展，如社会分层（Verret，1979；Gresle，1981；Boltanski，1982；Thelot，1982；Lavau et al.，1983；Bidou，1984）、家庭（Pitrou，1978；Segalen，1981；de Singly，1987；Roussel，1989）和艺术（Moulin，1992）。

到20世纪80年代，法国大约有1500名社会学家，分布在教育（已经扩大到高中以及卫生、社会工作、建筑等领域的培训）、政策研究和培养"就业人员"（企业、政府以及越来越多的专门机构）等行业（Sainsaulieu，in **56**；**73**，**143**）。

然而，在法国知识界日益强大的时代背景下，社会学却遭遇了相对的排斥，部分原因在于社会学失去了将它作为思维辩论工具（拜"新哲学"所赐？）和社会自我分析（从历史和人类学角度）的文化受众。由于投机派和印象派的"论文主义"（在社会风气的助长下长期盛行）和"专业人员的短视"（过度描述和例行公事以在政治上谄媚），解释社会学（即理论和经验上的传授）的路越来越窄（**39**）。

行动者社会学的衰落与复苏

20世纪70年代，法国结构主义学派经历了兴起与衰亡。这一学派曾短暂地主宰了法国，至少从其世界性的表现形式和理论方向上，在之后的十年里仍然受到肯定。但随着结构主义意识形态形式的坍塌，法国结构主义学派在20世纪70年代末迅速消亡，无疑是被其思想闭环和政治生活（如左派上台）产生的新视角破坏。在这种情况下，人们对于历时性、行动和地域性的兴趣在决定论普遍不受信任的背景下死灰复燃，而对于理论争论的意识形态背景（仍然比较脆弱）则更加谨慎（**39**）。

从那时起，四种范式构成了社会学的核心内容（**101**）。四种范式都明确地重新引入了行动者，只是在分析中赋予行动者不同的地位。在这个准连续体的一端，布尔迪厄将其视为"行动者"，在另一端是雷蒙·布东的社会"原子"，两者之间则是克罗齐耶的制度博弈"策略"。至于图雷纳，他和布尔迪厄都关注行动者在统治关系引起的冲突中的状态，而在克罗齐耶看来，集体行动者会意识到自身的利益和计划，但是这种行动者可以起到转变秩序的作用，超越了布尔迪厄定义的"行动者"和克罗齐耶定义的"谈判者"角色。

遗传结构主义——针对环境结构主义的机械决定论，布尔迪厄试图提出社会结构是个人行为的结果，同时个人行为又会复制社会结构。

从这个视角来看，"惯习"（habitus）的作用十分重要：它是指个人通过社会化领悟到的或者被灌输的，以及在无数带有自发性和错觉的社会实践中根据当时的状态所生成的稳定的体系（Bourdieu，1964，1980）。社会关系再生产和维持有了更好的保障，因为借用意识形态话语（"符号暴力"）的幌子灌输阶级专制，会得到行动者的积极响应，从而掩盖社会统治和社会关系的不平等。从这个角度看，教育体系在社会秩序的再生产和合法化中的作用显然是决定性的（Bourdieu et Passeron，1964，1970；Bourdieu，1989）。在引发的冲突中——阶级之间或者科学、政治等某个特定的领域，行动者获取或者保有各种不同的"资本"（经济的、大众文化的、政治的、符号的）作为支配手段，根据特定的情况来更新惯习，从而调整其"战略"（不一定是有意识的或理性的）。

法国结构主义学派的史诗

近三十年来，法国社会学中的一种研究范式就是将人文科学中的结构主义融入马克思主义之中（列维－斯特劳斯、拉康、巴特）。其中，哲学家路易·阿尔都塞（Louis Althusser）的作用居功至伟；在那本关于马克思的著作中（Althusser, 1965），他提出了"认识论断裂"（rupture épistémologique），以社会经济结构的主流视角分析一种理想主义哲学：在资本主义社会，个人不是历史的主体，也不是其亲属关系联盟的主宰。他们只是"结构"的"支架"，只会在再生产和转化的自动过程中更新其个体行为。唯一还能做的就是谴责一个基本上不可以谈判的程序（Foucault, 1975）。这一模式催生了一系列有争议的成果，其中包括优先研究国家和政治（Poulantzas, 1970）、社会阶级（Poulantzas, 1974; Bertaux, 1977）、学术体系（Baudelot et Establet, 1971）以及城市化（Castells, 1972）。他们都认同在资产阶级国家的统治（包括经济的、政治的或者意识形态等方面）中，阶级结构控制着已有的"设备"（appareils）对统治结构的再生产过程。这一思想框架在 20 世纪 80 年代的英国和拉丁美洲仍然占有一席之地。

优先研究文化的态度和习俗（Bourdieu, 1979; Bourdieu et al., 1965, 1966），这一策略可以控制符号资本，赋予其他人社会效益。这一范式从相当严格的决定论演变为更具"战略性"的社会行动理论（Bourdieu, 1987; Boltanski, 1982; Dobry, 1986），自 1975 年起得到《社会科学研究行动》（*Actes de la recherche en sciences sociales*）支持因而兴起。其广受国内外欢迎之处在于系统性的特征和社会批评的作用。

行动主义——由于深信后工业社会（Touraine，1969）的特征是具备自我行动的能力，阿兰·图雷纳（社会科学高等学院院长）认为社会学应研究社会行动而不仅仅是其决定性因素（Touraine，1965）。因此，"社会生产"自身（Touraine，1973）以及构建行动能力的过程（"历史主义体系"）便成为核心问题。

历史性对社会实践的支配（"历史行动体系"）取决于现实认知模式的功能，生产的积累和投资过程，以及社会如何看待文化模式的创造性。对这三个维度的掌握，不仅体现在经济资本所有权上，而且涉及阶级冲突的群体，要比历史主义的集体行为者更加具体。在"有计划"的社会里，科学和技术知识的积累已成为占主导地位的文化模式，正是这种模式的社会和政治控制构成了冲突的主要利害关系，既非捍卫经济利益，也非统治阶级对历史的挑战。图雷纳及其合作者在研究现代社会运动时（Touraine，1978，1980，1981），不再把阶级行动者作为一个整体（Touraine，1984），而是考察个体行动者的聚合，承认他们的共同特性在于意识到对自我文化模式的反抗。

"社会学干预"研究起初在社会运动研究中心（Centre d'étude des mouvements sociaux）（1970年）开展。从1979年开始，改由社会学分析和干预中心（Centre d'analyse et d'interven-tion sociologique，CADIS）继续进行。这种分析方

法旨在使行动者能够识别其社会实践的含义，并提高集体行动的能力（Touraine，1978）。

战略模式——在研究政府和产业的组织运行（Crozier，1963，1965，1974）和目睹组织对于社会生活的影响日益增大之后，米歇尔·克罗齐耶（他领导的实验室是国家科学研究中心最大的人文科学实验室之一）提出了一种从体系与行动者之间的关系来考察社会现象的范式（Crozier et Friedberg，1977），即从组织社会学转向"有组织的行动"社会学。

事实上，最正式的社会规范和社会角色也从未完全决定个人行为：最官僚化的组织都存在对于行动者而言的"不确定领域"（zones d'incertitudes），这是维持或增加其利益的所有权力来源。与功能主义或结构主义概念相反，"有组织的行动"社会学将任何组织（更笼统地说，即"具体行动系统"）描述为由其参与者的"战略"产生的"社会结构"，并且这种方式是一种基于系统性的而非线性的因果关系的"偶然"（contingente）。这些战略不一定是明智的或理性的，而是取决于行动者自认为拥有的资源和限制，以及实现的目标或将规则转化为优势；因此，"博弈"模型似乎最适合用于行动分析。权力关系之间（以及权力产生）的冲突源于博弈条件的"稀缺性"（limité）特质——无论是行动者的相互依存关系、行为的合理性，还是组织目标承认的合法性。

作为对官僚组织及其产生的"恶性循环"（cercles vicieux）

的批判性分析，克罗齐耶的方法已经扩展到对整个社会的分析
（Crozier，1970，1979，1980，1987），以确认集体创新能力的
"阻碍"（blocages）因素及其发展条件（Gremion，1976；Sainsaulieu，1977；Dupuy et Thoenig，1983；Reynaud，1989）。

个人主义方法论——这一范式被雷蒙·布东（索邦大学教授和研究员）（1979；Boudon et Bourricaud，1982）用方程式 $M = M\{m[S(M')]\}$ 来描述：社会现象 M 是个体行动 m 的聚合函数，而 m 取决于参与者的认知状态 S 的结构，也受到宏观社会数据 M' 的影响。

因此，布东坚决反对整体论和决定论的传统。他认为，社会学解释意味着"有意识的"（intentionnels）行为者在互动状态下的理性，这种互动结构（其角色通常让位给个人战略）可以是功能性的制度，也可以是"相互依存"（interdépendance）的制度。后者在社会生活中很常见，在其互动事实的进行中，每个行动者的行为必须考虑到对他人行为的影响后果（"囚徒困境"），合理性非常有限。因此会出现反常的、意外的或违背个人期望的聚集效应（Boudon，1977），各种社会现象中都有例子，其中教育和社会机会的不平等成为布东优先研究的问题（Boudon，1973），之后将这一范式应用于研究社会变迁（Boudon，1984）。

这种范式与英国的理性选择模式密切相关，对 20 世纪 80 年代的政治社会学产生了影响（Birnbaum et Leca，1986；Chazel，1993）。

在"法国社会学的四个角落里"

就社会学学科的关键点而言（Touraine, in **48**），主要的区别在于理论假设、概念、方法和初始的研究领域。这既是事实上的分工，也是观点上的差异，甚至是社会哲学上的差异，就连学科先辈的类别也做这样的区分。涂尔干的衣钵被布尔迪厄"充满活力"的结构主义所承袭，而马克思的社会学后世传承为马克思主义主导的社会学，更准确地说是图雷纳的冲突社会学。韦伯谈到了这两种情况：他奠定了第一种情况的合法性理论，又从理论上指出了第二种情况的文化方向；克罗齐耶完善了官僚主义批判性理论的材料，布东认真探讨了国内盛行的个体主义以及英国盛行的唯名论的本质和"理解"的方法。此外，从"个人主义方法论"看来，认为塔尔德反对社会学，涂尔干践行"理解"方法的行为不太光彩，帕累托仅凭直觉来推断"堕落"效应，同时主张公正对待齐美尔的形式主义。从法国社会学角度来看，这一切不正反映出学科极强的开放性，甚至经过历史积淀之后呈现出的一种进步性？

说起"学派"实际上的影响力，其在20世纪最后三分之一的时间内的研究工作或多或少都与以上范式中的一种直接相关，而且参与了这些范式的讨论。从这方面看，法国社会学的整体性要强于英国社会学，但是它在范式层面支离破碎，且在理论阐释和经验方法上存在严重的二元性。此外，它还四分五裂，门户林立，其个性、密度和多元性在相关文献中都没有得到公正的展示（**101**，**48**，**56**）。

第三节　其他地方

从观察美国和法国的总体趋势可以管窥该学科在主要国家的演变：制度化的发展和分化、参照理论的多元化以及应用研究的"常规化"（routinisation）。社会学行业的命运较之以前似乎更加紧密地捆绑在一起，宛如西方社会。

尽管经历的危机具有相似性，但是各国的表现却大不相同。在英国，社会学的地位依旧，制度化成果不容忽视，也存在一定的争议，但人们还是接受和运用了所有的理论表达方式——在法国仍然显得无关紧要的社会学整合在这里看到了希望（Giddens，1984）；在爱丁堡诞生了一个"新"的、激进的科学社会学（Bloor，1976），预期会产生巨大的国际影响（**117**）。在德国，社会哲学上的潜在对立加剧了理论上的冲突（**79**），社会学学科仍然保留着较强的区域性，与主要的（例如荷兰的）实证主义传统、马克思主义和现象学分庭抗礼（Albert，1987）；然而，像于尔根·哈贝马斯（Jürgen Habermas）这位"法兰克福学派"的继承者［他与新帕森斯主义者卢曼（1984）的辩论声名远播］放弃了新马克思主义对"工具理性"的批判，尽可能在各位古典社会学家之间寻找有关主体间沟通的语言基础，作为社会行动的前提（Habermas，1981）。在这段时期，一种"焦虑和怀疑的社会学"（sociologie de l'inquiétude et du doute）（Vincent，in **80**：**282**）兴起，引发乌尔里希·贝克（1986）思考构建现代社会中的风险维度。在意大利，社会学的地位得到了承认，开展了相关教学，研究的主题也与本国的政治发展以及经济和社会问题密切相关（Alberoni，1977；Ferrarotti，1971；Melucci，1974），并且马克思的指导方法占据主导位置（Pizzorno，1978）。

本章参考文献

Ouvrages nord-américains

ALEXANDER Jeffrey C. : *Theoretical Logic in Sociology* (1982-1984), 4 vol. — Et GIESEN Bernard, MÜNCH Richard et SMELSER Neil J. (éd.) : *The Micro-Macro Link* (1987).

BECKER Howard S. (né en 1928) : *Outsiders : études en sociologie de la déviance* (1963), trad. 1985. — *Les Mondes de l'art* (1984), trad. 1988.

BELLAH Robert N. : *Beyond Belief* (1970). — Et al. : *Habits of Heart* (1985).

BERGER Joseph et ZELDITCH Morris Jr. : *Status, Rewards and Influence* (1985).

BERGER Peter L. et LUCKMANN Thomas : *La Construction sociale de la réalité* (1966), trad. 1986.

BIRNBAUM Norman : *Toward a Critical Sociology* (1971).

BLAU Peter M. (1918-2002) : *Exchange and Power in Social Life* (1964). — *Inequality and Heterogeneity, a Primitive Theory of Social Structure* (1977). — Et SCHOENHERR P.A. : *The Structure of Organizations* (1971). — Et SCHWARTZ J.E. : *Crosscutting Social Circles : Testing a Macrostructural Theory of Intergroup Relations* (1984).

BLUMER Herbert : *Symbolic Interactionism : Perspective and Method* (1969).

BUCHANAN James M. et TULLOCK Gordon : *The Calculus of Consent : Logical Foundation of Constitutional Democracy* (1962).

CICOUREL Aaron V. : *Method and Measurement in Sociology* (1964). — *The Social Organization of Juvenile Justice* (1968). — *La Sociologie cognitive* (1973), trad. 1979. — Et al. : *Language Use and School Performance* (1976).

COLEMAN James S. : *Foundations of Social Theory* (1990).

COLLINS Randall : *Conflict Sociology : Towards an Explanatory Science* (1975). — *Three Sociological Traditions* (1985).

CRESSEY Donald et WARD David (éd.) : *Crime and Social Process* (1969).

ERIKSON Kai T. : *Waywards Puritans* (1966).

FEATHERMAN David L. et Robert M. HAUSER : *Opportunity and Change* (1978).

FRIEDRICHS Robert W. : *A Sociology of Sociology* (1970).

GARFINKEL Harold (1917-1987) : *Recherches en ethnométhodologie* (1967), trad. 2007.

GEERTZ Clifford : *The Interpretation of Cultures* (1973). — *Local Knowledge* (1983).

GLASER Barney G. et STRAUSS Anselm L. :
Awareness of Dying (1965). — *La
Découverte de la théorie ancrée* (1967),
trad. 2010. — *Time for Dying* (1968).

GOFFMAN Erwing (1922-1982) : *La
Mise en scène de la vie quotidienne*
(1959), trad. 1973. — *Asiles* (1961),
trad. 1968. — *Stigmate. Les usages
sociaux des handicaps* (1963a), trad.
1975. — *Behaviour in Public Places*
(1963b). — *Les Rites d'interaction*
(1967), trad. 1974. — *Strategic Inter-
action* (1969). — *Les Relations en
public* (1971), trad. 1973. — *Les
Cadres de l'expérience* (1974), trad.
1991. — *Façons de parler* (1981),
trad. 1987.

GOODE William : *The Celebration of
Heros : Prestige as a Social Control
System* (1979).

GOULDNER Alvin W. (1920-1980) : *The
Coming Crisis of Western Sociology*
(1971). — *The Dialectic of Ideology
and Technology* (1976). — *The Future
of Intellectuals and the Rise of the
New Class* (1979). — *Against Frag-
mentation : The Origins of Marxism
and the Sociology of Intellectuals*
(1985), posthume.

GUSFIELD Joseph : *Symbolic Crusade :
Status Politics and the American
Temperance Movement* (1963).

HAAN N., BELLAH R.N., RABINOV P. et
SULLIVAN W.M. (éd.) : *Social Science
as Moral Enquiry* (1983).

HARDIN Russell : *Collective Action* (1982).

HIRSCHMAN Albert O. : *Face au déclin des
entreprises et des institutions* (1970),
trad. 1972.

HOMANS George C. (1918-1989) : *Social
Behaviour : its Elementary Forms*
(1961). — *Sentiments and Activities*
(1962).

HOROWITZ Irving L. : *The Rise and Fall
of Project Camelot* (1967).

HUGHES Everett C. (1897-1983) :
Le Regard sociologique (1971),
trad. 1997.

INGLEHARDT Ronald : *La Transition cultu-
relle dans les sociétés industrielles
avancées* (1990), trad. 1993.

JENKS Christopher : *Rethinking Social
Policy. Race, Poverty, and the Under-
class* (1992). — *Et al. : L'Inégalité.
L'influence de la famille et de l'école
en Amérique* (1972), trad. 1979.

LEMERT Edwin M. : *Human Deviance,
Social Problems and Social Control*
(1967).

MATZA David : *Becoming Deviant* (1969).

MOORE Barrington Jr. (1913-2005) : *Les
Origines sociales de la dictature et
de la démocratie* (1966), trad. 1969.

ROGERS E.M. : *Diffusion of Innovations*
(1983).

ROSE Arnold M. (éd.) : *Human Behavior
and Social Processes* (1962).

SCHELLING Thomas C. : *Stratégie du
conflit* (1963), trad. 1986. — *La
Tyrannie des petites décisions* (1978),
trad. 1979.

SCHUTZ Alfred (1899-1959) : *Le Cher-
cheur et la vie quotidienne* (1967),
posthume, trad. 1987.

SEWELL William H. Jr. : *Structure and
Mobility : The Men and Women of
Marseille* (1985).

SKOCPOL Theda : *État et révolution sociale*
(1979), trad. 1984.

STRAUSS Anselm L. : *Negociations.
Varieties, Contexts, Processes and
Social Order* (1978).

STRYKER Sheldon : *Symbolic Interac-
tionism* (1980).

SUDNOW David : *Passing on : The
Social Organization of Dying* (1967).
— (Éd.) : *Studies in Interaction*
(1972).

TILLY Charles : *La Vendée : Révolution et
Contre-Révolution* (1964), trad. 1970.

— *From Mobilization to Revolution* (1978). — *Big Structures, Large Processes, Huge Comparisons* (1984).

TURNER Jonathan H. : *A Theory of Social Interaction* (1988).

TURNER Roy (éd.) : *Ethnomethodology* (1974).

WALLERSTEIN Immanuel : *Le Système du monde du XVᵉ siècle à nos jours* (1974-1980), 2 vol., trad. 1980-1984.

WILSON William J. : *The Truly Disadvantaged* (1987).

Ouvrages français

ADAM Gérard et REYNAUD Jean-Daniel : *Conflits du travail et changement social* (1978).

ALTHUSSER Louis (1918-1990) : *Pour Marx* (1965).

BAUDELOT Christian et ESTABLET Roger : *L'École capitaliste en France* (1971).

BAUDRILLARD Jean (1929-2007) : *La Société de consommation* (1970).

BERTAUX Daniel : *Destins personnels et structure de classe* (1977).

BIDOU Catherine : *Les Aventuriers du quotidien. Essai sur les nouvelles classes moyennes* (1984).

BIRNBAUM Pierre et LECA Jean (éd.) : *Sur l'individualisme* (1986).

BOLTANSKI Luc : *Les Cadres : la formation d'un groupe social* (1982).

BOUDON Raymond (1934-2013) : *L'Inégalité des chances. La mobilité sociale dans les sociétés industrielles* (1973). — *Effets pervers et ordre social* (1977). — *La Logique du social* (1979). — *La Place du désordre. Critique des théories du changement social* (1984). — *L'Idéologie* (1986). — *L'Art de se persuader* (1990). — Et BOURRICAUD François : *Dictionnaire critique de la sociologie* (1982).

BOURDIEU Pierre (1930-2002) : *La Distinction* (1979). — *Questions de sociologie* (1980a). — *Le Sens pratique* (1980b). — *Ce que parler veut dire* (1982). — *Homo academicus* (1984). — *Choses dites* (1987). — *La Noblesse d'État : grandes écoles et esprit de corps* (1989). — Et PASSERON Jean-Claude : *La Reproduction* (1970).

CASTELLS Manuel : *La Question urbaine* (1972).

CHAZEL François (éd.) : *Pratiques culturelles et politiques de la culture* (1987). — *Action collective et mouvements sociaux* (1993).

CHERKAOUI Mohamed : *Les Changements du système éducatif en France (1950-1980)* (1982).

CROZIER Michel (1922-2013) : *La Société bloquée* (1970). — *Où va l'administration française ?* (1974). — *On ne change pas la société par décret* (1979). — *Le Mal américain* (1980). — *État modeste, État moderne : stratégie pour un autre changement* (1987). — Et FRIEDBERG Erhard : *L'Acteur et le système* (1977).

DOBRY Michel : *Sociologie des crises politiques* (1986).

DUBET François : *La Galère : jeunes en survie* (1987).

DUPUY François et THOENIG Jean-Claude : *Sociologie de l'administration française* (1983).

DURAND Claude : *Le Travail enchaîné, organisation du travail et domination sociale* (1978). — *Chômage et violence* (1981).

FOUCAULT Michel (1926-1984) : *Surveiller et punir : naissance de la prison* (1975).

GREMION Pierre : *Le Pouvoir périphérique : bureaucrates et notables dans le système politique français* (1976).

GRESLE François : *L'Univers de la boutique* (1981).

GRUEL Louis *et al.* : *Conjurer l'exclusion ; sur quelques formes urbaines de résistance à la disqualification sociale* (1984).

GUILLEMARD Anne-Marie : *Le Déclin du social : formation et crise des politiques de la vieillesse* (1986).

LABBENS Jean : *Sociologie de la pauvreté, le tiers monde et le quart monde* (1978).

LAUTMAN Jacques et MENDRAS Henri (éd.) : *L'Esprit des lieux. Localités et changement social en France* (1986).

LAVAU Gérard, GRUNBERG Gérard, MAYER Nona *et al.* : *L'Univers politique des classes moyennes* (1983).

MAFFESOLI Michel : *La Connaissance ordinaire. Précis de sociologie compréhensive* (1985).

MANN Patrice : *L'Action collective* (1991).

MAURICE Marc, SELLIER François et SILVESTRE Jean-Jacques : *Politique d'éducation et organisation industrielle en France et en Allemagne* (1982).

MOULIN Raymonde : *L'Artiste, l'institution et le marché* (1992).

PITROU Agnès : *Vivre sans famille ? Les solidarités familiales dans le monde d'aujourd'hui* (1978).

POULANTZAS Nicos (1936-1979) : *Pouvoir politique et classes sociales* (1970). — *Les Classes sociales dans le capitalisme d'aujourd'hui* (1974).

REYNAUD Jean-Daniel : *Les Règles du jeu. L'action collective et la régulation sociale* (1989).

ROUSSEL Louis : *La Famille incertaine* (1989).

SAINSAULIEU Renaud (1935-2002) : *L'Identité au travail* (1977).

SCHNAPPER Dominique : *L'Épreuve du chômage* (1981).

SEGALEN Martine : *Sociologie de la famille* (1981).

SELLIER François : *La Confrontation sociale en France. 1936-1981* (1984).

SINGLY François DE : *Fortune et infortune de la femme mariée* (1987).

TABOADA-LEONETTI Isabelle : *Les Immigrés des beaux quartiers* (1987).

THELOT Claude : *Tel père, tel fils ? Position sociale et origine familiale* (1982).

TOURAINE Alain (né en 1925) : *La Société post-industrielle* (1969). — *Production de la société* (1973). — *Pour la sociologie* (1974). — *La Voix et le regard* (1978). — *Le Retour de l'acteur : essai de sociologie* (1984). — *Et al.* : *Luttes étudiantes* (1978). — *La Prophétie anti-nucléaire* (1980). — Et DUBET *et al.* : *Le Pays contre l'État : luttes occitanes* (1981). — Et WIEVORKA Michel et DUBET François : *Le Mouvement ouvrier* (1984).

TRIPIER Maryse : *L'Immigration dans la classe ouvrière en France* (1990).

VERRET Michel : *L'Ouvrier français* (1979).

Autres ouvrages européens

ALBERONI Francesco : *Movimento e istituzioni* (1977).

ALBERT Hans : *La Sociologie critique en question* (1987).

ANDERSON Perry : *Passages from Antiquity to Feodalism* (1974a). — *Lineages of the Absolutes States* (1974b).

BECK Ulrich : *La Société du risque. Sur la voie d'une autre modernité* (1986), trad. 2003.

BLOOR David : *Knowledge and Social Imagery* (1976).

DAVIDOFF Leonore : *The Best Circles* (1973).

ELSTER Jon : *Le Laboureur et ses enfants* (1979), trad. part. 1987. — *Theory and Society* (1982).

FERRAROTTI Franco : *Roma da Capitale a periferia* (1971).

GADOUREK I. : *Social Change as Redefinition of Roles* (1982).

GIDDENS Anthony (né en 1938) : *Central Problems in Social Theory : Action, Structure and Contradiction in Social Analysis* (1979). — *La Constitution de la société* (1984), trad. 1987.

GOLDTHORPE John (né en 1935) : *Social Mobility and Class Structure in Modern Britain* (1980).

HABERMAS Jürgen (né en 1929) : *Théorie de l'agir communicationnel* (1981), trad. 1987. — Et LUHMANN Niklas : *Theorie der Gesellschaft oder Sozialtechnologie* (1971).

HEATH Anthony : *Rational Choice and Social Exchange* (1976).

HERITAGE John : *Garfinkel and Ethnomethodology* (1984).

LATOUR Bruno, WOOLGAR Steve : *La Vie de laboratoire* (1979), trad. 1988.

LUHMANN Niklas (1927-1998) : *Soziale Systeme* (1984).

MELUCCI Alberto : *Lotte sociali e mutamento* (1974).

OLSON Mancur : *Logique de l'action collective* (1966), trad. 1978.

O'NEILL John (éd.) : *Modes of Individualism and Collectivism* (1973).

PIZZORNO Alessandro (éd.) : *Lotte operaie e sindicato en Italia. 1968-1972* (1978).

RUNCIMAN W.G. : *Relative Deprivation and Social Justice* (1966).

第八章
社会学分化？多元学科的
当代动力（1991～2015年）

　　1991 年苏联解体带来地缘政治的不确定性、意识形态的重构和西欧社会的未来的新问题。共产主义在西欧政治舞台上的地位和马克思主义在知识领域的地位都遭受了新的质疑，与此同时，东欧社会也面临着转型的考验。这一历史性事件也终结了 20 世纪塑造了想象力和冲突结构的伟大叙事。尽管一般的历史变革与社会科学的演变之间并没有必然联系，但社会学也进入了一个怀疑的时代。

　　《还有社会学吗？》（Boudon，2003），《社会学的未来在哪里？》（Spurk，2006），《社会学是干什么用的？》（Lahire，2002），《社会学到底有什么用？》（Dubet，2011）。2000 年以后，一些书反映了对社会学性质、功能和演变的关切，2001年底爆发的泰西埃事件（affaire Teissier）警醒社会学家应该集体决定专业规则和社会学知识特征。

从 20 世纪 90 年代初以来，社会学加强了在社会效用方面的相关性。于是开始了社会学的专业化进程（Piriou，1999）（**49**），许多课程都教授社会学内容（大学工艺研究所、社会工作学院、教育科学、医学、工程师学院等），研究生和教师的数量增多，国内和国际的协会活动更加活跃（**54：169 - 175**）。尽管如此，社会学家对此背景下的学科前途仍持怀疑和保留的态度，因为该学科可能会出现分化。在过去的 25 年里，专业化程度日益提高，学科成员之间泾渭分明，故步自封，不再关心重大社会问题，也不再对话交流，而是自说自话。理论方面的扩散，特别是在法国，也会助长学派之间的争论和研究人员之间的新隔阂。也有人对这些顾虑不以为然，他们认为应该扩大科学研究之间的分工，而且这种分工应该更加严格。

泰西埃事件

2001 年 4 月 7 日星期六，伊丽莎白·汉塞曼·泰西埃女士（Elizabeth Hanselmann-Teissier，公众称之为伊丽莎白·泰西埃）在米歇尔·玛菲索里（Michel Maffesoli）的指导下，向巴黎五大提交了一份社会学论文（题为《矛盾之谜的占星术/后现代社会排斥的认识论现状》），答辩委员会给予的评价为"非常优秀"（Très honorable）。

伊丽莎白·泰西埃的社会学博士学位论文引发了相当大的争议，2001 年 4 月，在让·克劳德·佩克尔（Jean-Claude Pecker，天体物理学家，研究员，法兰西公学院荣誉教授）和让·奥杜兹（Jean Audouze，天体物理学家，探索宫的院长）

的提议下，成立了一个复议委员会，我就是其中的成员之一。这位博士候选人的辩护人立即公开表示愤慨，因为首先提出批评的那一批人并没有阅读过这篇论文。她甚至指责那些公开谴责学术程序功能障碍的人缺乏必需的最低限度的严肃性。

对于那些没有阅读过论文的人来说有必要花时间去读。首先，决定权应该交由社会学家，因为这是一篇社会学论文，其导师是一位社会学教授，进行评估的评审专家团队也主要由社会学家组成。

没有掌握社会学家的技能，怎么能成为社会学博士呢？这种质疑看起来比较具有挑衅性。然而，对这篇"非学术性的论文"（non-thèse）进行严格详细的审查，不幸地导致一个看似可笑的问题得到肯定的回答。从中发展出社会学的文本应该是什么样、采取什么样的角度以及哪些不属于社会学。因此从这个角度看，伊丽莎白·泰西埃的论文至少已经表明什么不是社会学，同时，也解释了判断社会学科学工作的标准。

——Lahire Bernard, «Un astrologue sur la planète des sociologues ou comment devenir docteur en sociologie sans posséder le métier de sociologue ? », [*L'Esprit sociologique*, La Découverte, Paris, 2005, pp. 351 – 387]

我们将看到，社会学的特点当然是专业化和多种理论并存，且或多或少具有一定的区域性。虽然社会学的演变可以理解为学科内部划定边界的过程，但它也必须与一个平行的过程相联系，这个过程就是要消除以前存在的某些边界：即社会学与其他社会科学的学科边界，或者在某一个国家领土范围内对社会学家进行全部分析的地理边界。因此，苏联的解体和全球化现象为日益"全面"的社会学开辟了新的前景。

第一节 以前动力的延长

最重要的专业化

社会学的一大特点就是专业化水平不断提高。社会学家越来越倾向于视社会学为一个排他性的领域。这一原则正是大型专业化组织的工作基础。例如，2011 年，美国社会学协会由51 个分会组成，共有14000 名社会学家（**64：10**）。法国社会学协会共有13000 名成员，分为50 个左右的分会，这些分会网络的名称分别为"知识和专家社会学""性社会学""科学和技术社会学""管理社会学""社团社会学""环境和风险社会学""视觉与电影社会学"等。专业职位招聘时也往往采用这些分类重新对学科进行划分，导致社会学家往往根据专业领域来自我定位。

在社会学异常活跃的过程中，专业领域的问题和研究方法也在不断深化。安吉拉·克里斯汀（Angèle Christin）和艾蒂安·奥莉安（Étienne Ollion）建议用理论专题而不是理论运动来描述美国社会学的最新进展。事实上，当前的社会学学科围绕着经济社会学、组织社会学、城市社会学、文化社会学、政治和社会运动社会学以及法律社会学等主要领域来开展。另外家庭社会学和性社会学在美国社会学中也很重要（**68**）。这些领域围绕科学争议的问题开展研究，成果丰硕，远远超出了美国社会学的界限，并且至少很大一部分圈定了国际学术讨论的特征。例如，经济社会学的一个显著特点就是围绕格兰诺维特（Granovetter）提出的理论开展讨论，这一理论的基础是社会资本理论的发展（Portes，1998；Burt，2005），相关的实证工作遍及许多领域——高科技园区（Saxenian，1994）或纽约的女性贷款行业。相关批评也为以前很少探索的领域提供新研究视角，如维维安娜·泽利泽（Viviana Zelizer）对金钱（Zelizer，1997）或者照料工作（Zelizer，2005）的社会意义的思考。从 20 世纪 80 年代以来，文化社会学取得了显著发展。值得一提的是，布尔迪厄（1979）有关社会群体的区分和划界的策略在美国有重大影响。根据对美国文化习俗的调查，理查德·彼得森（Peterson et Kern，1996）提出了"单一/普遍主义"（omnivorisme/univorisme）模式，取得了世界性的成功。他指出，只有少数上层阶级会消费合法的音乐流派，而且一般来说，这个群体并不局限于合法的做法：事实上，上层阶级的音乐品位比不上他们对古典音乐和歌剧的熟悉程度，也不具备折中主义的特征。这篇论文遭到各方批评，尤其贝萨尼·布莱森（Bethany Bryson）写文指出折中主义的局限性，中产阶级的音乐品位（例如雷鬼风格）也适合上层阶级，但是后者对贫困白人的音乐（如乡村风格）和黑人音乐（福音音乐）不屑一顾（Bryson，1996）。最后，值得一提的还有：城市社会学中社区概念的复兴（Pattillo，2007；Venkatesh，2008）、政治社会学中对当代协会组织和民间社会生命力的思考（Putnam，2000）、社会运动社会学领域关于国际动员新形式的讨论（Keck et Sikkink，1998）以及法律社会学关于美国刑事政策基础的问题（Garland，2001）。

法国的社会学在理论和方法上的争论无法按照专业领域进行详细介绍。尽管在传统领域仍然有大量的研究，例如教育社会学（Felouzis，2001；Zaffran et Berthet，2014）、劳动社会学（Lallement，2003）以及社会分层和流动社会学（Cuin，1993；Chauvel，1998），但是近二十年来，其他领域已经发生了重大的变化。其中包括，在阿卜杜勒马莱克·萨亚德（Abdelmalek Sayad，1998 年逝世）的相关工作的指引下发展起来的移民社会学、一体化与公民社会学（Lapeyronnie，1993；Tribalat，1996；Schnapper，2000）、贫困不稳定和排斥的社会学（Paugam，2000；Villechaise-Dupont，2000）、犯罪社会学（Roché，1996；Mohammed，2011）和矫治社会学（Wacquant，1999）、经济社会学（Steiner，2011）、科学社会学（Shinn et Ragouet，2005）、性社会学（Bereni et al.，2012；Macé，2015）、残障社会学（Zaffran，2007）、社会隔离社会学（Lapeyronnie，2008）、农村社会学（Mischi et Renahy，2008）。除了法国之外，目前社会学的其他领域主要局限在盎格鲁—撒克逊世界：后殖民地研究（Smouts，2007）、文化研究（Glevarec et al.，2008）以及同性恋社会学（Chauvin et Lerch，2013）。不过，以上有关社会学学科的描述并不意味着一般的理论争论已经不再是学科探讨的焦点。

已有范式的深入

20 世纪 60 年代和 70 年代所形成的重大范式仍然在界定，或者部分在界定质疑社会现实的方式。20 世纪 70 年代法国社会学已经形成蔚为壮观的三足鼎立之势，其中如民族学方法论（**112，120**）、马克思主义（**167**）仍然继续向前发展（**127**）。

从 20 世纪 80 年代到 2013 年逝世，雷蒙·布东不断完善他的著作；这位社会学家将理性的概念扩大到认知领域，发展出一种"普通理性理论"（théorie de la rationalité ordinaire）（Boudon, 2010）。他将这种理论思维应用于新的研究对象，涵盖信仰（Boudon, 1995）和民主问题（Boudon, 2006）。他的规范化方法（Boudon, 1992）被各种不同的学者所借鉴；皮埃尔·德莫勒纳尔（Pierre Demeulenaere）建议将这些不同的工作都归类为"分析社会学"（sociologie analytique），反映出布东首倡的理性狭义概念逐渐取代个体主义方法论（2012：20）。此外，还包括杰拉尔·布朗纳有关集体信仰的研究（2007），吉安卢卡·曼佐（Gianluca Manzo）有关学校不平等和社会流动的研究（2009）以及夏尔·亨利·屈安有关宗教信念的研究（2012）。

20 世纪 90 年代，布尔迪厄继续深化他的理论方案（Bourdieu, 1997），反思创世起源的问题（Bourdieu, 1992），以及从两性关系来思考统治的问题（Bourdieu, 1998）。他在公共领域持更加开放的批判立场，谴责不平等和苦难（Bourdieu, 1993）、媒体的运作（Bourdieu, 1996）以及广义上的经济新自由主义（Bourdieu, 2002）。2002 年布尔迪厄逝世以后，其理论遗产惠及知识世界（Pinto，2007；Sapiro，2011）、经济科学（Lebaron，2000）、资产阶级（Pinçon et Pinçon-Charlot，2007）以及生活领域（Wacquant，2007）的各种研究对象，他所创立的概念都没有发生过很大变化。然而，布尔迪厄的影响并没有局限于继承了他的理论遗产的学者们，其他不同背景和对他保持好感的学者也受益匪浅（Encrevé et Lagrave，2003）。

20 世纪 80 年代，图雷纳已经将注意力从社会运动转移到社会行动者上，到了 90 年代，他又从历史主题转向个体社会学，即从捍卫个体的经济和社会权利到个体的文化权利。他的三部曲：《新范式——理解当今的世界》（2005）、《女性世界》（2006）和《不同的思考方式》（2007）反映了他的思想演变。他对于这个主体的思考激发了许多不同领域的研究工作，特别对于 1991 年成立的社会学分析和干预中心（Dubet et Wieviorka，1995）。图雷纳在 1993～2009 年担任这一重要实验室的负责人，继任者是米歇尔·韦维尔卡（Michel Wieviorka），她表示，"我们是图雷纳的孩子。这一点都不奇怪，因为社会学欠他太多"（**144：69**）。

第二节　理论创新

理论批判的更新

在法国，对 20 世纪 70 年代确定的范式的深化有时表现为疏远、批判甚至解放的形式。

　　法国社会学的"钟摆运动"已经从"结构"转到"行动者"（**41**），刚进入 21 世纪时又深入分析行动动机，并且超越了个体主体性的门槛。这方面的发展涉及各个不同的角度，例如行动与行动者理论（Saint-Sernin et al.，1998）关注行动逻辑的多元性（Dubet，1994），甚至个人身份（Lahire，1998）；综合社会学（sociologie compréhensive）大获成功（Pharo，1993）（另见 115）；以及学者和公众对亲密关系产生了强烈兴趣（Kaufmann，1992；Muxel，1996；Bidart，1997；Ehrenberg，1998；de Singly，2000）。

　　布尔迪厄的作品受到了内部的批评，这些批评深化了某些概念，有时也发展出社会世界的新理论。贝尔纳·拉伊尔（Bernard Lahire）的作品就是其中标志性的成果。它们都是建立在将布尔迪厄的某些概念与经验现实进行对照的基础之上，质疑惯习的可持续性和系统性（Lahire，2001），强调个人内心安排的可塑性。由于认识到存在许多文化分歧和个人文化（Lahire，2004），他探索了社交体验的多样性和当代社会的独特模式。与布尔迪厄理论保持距离并对其进行批判，形成了心理社会学（sociologie psychologique）的方程式，例如，在弗朗茨·卡夫卡（Franz Kafka）的"社会学传记"（biographie sociologique）式的文学创作中就进行了应用，他试图将个人轨迹与个体进化的"多元化世界"（monde pluriel）联系起来（Lahire，2012）。

　　吕克·博尔坦斯基（Luc Boltanski）的著作反映出他与布尔迪厄一直关系疏远，虽然两人曾长期合作。博尔坦斯基提出要远离批判社会学，发展"批判的社会学"（sociologie de la critique）（Boltanski，1990b）。20世纪80年代，他与罗朗·戴福诺（Laurent Thévenot）一起逐步建立了规模经济（économies de la grandeur）模型（Boltanski et Thévenot，1991）。考虑到过于强调布局的约束会淡化行动的概念，他们对个人面对不确定性和争论正义与不公正的概念有研究兴趣的状态，揭示"共同世界"（mondes communs）或"城市"的异质性（城市情感、国内形势、舆论、公民、工业、商业）以及个人技能的展示——尤其是道德方面。在关注行动者反身性能力的基础上，他们区分了不同的行动制度（régimes d'action）（Boltanski，1990a）和约束制度（régimes d'engagement）（Thévenot，2006），从而提出了"良知与反身性的实践经济学"（économie pratique de la conscience et de la réflexivité）（**111：**43）。吕克·博尔坦斯基和夏娃·夏普罗（Ève Chiapello）继续这项工作，按照计划观察了一个新城市的诞生过程（Boltanski et Chiapello，1999）。与布尔迪厄的工作保持疏远不代表完全的解放，博尔坦斯基试图建立"批判社会学"和"批判的社会学"之间的联系（2009），提出一种进化和永久重制的思想（**139**）。博尔坦斯基和戴福诺提出的理论方法开辟了社会学的新视角，许多学者，尤其是来自社会科学高等学院的政治与道德社会学小组（Groupe de sociologie politique et morale，GSPM）的学者，都沉浸在这一"实用主义的宏大体系"（galaxie pragmatique）之中（**111：**105）。例如，尼古拉·多迪耶（Nicolas Dodier）有关健康社会学的著作（Dodier，1993）、弗朗西斯·沙托雷诺（Francis de Chateauraynaud）和迪迪耶·托尼（Didier Torny）

有关抗争社会学的著作（Chateauraynaud et Torny，1999）、西里尔·勒米厄（Cyril Lemieux）有关媒介社会学的著作（Lemieux，2000）都印证了实用主义社会学的多元化路径。

如同对布尔迪厄著作的批判可以形成新的视角一样，弗朗索瓦·迪贝（François Dubet）也从批判图雷纳的思想中发展出一个原创的理论框架。在合作参与了图雷纳主导的几次集体性调查之后（Dubet，2007），迪贝逐渐开拓出"经验社会学"（sociologie de l'expérience）（Dubet，1994）。一方面，他"哀悼那些有关历史主体的思想"（son deuil de l'idée même de sujet historique）（Dubet，1994：259），将历史解释为一系列的社会类型（types de société）（Dubet，1994：150 – 151）；另一方面，他重申了图雷纳的思想，即不应该削弱社会行动者的利益或作用，并将那些否认这种削弱的人称为"主体"（sujet）。他认为社会行动是战略、融合与主观性这三种不同行动逻辑的产物。因此，主体似乎是行动者基于这些行动逻辑（有时是趋势）而开展的"工作"的产物。在社会学干预方法的基础上（Cousin et Rui，2010），迪贝通过研究大学生在学校的体验（Dubet et Martucelli，1996）和歧视的经验（Dubet et al.，2013）进行了理论阐释。这三种方法强调了"世界"、"行动制度"和"行动逻辑"的多元性，与迄今为止其他观点相左的学者所尝试的理论整合相一致。例如，菲利普·柯尔库夫（Philippe Corcuff）建议将"集体主义者"（cor-poréistes）和"反身主义者"（réflexivistes）纳入行动理论中（Corcuff，2002），或者对当代个体社会学的反思中（Martuccelli et de Singly，2009）。

不同于将整个社会世界都包括在内的"综合性"（totalisantes）理论，"区域性"（régionalisation）理论将"范围局限于社会现实的某些领域"（**127：1**）。

研究目标的更新

学科理论反思的更新产生于最初在特定领域进行的反思，后来为了支持更为广泛的理论辩论，远远超出了最初的目标。

网络社会学就是如此。它不是个新生事物，而是齐美尔思想遗产的一部分。20 世纪 80 年代和 90 年代，网络社会学在美国社会学取得了重大的发展，特别是在经济社会学的相关著作中（**64：17－25**）；到了 90 年代，它在法国引起了强烈的反响（Degenne et Forsé，1994）。特别是新的结构方法丰富了对组织和机构变革的思考（Lazega，2012）。网络社会学不只局限于社交问题，最近还包括新技术和相关工具。一些学者 [例如阿兰·迪涅（Alain Degenne）和米歇尔·福塞（Michel Forsé，1994：16）] 将网络社会学视为一种可以克服和解决 20 世纪社会学某些问题的新范式，并且宣扬其"既不是整体论，也不是原子论"（Ni holisme，ni atomisme）（Mercklé，2011：100）。而追求理论目标合法性的其他学者，认为结构社会学是一种丰富、有效的方法，可以审查"行动者（个人或集体）出于不同的目标，战略性地管理彼此之间的关系（例如促进、保护或者控制）"（Lazega，1995：593）。

科学社会学的大量成果对整个社会学学科产生了影响。作为大卫·布鲁尔（David Bloor）的"强纲领"（programme fort）的重要遗产之一，布鲁诺·拉图尔（Bruno Latour）（Latour et Woolgar，1979）和米歇尔·卡隆（Michel Callon）最早研究提出了"行动者—网络"基本理论，也被称为"翻译社会学"（sociologie de la traduction）。这些学者们特别强调，在分析社会行动和进程时，应考虑到各种异质性的、非人类的实体，这些非人类与人类共同生活在特定的关系、机构和网络中（Latour，2005）。这些成果远远超越了科学技术社会学的范畴，促进了社会科学的"重新安置"（repeuplement）（Houdart et Thiery，2011），并激发了人们在政治社会学中有关社会技术争议的思考（Callon et al.，2001）。

在艺术社会学方面，纳塔莉·海因里希（Nathalie Heinich）的研究目标在于以经验型研究为基础重新思考普通社会学的争议性问题，尤其是"艺术为社会学带来了什么"（1998）。她批评布尔迪厄的方法是"还原主义"（réductionniste），既不能从社会结构产物的视角来思考艺术现象，也不能解构那些自认为独特的事物。海因里希用表现社会学（sociologie des représen-tations）来阐释艺术的独特性："它研究行动者如何表现出事物的不可还原性，有时不会试图证明此物是什么或者可以还原，在此过程中，社会学会生成一种科学知识或者特殊的知识，而这种知识迄今为止在社会科学特别欠缺"（1998：28－29）。通过这种方法，"艺术家精英"（élite artiste）就成了一个艺术史问题，而非涉及价值观和民主的社会学问题，她认为，"如果从艺术的社会学研究来看，'的'不是指将艺术作为社会学的研究客体这种从属关系，而是指艺术相关的社会学"（2005：12）。皮埃尔 – 米歇尔·芒格（Pierre-Michel Menger）的许多开创性研究（1997，2009）都超越了艺术社会学的前沿，他从 2013 年起担任法兰西公学院教授。事实上，艺术作品的品质使我们更加普遍地了解到作品和现代就业制度的变异，因为艺术作品的素质和状态加剧了个人工作形式在当代艺术中的不安全性和不确定性。似乎……艺术已成为资本主义发酵的一项原则"（2002：9）。

第三节　社会学的新前沿

社会学和社会科学：学科之间的交叉

在过去 25 年里，社会学的演变也体现在人文科学学科之间的多元化对话中，这种对话有助于确定新的研究对象和调查方法。

弗洛伦斯·韦伯（Florence Weber）以沿袭布尔迪厄在贝阿恩有关单身汉的研究而出名（Weber, 2006）。她试图在社会学实践中重新引入民族学方法论，将其定义为一种建立在传统的观察、交谈和案例分析之上的直接调查方法，但研究人员具有长期处于知识交互的社会环境的特性，"即调查员可以与被夹杂在个人关系之间的受访者建立个人关系"（Weber, 2009：5）。这种方法在她的相关研究得到了进一步丰富，例如工人之间的"并肩工作"（travail à-côté）（Weber, 1989），亲属关系（Weber, 2005）以及经济社会学的主要领域（Dufy et Weber,

2007）。它还激发了一系列的相关研究，例如大众阶层社会学
（Schwartz，1990；Beaud et Pialoux，1999）、农村社会学
（Renahy，2005）、行政管理社会学（Siblot，2006）或者健康
社会学（Paillet，2007）。民族学方法论的理论和方法问题在
美国也重新引起了极大的兴趣。例如，迈克尔·布洛维（Michael Burawoy）在其开创性的研究（Burawoy，1979）之后的
三十年后又卷土重来（Burawoy，2003），近期，菲利普·布儒
瓦（Philippe Bourgois）有关纽约吸食可卡因的研究（Bourgois，1995）都具有里程碑意义。这种方法对定量研究的影响还
体现在2000年《民族志》（*Ethnography*）这本新期刊的创刊，
编委员会成员包括斯蒂芬·博德（Stéphane Beaud）、菲利普·
布儒瓦、麦克·布洛维和弗洛伦斯·韦伯。

在过去25年里，社会学、政治科学和历史学进行过学科
交叉的反思。遵循提出的方法并受到让－克洛德·帕斯隆
（Jean-Claude Passeron）倡导的方法论的影响（Passeron，
1991），罗伯特·卡斯特尔（Robert Castel）（2013年逝世）建
立了一个自中世纪以来的"薪水制奥德赛"（odyssée du salariat），以质疑当代法国的"社会分离"（désaffiliation sociale）
过程。《社会问题的变异》（*Les Métamorphoses de la question sociale*）自1995年出版以来一直被誉为社会学的经典。学科间
的和解也催生了"政治的历史社会学"（sociologie historique du
politique）（Déloye，2007），选举进程是其研究兴趣之一。"社
会历史学"（sociohistoire）一词被用以指代两个学科的各种交
叉研究。热拉尔·诺瓦里埃尔（Gérard Noiriel）就尝试过确定

历史社会学的框架。他沿袭了马克·布洛赫、诺贝尔·埃利亚斯和布尔迪厄的研究，特别强调类别史对理解过去如何影响现在的重要性。这一方法涉及许多领域，例如国家起源（Noiriel，1988）、统计分类（Desrosières，1993）、高管等社会阶层（Boltanski，1982）、失业者（Topalov，1994）以及法国殖民地的混血儿（Saada，2007）。大量这种将历史和社会学相结合的研究主要发表在创刊于 1988 年的《政治学：政治社会科学杂志》（*Politix. Revue des sciences sociales du politique*）和创刊于 1990 年的《起源：社会科学和历史学》（*Genèses. Sciences sociales et histoire*）上。

各种方法的出现也促进了社会学与哲学之间的对话。1981 年，阿兰·卡耶（Alain Caillé）创立了社会科学中的反功利主义运动（Mouvement anti-utilitariste dans les sciences sociales，MAUSS），在批判经济学和社会学的功利性的基础上花费近三十年的时间建立休闲社会学（sociologie reposant）（Caillé，1989），并在捐赠、利他主义和无私的哲学基础上完成一本理论专著（Caillé，2009）。挪威学者扬·埃斯特尔（Jon Elster）在学科交叉中坚持研究理性选择理论（Elster，2007）。菲利普·柯尔库夫（Corcuff，2012）推动了社会学和政治哲学、布尔迪厄和朗西埃（Rancière）、博尔坦斯基和列维纳斯（Lévinas）之间富有成效的对话，并且结合了维特根斯坦（Wittgenstein）、布洛维和帕斯隆的反思，从而使人们重新思考统治和解放的理论。最后应该指出，性别社会学中的争论部分是来自哲学领域中这一问题的发展，同时也得益于社会科学发展的贡献（Butler，1990）。与此同时，社会运动社会学和认知理论之间的对话（Guéguen et Malochet，2012），尤其是德国哲学家阿克塞尔·霍耐特（Axel Honneth）的反思重申了这一点（Honneth，1992，2006），也是贡献良多。

还有其他的一些交叉，例如在文森特·德·戈勒雅克（Vincent de Gaulejac）的大力推动下，社会学和心理学在临床社会学（sociologie clinique）的标签下进行了整合（de Gaulejac et al.，2007），他在管理工作中显示了两个学科视角的相关性；多米尼克·吉约（Dominique Guillo）还研究了生物学和社会学之间的交叉（Guillo，2012）。

国际化和新疆界

从历史上看，社会学学科主要以国家为基础。一方面，学术问题来自特定的学术遗产。当代德国的社会学以哲学传统为标志，在理论思考方面很有热情，这点体现在汉斯·约阿斯（Hans Joas）有关行动创造性的著作（Joas，1992）以及结构功能主义者尼克拉斯·卢曼（Niklas Luhmann）所构建的不朽的思想体系（Luhmann，1997，2000）中。在英国，玛格丽特·阿切尔（Margaret Archer）在讨论安东尼·吉登斯的理论主张（Giddens，1984）的基础上，根据批判现实主义精神，提出了阐明行动者和结构的新方法（Archer，1995，2003）。此外，社会学的国家特色主要反映在对涉及国家特有的社会发展对象的兴趣上。例如，在意大利，社会学家主要聚焦于腐败（della Porta et Vannucci，2007）、政治暴力或社会运动（della Porta，

1995），而俄罗斯社会学家则反思共产主义对当代社会的影响（Kharkhordin，1999）或资本主义在前苏联国家表现的特殊性（Volkov，2002）。因此，尽管像托克维尔、哈布瓦赫等人的经典著作在美国备受瞩目，或者像涂尔干利用现有的统计数据进行跨国比较，但社会学家通常还是关注自己所在国家的社会问题。国外疆域，特别是偏远地区，是留给人类学家的。而在过去 25 年里，学科和地理的疆界都发生了巨大的变化。

首先值得注意的是，一些社会学家在东欧国家等新疆域中着手研究传统对象。继有关欧洲共产主义的开拓性研究之后，图雷纳及其团队成员（弗朗索瓦·迪贝、杨·斯特泽雷奇、米歇尔·韦维尔卡）关注了团结工会（Solidarnosc），布洛维研究了匈牙利的劳动社会学（Burawoy et Lukacs，1992）。这些社会学家在研究东欧社会转型的过程中，特别关注区别对待共产主义的不同类型（Stark et Bruszt，1998）、公共政策执行中的历史遗产（Mespoulet，2008）、社会运动（Berelowitch et Wieviorka，1996）、大众阶层（Clément，2000）、代际和社会变迁（Bertaux et al.，2004）、警察工作（Favarel-Garrigues，2007）、经济（Dufy，2008）、社会等级（Plessz，2012）以及后苏维埃时代极权制度的影响（Hervouet，2007）等问题。同样，有关中国的研究也在不断扩大（Angeloff，2010；Rocca，2010；Vendassi，2016）。这些国家的社会科学也或多或少经历了变化，有的还与外国机构开展合作，比如社会科学高等学院（Lagrave，1998），并且开展了创新性的研究，社会学方法也进一步国际化（Lagrave，2011；Rocca，2008）（**97**）。

最后值得关注的是国际比较研究的发展。尽管不是新方法（Vigour，2004），但依旧焕发了生机。比较的基础不仅有定量数据（Paugam，2005；Baudelot et Establet，2006；Dubet et al.，2010），也有定性数据（Van de Velde，2008；Demazière et al.，2013）。这些关切特别源于在理解全球化对国家结构和个人生存的影响上的难度（Hall et Lamont，2013）以及社会学对于全球化的构建过程中的反思（Sassen，2007）。社会学家试图揭示跨国比较的逻辑，乃至唤起社会科学的"全球转折点"（tournant global）（Caillé et Dufoix，2013）。米歇尔·韦维尔卡于2013年创办的《联合》（*Socio*）① 杂志正好契合了"全球思维"。

公共社会学（sociologie publique）

什么是公共社会学？它是将社会学引入公共对话之中，而公众又是参与对话的主体……所谓的古典公共社会学是指社会学家在全国性期刊上发表论文讨论公共利益问题……

然而，还有另外一种"有机的"（organique）公共社会学，它认为社会学家与可见的、密集的、活跃的、本地的公众保持密切合作，而且经常构成一种反公众的关系。事实上，公共社会学的阵营是有机的。组成这个阵营的社会学家与工会、邻里协会、宗教团体以及捍卫移民权利或人权的团体合作。有机公共社会学家与公众之间的对话是一个相互教育的过程。公共社会学必须超越有机公共社会学是唯一类型的认

---

① 此处杂志名应为拉丁语，意为联合。——编者注

知，事实上有机公共社会学是不可见、不公开的，在专业活动中也往往并不是唯一的。公共社会学的规划必须是将不可见的变成可见的、将不公开的变成公众的、将有机关系变成合法的，使其成为社会学活动的权利。

古典公共社会学和有机公共社会学不是对抗性的，而是相辅相成的。它们互为补充。社会辩论，例如关于家庭价值观的辩论，可以激励我们与社会保护服务的固定使用者合作，反过来又能从中获益……理想的情况是，古典公共社会学为有机公共社会学提供了框架，而有机公共社会学则为古典社会学提供基础和方向。

公共社会学是社会学研究的全面分类中的一种类型，其他还包括政策社会学（policy sociology）、专业社会学（professional sociology）和批判社会学（critical sociology）。

……专业社会学是社会学学科的核心部分。没有专业社会学，就不可能有政策社会学或公共社会学的专业知识，也不可能有批判社会学，因为没有什么可以批判的。反过来说，专业社会学的活力取决于它对于社会问题带来的挑战做出的应对，而这些挑战正是公共社会学提出的。民权运动改变了社会学家的世界观，女权运动重新定义了社会学的许多领域。这两种运动都得到了社会学家的支持和参与，并从中整合了新的思想……

由于认识不到不同知识之间必要的相互依存关系，所以常常爆发论战。现在，我们必须让专业社会学、政策社会学、公共社会学和批判社会学团结一致，避免各种形式的病态发展。不仅要使相互交流制度化，还需要拥有一个共同的

> 伦理道德规范，认识到四种社会学的有效性，这种契约扎根
> 于我们正在研究的问题的紧迫性。
>
> ——Burawoy Michael, « Pour la sociologie publique »,
> *Actes de la recherche en sciences sociales*, vol. 1, n° 176 – 177,
> 2009, pp. 121 –144.

结　论

近 25 年来，社会学的全面发展仍然没有消除某些缺陷。我们主要关注了法国和美国的社会学发展，但没有谈到学科体制的演变、资金筹措方式、人员招聘和配置、编辑的发展以及国际协会的动态等方面。最后，我们还忽视了城市社会学方面的进展，迈克尔·布洛维（2004 年担任美国社会学协会主席，并在 2010 ~ 2014 年担任国际社会学协会主席）最近分析了这方面的进展，他的书《公共社会学手册》（*The Handbook of Public Sociology*）得到了国际上的关注。

我们最重要的目标是从方法、对象、疆域和理论上阐述学科的多样性。这种多样性被一些学者认为是散射和噪音，最终遗忘了社会学创始人关注社会重大问题的初心。但不可忽视的是，仍然有许多学者继续关注社会变革的普遍表现，例如法国的弗朗索瓦·迪贝（2009）、英国的安东尼·吉登斯（1990；1991；1992）（in **195**）与齐格蒙特·鲍曼（2003；2005；2006）（in **160**）以及德国的乌尔里希·贝克（1999）。一些人的专业化和其他人的宏大的整合并不相悖。正如涂尔干所言，有机团结下的社会分工特征受到功能

互补性的威胁,而科学劳动的分工有可能导致人们退却到封闭的小世界。相反,从对学科受影响过程的概述中可以看到,社会学家除了泾渭分明的界限之外,正在建立一种互补的学术研究形式 (Abbott, 2001)。事实上,也许正是由于这种多样性和相关的反对性意见,各国的社会学学科才从激烈讨论中得到启发,从而有助于公民重新获得公共辩论的民主权利。

本章参考文献

Abbott Andrew (né en 1948) : *Chaos of Disciplines* (2001).

Angeloff Tania : *Histoire de la société chinoise. 1949-2009* (2010).

Archer Margaret (née en 1943) : *Realist Social Theory. The Morphogenetic Approach* (1995). — *Structure, Agency and the Internal Conversation* (2003).

Baudelot Christian et Establet Roger : *Suicide. L'Envers de notre monde* (2006).

Bauman Zygmunt (1925-2017) : *L'Amour liquide. De la fragilité des liens entre les hommes* (2003), trad. 2004. — *La Vie liquide* (2005), trad. 2006. — *Le Présent liquide* (2006), trad. 2007.

Beaud Stéphane et Pialoux Michel : *Retour sur la condition ouvrière. Enquête aux usines Peugeot de Sochaux-Montbéliard* (1999).

Beck Ulrich (1944-2015) : *World Risk Society* (1999).

Berelowitch Alexis et Wieviorka Michel : *Les Russes d'en bas. Enquête sur la Russie postcommuniste* (1996).

Bereni Laure, Chauvin Sébastien, Jaunait Alexandre et Revillard Anne : *Introduction aux études sur le genre* (2012).

Bertaux Daniel, Thompson Paul et Rotkirch Anna : *On Living Through Soviet Russia* (2004).

Bidart Claire : *L'Amitié. Un lien social* (1997).

Boltanski Luc (né en 1940) : *L'Amour et la justice comme compétences. Trois essais de sociologie de l'action* (1990a). — « Sociologie critique et sociologie de la critique », *Politix* (1990b). — *De la critique. Précis de sociologie de l'émancipation* (2009). — Et Chiapello Ève, *Le Nouvel Esprit du capitalisme* (1999). — Et Thévenot Laurent, *De la justification. Les économies de la grandeur* (1991).

BOUDON Raymond (1934-2013) : (éd.) *Traité de sociologie* (1992). — *Le Juste et le vrai : études sur l'objectivité des valeurs et de la connaissance* (1995). — *Y a-t-il encore une sociologie ?* (2003). — *Renouveler la démocratie : éloge du sens commun* (2006). — *La Sociologie comme science* (2010)

BOURDIEU Pierre (1934-2002) : *Les Règles de l'art. Genèse et structure du champ littéraire* (1992). — (Éd.), *La Misère du monde* (1993). — *Sur la télévision* (1996). — *Méditations pascaliennes* (1997). — *La Domination masculine* (1998). — *Interventions. 1961-2001. Science sociale et action politique* (2002).

BOURGOIS Philippe : *En quête de respect. Le crack à New York* (2001, 1re éd. 1995).

BRONNER Gérald : *L'Empire de l'erreur. Éléments de sociologie cognitive* (2007).

BRYSON Bethany : « "Anything but heavy metal" : symbolic exclusion and music dislikes », *American Sociological Review* (1996).

BURAWOY Michael (né en 1947) : *Manufacturing Consent : Changes in the Labor Process under Monopoly Capitalism* (1979). — « Revisits : An outline of a theory of reflexive sociology », *American Sociological Review* (2003). — « Pour la sociologie publique », *Actes de la recherche en sciences sociales* (2009). — Et LUKACS Janos, *The Radiant Past. Ideology and Reality in Hungary's Road to Capitalism* (1992).

BURT Ronald S. : *Brokerage and Closure. An Introduction to Social Capital* (2005).

BUTLER Judith (née en 1956) : *Trouble dans le genre. Pour un féminisme de la subversion* (2005, 1re éd. 1990).

CAILLÉ Alain (né en 1944) : *Critique de la raison utilitaire. Manifeste du MAUSS* (1989). — *Théorie anti-utilitariste de l'action. Fragments d'une sociologie générale* (2009). — Et DUFOIX Stéphane (éds), *Le Tournant global des sciences sociales* (2013).

CALLON Michel (né en 1945) : « Éléments pour une sociologie de la traduction. La domestication des coquilles Saint-Jacques et des marins-pêcheurs dans la baie de Saint-Brieuc », *L'Année sociologique* (1986). — Et LASCOUMES Pierre et BARTHES Yannick, *Agir dans un monde incertain. Essai sur la démocratie technique* (2001).

CASTEL Robert (1933-2013) : *Les Métamorphoses de la question sociale. Une chronique du salariat* (1995).

CHATEAURAYNAUD Francis et TORNY Didier : *Les Sombres Précurseurs. Une sociologie pragmatique de l'alerte et du risque* (1999).

CHAUVEL Louis : *Le Destin des générations. Structure sociale et cohortes en France au XXe siècle* (1998).

CHAUVIN Sébastien et LERCH Arnaud : *Sociologie de l'homosexualité* (2013).

CLÉMENT Karine : *Les Ouvriers russes dans la tourmente du marché. 1989-1999. Destruction d'un groupe social et remobilisations collectives* (2000).

CORCUFF Philippe : *La Société de verre. Pour une éthique de la fragilité* (2002). — *Où est passée la critique sociale ? Penser le global au croisement des savoirs* (2012).

COUSIN Olivier et RUI Sandrine : *L'Intervention sociologique. Histoire(s) et actualité d'une méthode* (2010).

CUIN Charles-Henry : *Les Sociologues et la mobilité sociale* (1993). — « Les croyances religieuses sont-elles des croyances comme les autres ? », *Social Compass* (2012).

DEGENNE Alain et FORSÉ Michel : *Les Réseaux sociaux. Une approche structurale en sociologie* (1994).

DÉLOYE Yves : *Sociologie historique du politique* (2007).

DEMAZIÈRE Didier, ARAUJO GUIMARÃES Nadya, HIRATA Helena et SUGITA Kurumi : *Être chômeur à Paris, São Paulo, Tokyo. Une méthode de comparaison internationale* (2013).

DEMEULENAERE Pierre : « De l'individualisme méthodologique à la sociologie analytique », *in* KEUCHEYAN Razmig et BRONNER Gérald (éds), *La Théorie sociale contemporaine* (2012).

DESROSIÈRES Alain (1940-2013) : *La Politique des grands nombres. Histoire de la raison statistique* (1993).

DODIER Nicolas : *L'Expertise médicale. Essai de sociologie sur l'exercice du jugement* (1993).

DUBET François (né en 1946) : *Sociologie de l'expérience* (1994). — *L'Expérience sociologique* (2007). — *Le Travail des sociétés* (2009). — *À quoi sert vraiment un sociologue ?* (2011). — Et COUSIN Olivier, MACÉ Éric et RUI Sandrine, *Pourquoi moi ? L'expérience des discriminations* (2013). — Et DURU-BELLAT Marie et VÉRÉTOUT Antoine, *Les Sociétés et leur école. Emprise du diplôme et cohésion sociale* (2010). — Et MARTUCCELLI Danilo, *À l'école. Sociologie de l'expérience scolaire* (1996). — Et WIEVIORKA Michel (éds), *Penser le sujet. Autour d'Alain Touraine* (1995).

DUFY Caroline : *Le Troc dans le marché. Pour une sociologie des échanges dans la Russie post-soviétique* (2008). — Et WEBER Florence, *L'Ethnographie économique* (2007).

EHRENBERG Alain : *La Fatigue d'être soi* (1998).

ELSTER Jon : *Explaining Social Behavior. More Nuts and Bolts for the Social Sciences* (2007).

ENCREVÉ Pierre et LAGRAVE Rose-Marie : *Travailler avec Bourdieu* (2003).

FAVAREL-GARRIGUES Gilles : *La Police des mœurs économiques de l'URSS à la Russie* (2007).

FELOUZIS Georges : *La Condition étudiante. Sociologie des étudiants et de l'université* (2001).

GARLAND David : *The Culture of Control. Crime and Social Order in Contemporary Society* (2001).

GAULEJAC Vincent DE : *La Société malade de la gestion. Idéologie gestionnaire, pouvoir managérial et harcèlement moral* (2005). — Et HANNIQUE Fabienne et ROCHE Pierre, *La Sociologie clinique. Enjeux théoriques et méthodologiques* (2007).

GIDDENS Anthony (né en 1938) : *Les Conséquences de la modernité* (1990), trad. 2000. — *Modernity and Self-Identity. Self and Society in the Late Modern Age* (1991). — *Les Transformations de l'intimité. Sexualité, amour et érotisme dans les sociétés modernes* (1992), trad. 2004.

GLÉVAREC Hervé, MACÉ Éric et MAIGRET Éric : *Cultural studies. Une anthologie* (2008).

GRANOVETTER Mark (né en 1943) : « Economic action and social structure : the problem of embeddedness », *American Journal of Sociology* (1985).

GUÉGUEN Haud et MALOCHET Guillaume : *Les Théories de la reconnaissance* (2012).

GUILLO Dominique : « Des sciences de la vie aux sciences sociales : les visages du naturalisme », *in* KEUCHEYAN Razmig et BRONNER Gérald (éds), *La Théorie sociale contemporaine* (2012).

HALL Peter A. et LAMONT Michèle (éds) : *Social Resilience in the Neoliberal Era* (2013).

HEINICH Nathalie (née en 1955) : *Ce que l'art fait à la sociologie* (1998). — *L'Élite artiste. Excellence et singularité en régime démocratique* (2005).

HERVOUET Ronan : *Datcha blues. Existences ordinaires et dictature en Biélorussie* (2007).

HONNETH Axel (né en 1949) : *La Lutte pour la reconnaissance* (1992), trad. 2000. — *La Société du mépris. Vers une nouvelle théorie critique* (2006).

HOUDART Sophie et THIERY Olivier (éds), *Humains, non-humains. Comment repeupler les sciences sociales* (2011).

HOUDEVILLE Gérald : *Le Métier de sociologue en France depuis 1945* (2007).

JOAS Hans (né en 1948) : *La Créativité de l'agir* (1992), trad. 1999.

KAUFMANN Jean-Claude : *La Trame conjugale* (1992).

KECK Kathryn et SIKKINK Margaret : *Activists Beyond Borders : Advocacy Networks in International Politics* (1998).

KHARKHORDIN Oleg : *The Collective and the Individual in Russia. A Study of Practices* (1999).

LAGRAVE Rose-Marie : *Voyage aux pays d'une utopie déchue. Plaidoyer pour l'Europe centrale* (1998). — *Fragments du communisme en Europe centrale* (2011).

LAHIRE Bernard (né en 1963) : *L'Homme pluriel* (1998). — (Éd.), *Le Travail sociologique de Pierre Bourdieu* (2001). — (Éd.), *À quoi sert la sociologie ?* (2002). — *La Culture des individus. Dissonances culturelles et distinction de soi* (2004). — *L'Esprit sociologique* (2005). — *Franz Kafka. Éléments pour une théorie de la création littéraire*

(2010). — *Monde pluriel. Penser l'unité des sciences sociales* (2012).

LALLEMENT Michel, *Temps, travail et mode de vie* (2003).

LAPEYRONNIE Didier : *L'Individu et les minorités. La France et la Grande-Bretagne face à leurs immigrés* (1993). — *Ghetto urbain. Ségrégation, violence, pauvreté en France aujourd'hui* (2008).

LATOUR Bruno (né en 1947) : *Changer de société, refaire de la sociologie* (2005), trad. 2006. — Et WOOLGAR Steve, *La Vie de laboratoire. La production des faits scientifiques* (1979), trad. 1988.

LAZEGA Emmanuel : « Analyse de réseaux et structures relationnelles. Présentation du numéro spécial », *Revue française de sociologie* (1995). — « Sociologie néostructurale », in KEUCHEYAN Razmig et BRONNER Gérald (éds), *La Théorie sociale contemporaine* (2012).

LEBARON Frédéric : *La Croyance économique. Les économistes entre science et politique* (2000).

LEMIEUX Cyril : *Mauvaise Presse. Une sociologie compréhensive du travail journalistique et de ses critiques* (2000).

LUHMANN Niklas (1927-1998) : *Die Gesellschaft der Gesellschaft* (1997). — *Die Politik der Gesellschaft* (2000).

MACÉ Éric : *L'Après-patriarcat* (2015).

MANZO Gianluca : *La Spirale des inégalités. Choix scolaires en France et en Italie au XXe siècle* (2009).

MARTUCCELLI Danilo et SINGLY François DE : *Les Sociologies de l'individu* (2009).

MASSON Philippe, *Faire de la sociologie. Les grandes enquêtes françaises depuis 1945* (2008).

MENGER Pierre-Michel (né en 1953) : *La Profession de comédien* (1997).

— *Portrait de l'artiste en travailleur. Métamorphoses du capitalisme* (2002).
— *Le Travail créateur. S'accomplir dans l'incertain* (2009).

MERCKLÉ Pierre : *Sociologie des réseaux sociaux* (2011, 1ʳᵉ éd. 2004).

MESPOULET Martine : *Construire le socialisme par les chiffres. Enquêtes et recensements en URSS de 1917 à 1991* (2008).

MISCHI Julian et RENAHY Nicolas : « Pour une sociologie politique des mondes ruraux », *Politix* (2008).

MOHAMMED Marwan : *La Formation des bandes. Entre la famille, l'école et la rue* (2011).

MUXEL Anne : *Individu et mémoire familiale* (1996).

NOIRIEL Gérard : *Le Creuset français. Histoire de l'immigration (XIXᵉ-XXᵉ siècle)* (1988). — *Introduction à la socio-histoire* (2006).

PAILLET Anne : *Sauver la vie, donner la mort. Une sociologie de l'éthique en réanimation néonatale* (2007).

PASSERON Jean-Claude (né en 1930) : *Le Raisonnement sociologique. Un espace non poppérien de l'argumentation* (1991).

PATTILLO Mary : *Black on the Block. The Politics of Race and Class in the City* (2007).

PAUGAM Serge : *Le Salarié de la précarité* (2000). — *Les Formes élémentaires de la pauvreté* (2005).

PETERSON Richard A. et KERN Roger M. : « Changing high brow taste : from snob to omnivore », *American Sociological Review* (1996).

PHARO Patrick : *Le Sens de l'action et le comportement d'autrui* (1993).

PINÇON Michel et PINÇON-CHARLOT Monique : *Les Ghettos du gotha : au cœur de la grande bourgeoisie* (2007).

PINTO Louis : *La Vocation et le métier de philosophe. Pour une sociologie de la philosophie dans la France contemporaine* (2007).

PIRIOU Odile : *La Sociologie des sociologues. Formation, identité, profession* (1999).

PLESSZ Marie : *Le Prix du marché. Les générations et l'emploi en Europe postcommuniste* (2012).

PORTA Donatella DELLA : *Social Movements, Political Violence and the State* (1995). — Et VANNUCCI Alberto, *Mani Impunite. Vecchia e nuova corruzione in Italia* (2007).

PORTES Alessandro : « Social capital : its origins and applications in modern sociology », *Annual Review of Sociology* (1998).

PUTNAM Robert D. : *Bowling Alone. The Collapse and Revival of American Community* (2000).

RENAHY Nicolas : *Les Gars du coin. Enquête sur une jeunesse rurale* (2005).

ROCCA Jean-Louis (éd.) : *La Société chinoise vue par ses sociologues. Migrations, villes, classe moyenne, drogue, sida* (2008). — *Une sociologie de la Chine* (2010).

ROCHÉ Sebastian : *La Société incivile* (1996).

SAADA Emmanuelle : *Les Enfants de la colonie. Les métis de l'Empire français entre sujétion et citoyenneté* (2007).

SAINT-SERNIN Bertrand et al. (éds) : *Les Modèles de l'action* (1998).

SAPIRO Gisèle : *La Responsabilité de l'écrivain. Littérature, droit et morale en France (XIXᵉ-XXIᵉ siècle)* (2011).

SASSEN Saskia : *La Globalisation. Une sociologie* (2007), trad. 2009.

SAXENIAN Annalee : *Regional Advantage. Culture and Competition in Silicon Valley and Route 128* (1994).

SAYAD Abdelmalek (1933-1998) : *La Double Absence. Des illusions de l'émigré aux souffrances de l'immigré* (1999).

SCHNAPPER Dominique (née en 1934) : *Qu'est-ce que la citoyenneté ?* (2000).

SCHWARTZ Olivier : *Le Monde privé des ouvriers. Hommes et femmes du Nord* (1990).

SHINN Terry et RAGOUET Pascal : *Controverses sur la science. Pour une sociologie transversaliste de l'activité scientifique* (2005).

SIBLOT Yasmine : *Faire valoir ses droits au quotidien. Les services publics dans les quartiers populaires* (2006).

SINGLY François DE : *Libres ensemble* (2000).

SMOUTS Marie-Claude (éd.) : *La Situation postcoloniale : les* postcolonial studies *dans le débat français* (2007).

SPURK Jan : *Quel avenir pour la sociologie ? Quête de sens et compréhension du monde social* (2006).

STARK David et BRUSZT Laszlo : *Postsocialist Pathways : Transforming Politics and Property in East Central Europe* (1998).

STEINER Philippe : *La Sociologie économique* (2011).

THÉVENOT Laurent : *L'Action au pluriel. Sociologie des régimes d'engagement* (2006).

TOPALOV Christian : *Naissance du chômeur 1880-1910* (1994).

TOURAINE Alain (né en 1925) : *Un nouveau paradigme — pour comprendre le monde d'aujourd'hui* (2005). *— Le Monde des femmes* (2006). *— Penser autrement* (2007). — Et DUBET François, WIEVIORKA Michel et STRZELECKI Jan, *Solidarité. Analyse d'un mouvement social. Pologne 1980-1981* (1982).

TRIBALAT Michèle : *De l'immigration à l'assimilation* (1996).

UZZI Brian : « Social structure and competition in interfirm network : the paradox of embeddedness », *Administrative Science Quarterly* (1997).

VAN DE VELDE Cécile : *Devenir adulte. Sociologie comparée de la jeunesse en Europe* (2008).

VENDASSI Pierre : *Chrétiens de Chine. Affiliations et conversations au XXIe siècle* (2016).

VENKATESH Sudhir Alladi : *Dans la peau d'un chef de gang* (2008), trad. 2011.

VIGOUR Cécile : *La Comparaison dans les sciences sociales. Pratiques et méthodes* (2004).

VILLECHAISE-DUPONT Agnès : *Amère Banlieue. Les gens des grands ensembles* (2000).

VOLKOV Vadim : *Violent Entrepreneurs. The Use of Force in the Making of Russian Capitalism* (2002).

WACQUANT Loïc : *Les Prisons de la misère* (1999). *— Parias urbains. Ghetto, banlieues, État. Une sociologie comparée de la marginalité sociale* (2007).

WEBER Florence : *Le Travail à-côté. Une ethnographie des perceptions* (1989). *— Le Sang, le nom, le quotidien. Une sociologie de la parenté pratique* (2005). *— L'Économie domestique. Entretien avec Julien Ténédos* (2006). *— Manuel de l'ethnographe* (2009).

ZAFFRAN Joël : *L'Intégration scolaire des handicapés* (2007). — Et BERTHET Thierry (éds), *Le Décrochage scolaire. Enjeux, acteurs et politiques de lutte contre la déscolarisation* (2014).

ZELIZER Viviana : *La Signification sociale de l'argent* (1997), trad. 2005. *— The Purchase of Intimacy* (2005).

总体趋势和前景展望

文化结构、政治权力的定位和特征、地缘政治形势、科学发展水平、学术组织、主流"社会问题"的特征、学科的创立方式都构成了社会学历史方程式的参数。对这段历史的深入解释需要了解社会学的社会学（une sociologie de la sociologie），本书也有志于此，尽管我们介绍了其中的一些材料，但距离这一目标还相差甚远。因此，我们只能聚焦于社会学学科最近的发展趋势，这一趋势也只是我们观察到的假设，而非对未来的预测。

在认识论层面上，人们普遍希望社会学从社会哲学中脱离出来，但这种脱钩尚未完成。韦伯区分了解释或者理解方法可能的科学特征和不可避免的"意识形态"特征，引起了社会的广泛关注，并构建了社会学的研究对象，获得了广泛认同。相反，社会学家似乎越来越相信，他们作为社会行动者的地位可能会与研究者的角色发生冲突，其研究成果仍然是部分的和暂时的。他们对科学标准的渴望越来越深；不幸的是，这些标准有许多定义，而且往往相互矛盾。例如，现象学家和实证主义者之间的对立就证明了这一点。此外，在最近一段时期，随着超相对主义和非理性主义思潮的兴起，社会学参与其中的程度非常高，但方式远远没有达到最优（**117**），对于科学形象的稳定，尤其是社会科学的形象，并无多大贡献。

在理论层面，最重要的趋势是传统模式（即社会制度与个人作为整体与部分、原因与结果之间相对应）的瓦解。结构功能主义沉寂导致了"行动回归"大行其道，"整体论"是众矢之的，而互动成为社会萌芽的细胞。在某些符号互动论和个人主义方法论中，互动模式极为极端，甚至"制度"都不存在了。毫无疑问，我们可以期待，未来的模型比迄今为止提出的模型会更加复杂和精确。

在方法论上，真正出现进步的趋势肉眼可见。首先，虽然定性方法和定量方法之间的区别仍然明确，但这两种类型的方法在经验研究工作中往往相辅相成。其次，定量方法渗透到长期敌视它们的宏观社会学研究之中（除了二手统计分析）。最后，由于统计和计算机信息技术的进步，数据收集和处理的技术和设备的性能和准确性得到大幅度提高。与此同时，定量方法也日趋多样化和技术化。不过，这种能力及其复杂程度往往与假设的适度性之间产生矛盾——例如，20 世纪 60 年代和 70 年代的英国学界在社会流动性这个容易量化的领域就出现过问题（**113**）。

至于社会学范围的定义，它取决于供需双方互动的复杂过程以及学科的制度化程度。明确的社会需求主要引发了对社会或政治问题等相关领域进行经验研究，这些领域的定义具有周期性的特征。在动员和宣传新领域方面，社会学机构自身发挥着决定性的作用。社会学随后成为社会"问题化"的工具，也引发社会自身的问题。某些阶段的"危机"特别有利于社会学活动的繁荣；风险因而成为社会学将行动者的态度和行为进行意识形态合理化的工具（例如两次世界大战之间的德国，20世纪60年代末的美国或法国）。如果社会学的体制地位足够稳固，能够通过理论模式来控制某种些许明确的社会需求，那么还会不会存在"最佳"的社会学呢（例如20世纪20年代的芝加哥学派，二战以后的美国社会学以及20世纪80年代的法国社会学）？

最后，我们必须指出，甚至到今天（也许与过去相比），社会学的理论争论仍然局限于本地，国际间的交流很不平衡。尽管英国的研究成果逐渐地融入法国社会学中，但英国社会学并不是主体。马克思主义和现象学在德国社会学由于历史背景仍然占有一席之地，但在法国已成明日黄花，几乎已经无人问津。此外，法国对伪社会学的"怀疑"（阿尔都塞和福柯）在20世纪80年代的英国勃然兴盛。总而言之，我们觉察到，许多历史书籍或社会学学科介绍或多或少忽视了作者所在国家的研究成果。

社会学受欢迎或者受冷落，这种社会现象是一个社会是否出现深层次问题的强有力的"指标"。只有当社会成员真正想要相互了解，在知识自由和政治民主的制度中，社会学才有可能成为了解社会的工具。

年代简表

日期	政治事件	事实和制度	主要成果	人文科学
1789	法国：大革命开始			
1790			伯克：《反思法国大革命》	
1794	法国：白色恐怖，雅各宾派倒台，热月政变			
1796			波纳德：《政治和宗教权力理论》 迈斯特：《论法国》	
1797		伯克逝世		
1800				费希特：《封闭的商业国》

250

续表

日期	政治事件	事实和制度	主要成果	人文科学
1801				伊塔尔:《对阿韦龙的野孩子的教育》
1803				萨伊:《政治经济学概论》
1807				黑格尔:《精神现象学》
1809				拉马克:《动物哲学》
1813–1818			欧文:《新社会观》	
1815	法国:拿破仑一世兵败滑铁卢后被迫逊位,波旁王朝复辟			
1816–1818			圣西门:《论实业制度》	
1817		法国:孔德代替梯叶里担任圣西门的秘书	李嘉图:《政治经济学及赋税原理》	
1819				西斯蒙第:《政治经济学新原理》
1821		迈斯特逝世		
1823–1824			圣西门:《实业教义》	

续表

日期	政治事件	事实和制度	主要成果	人文科学
1824		法国：孔德以圣西门的名义发表《实证政治体系》，两人决裂		
1825		圣西门逝世	圣西门：《新基督教》	
1826		法国：孔德在巴黎蒙马特郊区的家中开始讲授实证哲学课程		
1826－1827		孔德因为精神过度劳累而被关进精神病院		
1827			傅立叶：《新工业世界》	
1830	法国："七月革命"，查理·路易－菲利普一世成为"法国国王"		孔德：《实证哲学教程》公开出版	
1831－1832		美国：托克维尔和他的朋友博蒙在美国逗留，研究监狱制度		
1834		法国：法国统计总署成立，这是国家统计和经济研究所的前身		

续表

日期	政治事件	事实和制度	主要成果	人文科学
1835			托克维尔:《论美国的民主》,第1卷和第2卷	
1837	英国:维多利亚女王登基			
1838			凯特勒:《社会物理学》	古诺:《财富理论的数学原理的研究》
1838—1848	英国:国家工业化加速导致发生激烈劳工骚动			
1840		波纳德逝世	托克维尔:《论美国的民主》第3卷和第4卷 维莱姆:《全国工人的身体和道德表》 蒲鲁东:《什么是财产?》	
1841	英国:矿工协会成立,标志着工会的产生			

续表

日期	政治事件	事实和制度	主要成果	人文科学
1842		德国：马克思担任科隆《莱茵报》的编辑	孔德：《实证哲学教程》完成出版	
1843			马克思：《黑格尔法哲学批判》	
1844－1845		法国：马克思在巴黎逗留。其间，他会见了恩格斯和蒲鲁东		
1846			蒲鲁东：《贫困的哲学》	
1846－1849	英国：采用自由贸易的法律			
1847		孔德宣布创建人道教		
1848	法国：路易－菲利普国王被推翻，法国改为共和国。路易－拿破仑·波拿巴通过普选成为共和国总统。	马克思和恩格斯共同为"共产主义者同盟"撰写《共产党宣言》 实证主义协会成立	马克思：《哲学的贫困》，批判蒲鲁东	

续表

日期	政治事件	事实和制度	主要成果	人文科学
1849	托克维尔担任了四个月的外交部长，戈宾诺担任其助手	英国：马克思定居伦敦		
1850			马克思：《法兰西的阶级斗争》	施泰因：《法国社会运动史》
1850－1851			托克维尔写《回忆录》	
1851	法国：路易－拿破仑·波拿巴政变		孔德：《创建人性宗教的社会学契约》开始出版	
1851－1862		马克思与《纽约论坛报》合作		
1852	法国：通过全民公投恢复帝国荣光 路易－拿破仑·波拿巴称拿破仑三世		孔德：《实证教义问答》 斯宾塞：《社会静力学》	
1853－1855			戈宾诺：《人种不平等论》	
1854			孔德：《社会学》出版完成	

续表

日期	政治事件	事实和制度	主要成果	人文科学
1855			勒普雷:《欧洲劳工》	
1856		勒普雷建立社会经济学学会	托克维尔:《旧制度与大革命》	
1857		英国:"国家社会科学促进协会"成立 孔德逝世		
1859		托克维尔逝世	马克思:《政治经济学批判》	达尔文:《物种起源》
1861-1865	美国:南北战争			
1862	俾斯麦成为普鲁士王国内阁首相			
1863		维莱姆逝世		
1864	马克思在伦敦成立国际工人联合会			甫斯特尔·德·库朗日:《古代城邦》
1866				穆勒:《逻辑体系》
1867		杜卢伊创建高等研究实践学院。第一批专业是精密数学和自然科学,1868年才成立历史和语言系(第四个系部)	马克思:《资本论》第一卷	

续表

日期	政治事件	事实和制度	主要成果	人文科学
1869	美国：第一条连接太平洋和大西洋的铁路		高尔顿：《遗传的天才》	
1870	普法战争爆发 法兰西第二帝国覆灭			
1871	德国：德意志第二帝国在凡尔赛宫宣告成立 法国：镇压巴黎公社	法国：巴黎自由政治学堂成立	马克思：《法兰西内战》 勒普雷：《灾难后的社会和平》	泰勒：《原始文化》
1872年		法国：利特雷建立实证精神 社会学学会		
1874		由勒普雷创建的社会和平联盟开始运作 凯特勒逝世	冯特：《生理心理学原理》	瓦尔拉斯：《纯粹政治经济学要义》
1874－1896			斯宾塞：《社会学原理》	
1875			《资本论》第一卷的法语版翻译出版 龚普洛维奇：《种族和国家》	

续表

日期	政治事件	事实和制度	主要成果	人文科学
1876				里博创办《哲学月刊》，其中发表了大量的社会学著作。莫诺创办《历史月刊》
1876－1893				丹纳：《当代法国的起源》
1877		法国：第一篇社会学博士论文诞生，受到斯宾塞思想的启发	埃斯皮纳斯：《动物社会》	摩根：《古代社会》
1878			舍夫勒：《社会本体的构造与生活》	
1880			富耶：《当代社会科学》	
1881		法国：勒普雷主义运动，催生《社会改革》	勒庞：《人类与社会》（采用功能主义范式解释人类社会的演变）	
1881－1889	法国：通过《初等教育法》，使初等教育公开、自由、世俗化和强制			

续表

日期	政治事件	事实和制度	主要成果	人文科学
1882		勒普雷逝世 戈宾诺逝世		
1882－1891				拉采尔：《人类地理学》
1883		马克思逝世	斯宾塞：《国家权力与个人自由》	莫斯卡：《关于政府和议会制的理论》
1885		法国：高等研究实践学院开设第五个系部（宗教科学系） 勒普雷主义运动分裂成两大对立的派系："社会科学"和"社会经济学学会" 高等统计委员会成立	龚普洛维奇：《社会学大纲》	
1885－1886		涂尔干在德国游学		
1886		法国：社会科学小组创办了自己的期刊《社会科学》的勒普雷方法，很快改名为《社会科学之观察法》		尼采：《善恶的彼岸》

续表

日期	政治事件	事实和制度	主要成果	人文科学
1887		法国：涂尔干主持波尔多大学文学院的教学课程。社会学方法和社会科学课程。社会学首次进入大学的教学科目	滕尼斯：《共同体与社会》	基德、维利、朱丹和杜贵特创办《政治经济学》
1888	德皇威廉二世加冕			
1889			高尔顿：《自然遗传》	
1889～1902			布斯：《伦敦人的生活与劳动》	
1890	德国：俾斯麦被威廉二世免职 美国：成为西方头号经济体		塔尔德：《模仿律》	弗雷泽：《金枝》 马歇尔：《经济学原理》
1891		法国：设立劳工局，负责收集和编制社会统计 法国统计总署隶属于劳工局 布鲁塞尔自由大学成立了社会和政治科学学院		《哲学年鉴》复刊（1868年创刊，法兰西第二帝国阕台时停刊）维达尔·德拉布拉切创办了《地理年鉴》

续表

日期	政治事件	事实和制度	主要成果	人文科学
1892		美国：芝加哥大学成立社会学系；斯莫尔担任第一任系主任	齐美尔：《历史哲学问题》 西盖勒：《犯罪的群众》	
1893		法国：沃姆斯创办《国际社会学研究所年鉴》和《国际社会学杂志》	涂尔干：《社会分工论》	莱昂和阿莱维创办《形而上学与道德》
1894	法国：爆发德雷福斯事件	法国：埃斯皮纳斯负责索邦大学社会经济史课程 尚布伦伯爵建立社会博物馆 布鲁塞尔：索尔维研究所所成立 弗赖堡：韦伯成为政治经济学教授	斯莫尔和文森特：《社会学研究导论》（大概是第一本公开出版的社会学习手册） 伊里租莱：《现代城市》	
1895		法国：《形而上学与道德》开设题为"社会学年鉴"的版面 英国：自由社会科学院成立，延续了"孔德主义社会学"	涂尔干：《社会学方法的准则》 布格雷《德国社会学》（与《社会学方法的准则》中的社会学概念略有差距）	

续表

日期	政治事件	事实和制度	主要成果	人文科学
1895		伦敦经济与政治科学学院成立 芝加哥:《美国社会学》创办	勒庞:《乌合之众：大众心理》，献给里博的书	
1896		法国：涂尔干被任命为波尔多大学社会科学教授 沃姆斯创建了巴黎社会学会，塔尔德担任第一届会长	沃姆斯:《功能与社会》 李凯尔特:《自然科学概念形成的限制》 韦伯:《古典西方文明衰落的社会原因》 吉丁斯:《社会学原理》 帕累托:《政治经济学教程》	
1896－1897		涂尔干在阿尔康出版社创办了《社会学年鉴》		
1897			涂尔干:《自杀论》 德莫兰：《盎格鲁－撒克逊的优越性》 韦伯:《工业民主》	

续表

日期	政治事件	事实和制度	主要成果	人文科学
1897 – 1901		德国*：韦伯患上严重的精神疾病，中止一切活动		
1897 – 1903		图维尔：《特殊家庭史》		
1898	法国：《震旦报》发表"佐拉的控诉"，要求重审德雷福斯案	法兰西公学院创立社会哲学教授职位，伊祖莱人选，涂尔干作为候选人落选；德莫兰这位勒普雷的门徒，创办了"岩石"学校，成为20世纪培育资产阶级精英的热门学校	塔尔德：《社会心理学研究，社会规律》	
1899	法国：几个勒普雷主义者参与创建了"社会主义团结集团"，这是一家新的出版和编辑协会，领导人是佩吉		布格雷：《平等观》 凡勃伦：《有闲阶级论》	

续表

日期	政治事件	事实和制度	主要成果	人文科学
1900	英国：工党成立	法国：第一届巴黎社会科学教育国际大会 塔尔德被任命为法国现代哲学委员会主席 莫斯、福柯、西米安等涂尔干主义者建立了社会主义学派 巴黎社会教育大会：涂尔干呼吁在大学开设更多的社会经济学课程	齐美尔：《货币哲学》	弗洛伊德：《梦的解析》
1901	英格兰：维多利亚女王驾崩	法国：莫斯和于贝尔被高等研究实践学院任命为宗教科学讲座的讲师	霍布豪斯：《进化中的心灵》 吉丁斯：《归纳社会学》	
1902			桑巴特：《现代资本主义》（第1版）	保罗·维达尔·白兰士：《法国地理学大纲》（被视为法国地理学派的开山之作）

续表

日期	政治事件	事实和制度	主要成果	人文科学
1903		德国**：韦伯与桑巴特创办了《社会科学与政策期刊》 英国：英国社会学学会成立		列维－布鲁尔：《广义道德与科学》 泰勒：《空间管理》
1903－1907		斯宾塞、图维尔、施夫勒逝世	沃姆斯：《社会科学哲学》	
1904		法国：涂尔干开始在高等师范学院讲授"法国教育演进"课程 在法兰西学院，贝格松继承丁塔尔德逝世之后的现代哲学教授的职位 涂尔干仍然落选，被排除在法兰西公学院之外 韦伯访问英国 塔尔德逝世	温德兰：《历史与科学》 于贝尔和莫斯：《巫术理论总纲》	

续表

日期	政治事件	事实和制度	主要成果	人文科学
1905	法国：政教分离法案 社会主义政党法国国际工会成立		费里：《犯罪社会学》 斯莫尔：《一般社会学》	勒克吕：《人类与地球》
1905－1920			冯特：《人类心理学概要》	
1906		法国：涂尔干担任索邦大学教育科学科学教授	富耶：《道德社会学概要》 霍布豪斯：《进化的道德》	芒图：《十八世纪产业革命》 帕累托：《政治经济学手册》
1907		索邦大学：列维·布鲁尔任期到期，与涂尔干关系密切的布来格接任 《社会学年鉴》重组 SGF首次对巴黎的800个工人家庭开展消费者调查 英国：伦敦政治经济学院成立社会学系 美国：美国社会学学会成立 德莫兰逝世	沃姆斯：《社会科学哲学》 萨姆纳：《民俗论》 托马斯：《性别与社会》	

续表

日期	政治事件	事实和制度	主要成果	人文科学
1908		法国：韦伯、齐美尔、滕尼斯组建德国社会学会 芝加哥：托马斯开始了对"波兰农民"的调查	布格雷：《种姓制度论》（该书为阿尔康出版社"社会学年鉴"系列丛书的第一部） 齐美尔：《社会学》 索雷尔：《论暴力》	
1909		英国：《社会学评论》创刊 龚普洛维奇逝世	于贝尔和莫斯：《宗教历史文集》	
1910		法国：SGF再次独立、直属于劳工部 萨姆纳逝世	狄尔泰：《精神科学中历史世界的构建》	列维-布鲁尔：《底层社会的心理功能》
1911		西米安担任高等研究实践学院第四部门的教授 涂尔干之者拉皮尔成为图卢兹学院校长 SGF首次开展对商品零售价格的定期调查 高尔顿、狄尔泰逝世	米歇尔斯：《政党政治》	博厄斯：《原始人的心智》 米歇尔斯：《政党政治》

续表

日期	政治事件	事实和制度	主要成果	人文科学
1912		德国：韦伯离开德国社会学协会指导委员会；富耶逝世	涂尔干：《宗教生活的基本形式》；哈布瓦赫：《工人阶级及其生活水平》（由索邦大学资助的研究工人阶级世界的首篇论文）；爱尔伍德：《心理学原理》	弗洛伊德：《图腾与禁忌》；熊彼特：《经济发展理论》
1913		法国：涂尔干获得索邦大学社会学教授职位；《社会学年鉴》首个系列的最后一卷（第7卷）出版；沃德、西盖勒逝世	桑巴特：《资产阶级》；哈布瓦赫：《普通人的理论》	西盖勒：《法国西部政治表》；马林诺夫斯基：《澳大利亚土著家庭》
1914	第一次世界大战爆发			
1915		文德尔班逝世	海耶斯：《社会学研究导论》	
1916		布斯去世	帕累托：《普通社会学纲要》；帕克发表了关于"城市"的纲领性文章，宣告芝加哥学派的确立	列宁：《帝国主义是资本主义的最高阶段》

续表

日期	政治事件	事实和制度	主要成果	人文科学
1917	俄国：布尔什维克革命	涂尔干逝世		
1918	第一次世界大战结束 韦伯担任德国参加凡尔赛会议代表团的专家成员，也加入了费起草魏玛宪法的委员会	齐美尔逝世 蒙尼黑：韦伯发表《以科学为志业》和《以政治为志业》的演讲	库利：《社会过程》 托马斯、兹纳涅茨基：《波兰农民（1918－1920）》 齐美尔：《社会学与认识论》	
1919	《凡尔赛条约》签订，第三国际成立	苏联：索罗金领导成立第一个社会学研究所（在彼得格勒大学） 德国：第一次设立了社会学教职（在法兰克福大学）		贝格松：《心力》
1920	法国：法国共产党在图尔召开成立大会	法国：社会文献中心成立（布格雷）；为心理学专业哲学学士学位，培训社会学专业教师 英国："勒普雷之家"建立（布兰德福德）	罗斯：《社会学原理》	白吕纳：《法国人文地理学》 杜威：《哲学的改造》 弗洛伊德：《超越唯乐原则》 巴甫洛夫：《条件反射研究》

269

续表

日期	政治事件	事实和制度	主要成果	人文科学
1920		冯特逝世 马克斯·韦伯逝世 维也纳学派形成		
1921		德国:《科隆社会学季刊》创刊(冯·维泽)	帕克,伯格斯:《社会学导论》	拉洛:《艺术与社会生活》 萨丕尔:《语言论》 维达尔·白兰士:《人文地理学原理》(身后出版) 维特根斯坦:《逻辑哲学论》
1922	苏联:斯大林成为苏共中央总书记 意大利:墨索里尼掌权	美国:洛克菲勒基金会设立社会科学研究理事会;社会和宗教教研所成立	布格雷:《价值观演变的社会学教程》 达维:《司法信仰》 奥格本:《社会变迁》 菲尔坎特:《社会研究》 韦伯:《经济与社会》(遗世后出版)	马林诺夫斯基:《西太平洋上的航海者》 梅耶:《印欧语方言》
1923		德国:社会研究所(法兰克福学派)成立 帕累托逝世	达维,莫雷:《从部落到帝国》 卢卡奇:《历史与阶级意识》	皮亚杰:《儿童的语言和思想》 舍勒:《共感的本质与形式》

续表

日期	政治事件	事实和制度	主要成果	人文科学
1924	英国：工党首次执政	索罗金移居美国苏联：社会学中断	舍勒：《知识社会学初探》冯·维泽：《一般社会学体系（1924-1929）》	沃森：《行为主义》布洛赫：《国王神迹》
1925		德国：《社会学年刊》（1925-1927）；《国际心理学与社会学》	戈布洛：《隔阂与地位》哈布瓦赫：《记忆的社会框架》帕克、伯吉斯，麦肯齐和沃斯：《城市》	莫斯：《礼物》巴甫洛夫：《条件反射》
1926		法国：法国社会研究所成立沃姆斯逝世		雅内：《从痛苦到狂喜》
1927		美国：埃尔顿·梅奥在霍桑开展实验于贝尔逝世	索罗金：《社会流动》	弗洛伊德：《幻想的未来》格雷图伊森：《资产阶级精神的起源》海德格尔：《存在与时间》考茨基：《唯物史观》马西斯：《捍卫西方》

续表

日期	政治事件	事实和制度	主要成果	人文科学
1928			涂尔干:《社会主义》(逝世后出版) 维尔特:《犹太人社区》	玛格丽特·米德:《萨摩亚人的成年》 舍勒:《世界人类现状》
1929	美国:华尔街危机	霍布豪斯逝世 法国:《年鉴》创刊	葛兰言:《中国文明》 林德夫妇:《米德尔敦》 曼海姆:《意识形态与乌托邦》	胡塞尔:《形式逻辑与先验逻辑》 瑟斯顿:《态度测量》
1930		美国:哈佛成立社会学系(索罗金)。 英国:社会学研究所变为社会学会	哈布瓦赫:《自杀的原因》 奥尔特加-加塞特:《大众的反叛》	弗洛伊德:《文化中的不满》
1931			菲尔坎特(主编):《社会学手册》	雅斯贝尔斯:《时代的精神状况》
1932	美国:罗斯福首次当选为总统	德国:《社会研究杂志》创刊(1932-1933) 法国:收到洛克菲勒第一批捐赠资金	古尔维奇:《社会法律思想》 舒茨:《社会世界的意义建构》 西米安:《工资、社会演化和货币》 比阿特丽丝·韦布和西德尼·韦布:《社会研究方法》	贝格松:《道德和宗教的两个源泉》 尼赞:《看门狗》

续表

日期	政治事件	事实和制度	主要成果	人文科学
1933	德国：第三帝国建立	法国：经济和社会科学研究所成立（李斯特领导）	埃利亚斯：《拉扎斯菲尔德眼中的社会：玛丽恩塔尔的失业者》梅奥：《工业文明中的人类问题》	
1934		德国：德国社会学学会解散 法国：《社会学年鉴》创刊	弗里德曼：《苏联和资本主义国家的机械化问题》乔治·米德：《心灵、自我和社会》莫雷诺：《谁将生存？》	巴什拉：《新科学精神》卡尔纳普：《语言的逻辑语法》葛兰言：《中国思维》芒福德：《技术与文明》波普尔：《科学发现的逻辑》
1935		法国：大学社会研究理事会成立（查莱蒂，莫斯领导）《社会研究》创刊（勒普雷学派的机关报）美国：盖洛普研究所成立	阿隆：《当代德国社会学》阿尔弗雷德·韦伯：《文化社会学领域中的文化史》奥尔波特：《社会心理学手册》贝特森：《纳文》玛格丽特·米德：《三个原始部落的性别与气质》穆尼尔：《个人主义者和社区的革命》	

续表

日期	政治事件	事实和制度	主要成果	人文科学
1936	罗马－柏林轴心形成，西班牙：内战，法国：人民阵线成立	美国：美国社会学会的危机，《美国社会学评论》创刊；滕尼斯逝世		凯恩斯：《就业、利息和货币通论》；勒温：《拓扑心理学原理》；林顿：《人的研究》
1937		法国：人类博物馆开馆	帕森斯：《社会行动的结构》；索罗金：《社会和文化动力》	霍妮：《我们时代的神经质人格》；托洛茨基：《被背叛的革命》
1938	奥地利：德奥合并，法国：法国公共舆论研究所（斯托策尔领导）；社会学学院成立	哈布瓦赫：《社会形态学》	阿隆：《历史哲学导论》；马歇尔：《阶级冲突与社会分层》	雅斯贝尔斯：《存在哲学》；斯金纳：《有机体的行为》；德日进：《人的现象》
1939	第二次世界大战爆发，西班牙：弗朗哥掌权	弗洛伊德逝世	凯卢瓦：《人与圣物》；埃利亚斯：《文明的进程》；《西方的动力》；林德：《知识为何？》	布洛赫：《封建社会》；克罗齐：《作为思想和行动的历史》；弗洛姆：《摇篮》；列斐伏尔：《历史唯物主义》

续表

日期	政治事件	事实和制度	主要成果	人文科学
1940		莫顿和拉扎斯菲尔斯德尔成为哥伦比亚大学教授 布格雷逝世		埃文斯·普里查德:《努尔人》 克拉克:《经济进步的条件》
1941		桑巴特逝世 美国:应用社会研究局（BASR）在哥伦比亚大学成立（拉扎斯菲尔德领导）	沃纳等人:《扬基市》系列	伯纳姆:《管理革命》
1942				熊彼特:《资本主义、社会主义与民主》 波普尔:《开放社会及其敌人》
1943		法国:海外科学技术研究办公室（ORSTOM）成立	拉扎斯菲尔德等人:《人民的选择》 斯托策尔:《舆论理论》	海德格尔:《论真理的本质》 萨特:《存在与虚无》
1944		美国:帕森斯接替索罗金的位置 哈布瓦赫逝世 法国:精神的再教育（贝金、多梅纳赫、穆尼尔）	缪尔达尔:《美国的困境》	马林诺夫斯基:《科学的文化理论》 冯·诺伊曼与摩根斯顿:《博弈与经济行为理论》

续表

日期	政治事件	事实和制度	主要成果	人文科学
1945	第二次世界大战结束 英国：工党政府上台	哈布瓦赫逝世 法国：国家人口研究所（INED）成立		林顿：《人格的文化背景》 梅洛-庞蒂：《知觉现象学》
1946		法国：《现代》杂志创刊（阿隆、萨特、梅洛-庞蒂） 法国：《国际社会学辑刊》创刊（古尔维奇）；社会学家研究中心（CES）创立（古尔维奇）；国家统计和经济研究所（INSEE）成立 美国：帕森斯在哈佛大学创立社会关系系。		鲁塞：《集中营的世界》 萨特：《存在主义是一种人道主义》
1947		法国：高等研究实践学院第六系部成立。	弗里德曼：《工业机械主义的人类问题》 索罗金：《社会、文化和人格》 古尔维奇等：《20世纪社会学》	皮亚杰：《智力的诞生》 薇依：《重负与神恩》 莱恩哈特：《成为卡莫》 富拉斯蒂埃：《20世纪的伟大希望》

续表

日期	政治事件	事实和制度	主要成果	人文科学
1948	以色列建国			阿隆:《大分裂》 金赛:《人类男性性行为》
1949	中华人民共和国成立	国际社会学协会成立（在联合国教科文组织支持下） 法国:《社会学年鉴》（1949-1953）系列	莫顿:《社会理论与社会结构》 斯托福等:《美国士兵（1949-1950）》	阿多诺:《新音乐的哲学》 波伏娃:《第二性》 伊利亚德:《永恒轮回的神话》 利维-斯特劳斯:《亲属关系的基本结构》 穆尼尔:《人格主义》
1950		第一届世界社会学大会 英国:《英国社会学》创刊 莫斯逝世	阿多诺:《权力主义人格》 贝特兰和弗雷尔:《法国的一个普通城市:欧塞尔》 霍曼斯:《人类群体》 马歇尔:《公民身份与社会阶级》 莫斯:《社会学与人类学》（逝世后出版） 理斯曼等:《孤独的人群》	阿隆:《历史批判哲学》 弗朗卡斯泰尔:《绘画与社会》 皮亚杰:《遗传认识导言》 维纳:《人有人的用处:控制论和社会》

续表

日期	政治事件	事实和制度	主要成果	人文科学
1951		英国：英国社会学协会（BSA）成立	米尔斯：《白领》 帕森斯：《社会系统》 帕森斯和希尔斯（主编）：《关于一般行动理论》 朗特里和拉夫斯：《贫困与福利国家》	加缪：《反抗者》 雅斯贝尔斯：《哲学导论》 阿伦特：《极权主义的起源》
1952		德国：科隆大学社会科学研究所成立（联合国教科文组织支持） 国际社会科学理事会成立（巴黎，联合国教科文组织支持）	乔姆巴特·德·劳韦等人：《巴黎和巴黎大都市区》	杜梅齐尔：《印欧的神》 法农：《黑皮肤，白面具》 戈尔德曼：《人文科学与哲学》 拉德克利夫·布朗：《原始社会的结构与功能》
1953	苏联：斯大林逝世	法国：《社会学年鉴》第三次停刊；社会科学工作研究所（ISST）成立（弗里德曼领导）	本迪克斯和李普赛特：《阶层、状态和权力》	海德格尔：《形而上学导论》

续表

日期	政治事件	事实和制度	主要成果	人文科学
1954	美国：学校的种族隔离结束 美国：开始对越南南部的军事干涉		弗里德曼：《人类的工作去向？》 格拉斯：《英国的社会流动性》 拉扎斯菲尔德：《个人影响》	索维：《人口通论》 熊彼特：《经济分析史》（逝世后出版）
1955	华沙条约组织成立 英国：保守党重新上台		卡茨和拉扎斯菲尔德：《社会科学哲学》 拉扎斯菲尔德和罗森博格：《社会研究的语言》 图雷纳：《雷诺工厂工人的工作演变》	列维-斯特劳斯：《忧郁的热带》 马尔库塞：《爱欲与文明》 巴兰迪尔：《黑非洲当前的社会学》
1956	苏联干涉匈牙利	法国：许多知识分子和社会学家脱离法国共产党 印度：南亚经济和社会发展研究中心成立（加尔各答，教科文组织支持）	科塞：《社会冲突的功能》 戈夫曼：《日常生活中的自我呈现》 芮德菲尔德：《农民社会与文化》 索罗金：《现代社会学中的时尚与癖好》	戈尔德曼：《隐藏的上帝》 雅各布森和哈雷：《语言基础》 伊利亚德：《神圣与世俗》

续表

日期	政治事件	事实和制度	主要成果	人文科学
1956			怀特:《组织人》 米尔斯:《权力精英》	
1957		巴西:拉丁美洲社会科学研究中心(CENTRO:联合国教科文组织支持)	达伦多夫:《工业社会中的阶级和阶级冲突》 杨和威尔莫特:《东伦敦的家庭和亲属关系》	阿隆:《知识分子的鸦片》 巴特:《神话学》 乔姆斯基:《句法结构》 波普尔:《历史主义的贫困》 维特福格尔:《东方的专制主义》
1958	法国:第五共和国成立 美国:发射第一个人造卫星	计算机应用于研究和工业中 法国:开始授予社会学学士学位 智利:拉丁美洲社会科学学院成立(FLACSO:联合国教科文组织支持) 苏联:苏联社会学协会成立 法语国家社会学家协会(AISLF)成立(古尔维奇和詹妮领导)	古尔维奇(主编):《社会学论文集(1958—1960)》 休斯:《男人及其工作》 杨:《精英主义的兴起》 梅诺:《法国的压力集团》 西蒙和马驰:《组织》	凯洛伊斯:《游戏与人》 列维-施特劳斯:《结构人类学》 列斐伏尔:《日常生活批判》

续表

日期	政治事件	事实和制度	主要成果	人文科学
1959	古巴革命	《国际社会科学杂志》（教科文组织支持）取代了《国际社会科学公报》 法国：《劳动社会学》创刊	戈夫曼：《日常生活的自我呈现》 李普塞特和本迪克斯：《工业社会中的社会流动性》 米尔斯：《社会学的想象力》 康豪瑟：《大众社会政治》	萨特：《辩证理性批判》
1960	美国：肯尼迪成功当选总统（民主党）	法国：《法国社会学杂志》，《欧洲社会学档案》创刊	贝尔：《意识形态的终结》 李普塞特：《政治人》	格兰杰：《形式思维与人文科学》 蒂特马斯：《论社会责任的弱化》
1961	苏联：人类第一次绕太空轨道飞行 美国："猪湾事件"（古巴）失败	民主德国：图宾根日（"实证主义"的第二次争论）	弗里德曼和纳维尔：《劳动社会学辑刊》 戈夫曼：《避难所》 霍曼斯：《社会行为》	福柯：《古典时代的疯癫史》 加尔布雷斯：《富裕社会》 刘易斯：《桑切斯的孩子们》
1962	梵蒂冈第二次理事会 阿尔及利亚战争 苏联－美国："导弹危机"（古巴）	法国：法国社会学会成立 米尔斯逝世	阿隆：《工业社会18讲》 杜马泽迪尔：《向休闲文明迈进》	弗里德曼：《资本主义与自由》 库恩：《科学革命的结构》

续表

日期	政治事件	事实和制度	主要成果	人文科学
1962	美国：三月的民权运动 美国：肯尼迪遇刺		赫尔马尼：《政治、社会和现代化》	列维－斯特劳斯：《野性的思维》 麦克卢汉：《古登堡星系》
1963		美国社会学学会（ASS）改组为美国社会学协会（ASA）	贝克尔：《局外人》 克罗齐耶：《官僚主义现象》 戈夫曼：《污名》 马莱：《新工人阶级》 奥索夫斯基：《社会意识中的阶级结构》 汤普森：《英国工人阶级的形成》	马尔库塞：《单向度的人》 偏鲁：《经济与社会》 波普尔：《猜想与反驳》
1964	英国：工党政府上台 美国：《民权法案》颁布 美国：女性解放运动	欧洲社会科学研究和文献协调中心成立（"维也纳中心"，联合国教科文组织支持），《社会科学词典》出版（英国教科文组织支持）	布劳：《社会生活中的交往与权力》 布尔迪厄和帕斯隆：《继承人》 西库雷尔：《社会学的方法与测量》	勒高夫：《中世纪的西方文明》 莱罗伊－古尔汉：《姿势和语言》

续表

日期	政治事件	事实和制度	主要成果	人文科学
1964			伊斯顿:《政治生活的系统分析》 吉拉尔:《配偶的选择》 戈德曼:《论小说的社会学》	
1965	美国首次在越南北部开展军事行动	英国:社会科学研究理事会(SSRC)成立	图雷纳:《行动社会学》 奥尔森:《集体行动的逻辑》	阿尔都塞:《保卫马克思》 康吉莱姆:《认识生命》 富拉斯蒂耶:《四万小时》 弗里丹:《女性的奥秘》 毛泽东:《毛主席语录》
1966			伯格和卢曼:《现实的社会建构》 达拉斯(公司):《利润分享》 伦斯基:《权力和特权》 摩尔:《独裁与民主的社会起源》 尼斯贝特:《社会学传统》 雷诺(主编):《法国社会的趋势和意志》	拉康:《文集》 福柯:《词与物》 本维尼斯特:《普通语言学问题》 格雷马斯:《结构语义学》 康吉莱姆:《正常与病态》 杜蒙特:《等级人:种姓体系及其影响》

续表

日期	政治事件	事实和制度	主要成果	人文科学
1966	"罗素法庭" 反对美国出兵越南 希腊: 建立独裁政权		朗西曼:《相对剥夺与社会正义》 舒茨:《舒茨文选(1962－1966)》(逝世后出版)	
1967		英国:《社会学创刊》(英国社会学协会机关刊物)	阿隆:《社会学主要思潮》 布劳和邓肯:《美国的职业结构》 布东:《社会事实的数学分析》 加芬克尔:《民族方法学研究》 戈夫曼:《互动的仪式》	雷克斯和摩尔:《种族、社区和冲突》 皮亚杰:《逻辑和科学知识》 科西克:《具体的辩证法》 巴特斯:《流行体系》 布罗代尔:《物质文明与资本主义(1967－1979)》
1968	西欧、美国和日本: 学生运动 捷克斯洛伐克: 华约军队组织部队入侵 越南: "泰特攻势"	苏联: 科学院建立社会学研究所 索罗金逝世	布尔迪厄、尚博勒东和帕斯隆:《社会学家的职业》 戈德素普等:《富裕的工人》 甘德－弗兰克:《资本主义与拉丁美洲的欠发达》	加尔布斯:《新工业国》 鲍德里亚:《物体系》 贝塔兰菲:《一般系统论》

续表

日期	政治事件	事实和制度	主要成果	人文科学
1969	法国：蓬皮杜接替戴高乐将军担任总统		布鲁默：《符号互动论》 卡多佐：《拉丁美洲发展社会学》 图雷纳：《后工业社会》	阿多诺：《从维也纳到到法兰克福：社会科学的争论》 阿利埃斯：《旧制度下的儿童和家庭生活》 德鲁兹：《反俄狄浦斯》 福柯：《知识考古学》
1970	英国：保守党政府上台	保加利亚：召开第七届国际社会学学会大会 开始宣传社会科学和人文科学研究的主要趋势（联合国教科文组织支持）	鲍德里亚：《消费社会》 布尔迪厄和帕斯隆：《再生产》 埃利亚斯：《什么是社会学？》 弗里德曼里希斯：《社会学的社会学》 赫希曼：《退出、呼吁与忠诚》 列斐伏尔：《从农村到城市》 普兰查斯：《政治权力和社会阶层》	德弗罗：《论一般民族精神病学》 艾尔德曼：《马克思主义与人文科学》 米利特：《性政治》 莫诺：《偶然性与必然性》

续表

日期	政治事件	事实和制度	主要成果	人文科学
1971		法国:《经济与社会》（韦伯）部分翻译成法语	鲍德洛与埃斯塔比:《法国资本主义学派》 伯尔尼鲍姆:《走向批判性社会学》 布劳和邓肯:《组织结构》 古尔德纳:《西方社会学面临的危机》	伊利奇:《非学校化社会》 库珥:《精神病学和反精神病学》 罗尔斯:《正义论》 维恩:《如何书写历史》 萨特:《家庭白痴》
1972			卡斯特尔:《城市问题》 詹克斯等:《不平等:再评价美国家庭和学校的影响》	吉拉尔:《暴力与神圣》
1973	有关结束越南战争的协定在巴黎签订 智利:独裁政权应对第一次石油危机	法国:高等研究实践院第六系部改组成为社会科学高等学院（EHESS）	布东:《机会不平等》 西库雷尔:《认知社会学》 吉登斯:《发达社会的阶级结构》 图雷纳:《社会生产》	勒华·拉杜里:《历史学家的领地》 索维:《零增长》 格尔茨:《文化的解释》

续表

日期	政治事件	事实和制度	主要成果	人文科学
1974		苏联:《社会学研究》创刊	安德森:《从古代到封建主义的过渡》、《绝对主义国家的系谱》；戈夫曼:《经验的框架》	巴兰迪尔:《政治人类学》
1975		法国:《社会科学研究行动》创刊（布尔迪厄主编）	柯林斯:《冲突社会学》；斯泰西:《权力，坚持和变迁》	费耶阿本德:《反对方法》；福柯:《规训与惩罚》
1976	阿根廷:独裁政权上台	拉扎斯菲尔德逝世	贝尔:《资本主义文化矛盾》	瓦茨拉威克:《现实的现实》
1977		弗里德曼逝世；法国:"新哲学家"	布劳:《不平等和异质性》；布东:《扭曲的效果和社会秩序》；克罗齐耶和弗里德伯格:《行动者与系统》	莫兰:《方法》(第1卷)
1978			谢林:《微观动机与宏观行为》；蒂利:《从动员到革命》	泽尔丁:《法国人的浪漫史(1978-1981)》；霍尔顿:《科学的想象力》

续表

日期	政治事件	事实和制度	主要成果	人文科学
1979		帕森斯逝世	布东：《社会的逻辑》 布尔迪厄：《区分》 埃尔斯特：《尤利西斯和塞王》 斯考切波：《国家与社会革命》	富拉斯蒂耶：《光荣的三十年》 普里高津和斯唐热：《新联盟》
1980		萨特逝世	戈德素普：《现代英国的社会流动性与阶级结构》 布尔迪厄：《实践感》	德弗勒：《从焦虑到方法》
1981	美国：里根上台 法国：社会党执政	美国：联邦资助的崩溃：社会科学协会联合会（COSSA）成立 法国：齐本尔的著作被翻译成法语 拉康逝世		哈贝马斯：《沟通行动理论》 罗桑瓦隆：《福利国家的终结》
1982		英国：经济与社会研究理事会（ESRC）取代社会科学研究理事会 戈夫曼逝世	亚历山大：《社会学的理论逻辑（1982－1984）》 布东和布里奇奥：《社会学批判词典》 赫希曼：《私人利益与公共行动》	

续表

日期	政治事件	事实和制度	主要成果	人文科学
1983		阿隆逝世 休斯逝世		利波维茨基：《空虚时代》
1984		福柯逝世	布劳和施瓦茨：《相互关联的社会属性》 布东：《混乱之处》 吉登斯：《社会宪法》 图雷纳等：《劳工运动》 蒂利：《大结构、大过程、大比较》 卢曼：《社会系统》	
1985	美国：里根获得连任 苏联：戈尔巴乔夫担任苏共总书记		亚历山大（主编）：《新功能主义》 伯格和泽尔迪奇：《地位、奖励和影响》 马费索利：《普通认识》	贝拉等：《心灵的习性》
1986		法国：当代社会研究所取代社会学家研究中心	布东：《意识形态》	文森特：《激情生物学》

续表

日期	政治事件	事实和制度	主要成果	人文科学
1987		斯托策尔逝世	埃利亚斯：《个体的社会》	费耶阿本德：《告别理性》
1988			乔纳森·特纳：《社会互动理论》	努瓦利耶：《法国熔炉》
1989	柏林墙倒塌 美国：老布什当选		布尔迪厄：《国家精英》 雷诺：《博弈规则》	罗蒂：《偶然、反讽与团结》
1990		埃利亚斯逝世 阿尔都塞逝世	布东：《自我说服的艺术》 科尔曼：《社会理论的基础》 英格尔哈特：《发达工业社会的文化转型》	普特南：《具有人的面孔的实在论》 劳埃德：《揭秘心态》
1991	海湾战争 华沙条约组织解散。苏联解体。	布里科逝世	博尔坦斯基和特维诺：《证实：至上》 杜比和佩罗：《女性史》	
1992	欧共体：《马斯特里赫特条约》签订 前南斯拉夫战争	托马斯·波特摩尔逝世	布东（主编）：《社会学文集》 布尔迪厄：《世界的苦难》 图雷纳：《现代性批判》 约阿斯：《行动的创造性》	福山：《历史的终结与最后的人》 格兰杰：《检验》

续表

日期	政治事件	事实和制度	主要成果	人文科学
1993	卢旺达：部落战争 俄罗斯：暴力政治 巴勒斯坦：以色列－巴勒斯坦解放组织签订协定	纳维尔逝世	鲍甘：《法国社会及其贫困》	吉尔：《实证文集》
1994	世贸组织在马拉喀什成立	费耶阿本德逝世 波普尔逝世	迪贝：《经验社会学》 布尔迪厄：《实践的理性》 德热纳和福斯：《社交网络》 斯梅尔瑟和斯威德伯格（主编）：《经济社会学手册》	达马西奥：《笛卡尔的错误》 福尼耶：《莫斯传》 霍布斯鲍姆：《极端的年代》 里夫金：《工作的终结》
1995	法国：雅克·希拉克当选总统	法国：《社会学研究方法的准则》发表一百周年（波尔多大学召开专题研讨会） 詹姆斯·塞缪尔·科尔曼逝世	布东：《正义与真相》 阿切尔：《现实主义社会理论》 卡斯特：《社会问题的变形》	金利卡：《多元文化的公民身份》 塞尔：《社会实在的建构》
1996	美国：比尔·克林顿再次当选总统	万斯·帕卡尔逝世 阿兰·吉拉尔逝世 美国：索卡尔事件 法国：布尔迪厄主编《自由的交流》（"行为的理性"）	贝克：《世界风险社会》 卡斯特：《网络社会》 斯珀伯：《思想的传播》 特巴拉：《从移民到同化》	布罗姆博格：《足球比赛》 亨廷顿：《文明冲突论》 勒高夫：《圣路易》 努瓦利耶：《历史学的"危机"》

续表

日期	政治事件	事实和制度	主要成果	人文科学
1997	京都议定书		布东、布维尔和查泽尔（主编）:《认知和社会科学》 卢曼:《社会的社会》 伯尔尼鲍姆:《民族主义社会学》	库图瓦等人:《共产主义黑皮书》 雅各布:《为什么事情有意义?》 索卡尔和布里蒙特:《知识分子的欺诈》
1998		尼克拉斯·卢曼逝世 曼瑟·奥尔森逝世 雄巴尔·德·劳韦逝世 涂尔干《致马塞尔·莫斯的信》出版（由贝斯纳尔、福尼耶操办）	布尔迪厄:《男性统治》 迪贝和马丁塞利:《我们生活在一个什么样的社会?》 海尼希:《当代艺术的三重奏》 拉伊尔:《多元的人》	阿费尔冈:《世界的多元性》 埃伦伯格:《对自身的厌倦》 格兰杰:《非理性》
1999	科索沃冲突		布东:《价值观》 埃齐奥尼:《隐私的限度》	焦耳和博沃伊斯:《自由同意的提交》 哈贝马斯:《真理与论证》 拉图尔:《自然的政治》 鲁索（主编）:《斯大林主义和纳粹主义》

日期	政治事件	事实和制度	主要成果	人文科学
2000	美国：小布什当选总统 俄罗斯：普京当选总统 巴勒斯坦：第二次大起义	魁北克：第16届法语国家社会学家协会大会（"同一个世界社会？"）	施纳珀：《什么是公民身份？》 德莱利：《集体的自由》 图雷纳等：《寻找自我》	利科：《记忆、历史、遗忘》
2001	美国：9·11袭击，发动对阿富汗的军事干涉	法国：伊丽莎白·泰西埃论文事件 法国：法国社会学会取代法国社会学学会	布尔迪厄：《科学之科学与反观性》 德梅拉斯：《穿越诸神：文字宗教和世界政治》	
2002	1月1日，欧元在12个欧盟国家流通 法国：让·玛丽·勒庞（得票率为16.86%）进入第二轮总统统选举 巴西：卢拉当选总统 11月：在佛罗伦萨召开首届欧洲社会论坛	法国：建立思想共和国小组 布尔迪厄逝世	布尔迪厄：《单身者舞会：贝亚恩农村社会的危机》 科尔屈夫：《玻璃的伦理——丁脆弱的伦理》 迪贝：《机构的衰落》	阿特兰：《我们信仰的神：宗教演化图景》 戈谢：《反对自身的民主》
2003	3月20日：美英联军在没有联合国授权的情况下对巴格达进行首轮轰炸 法国：颁布退休改革法案	第一期"上海排名"发布 法国：发起"拯救教研究"的集体活动	阿尔切：《结构、机构与内部对话》 布东：《理性、好的理性》 布朗纳：《信仰帝国》	努瓦利耶：《思考之，反对历史学家的旅程》 皮耶特：《宗教事实：普通宗教理论》

续表

日期	政治事件	事实和制度	主要成果	人文科学
2004	法国：法律禁止在学校佩戴任何有明显宗教标志的物品 西班牙：马德里发生恐怖袭击，约200人丧生 欧盟：5月1日，有10个国家加入欧盟，成员国总数达到25个 美国：小布什获得连任 乌克兰：橙色革命	美国社会学协会：布拉沃伊在演讲中提出"公共社会学" 法国社会学协会（即之前的法国社会学会）召开第一届大会	阿勃：《发现方法：社会学的启发式方法》 布尔迪厄：《自我分析纲要》 拉图尔：《个体的文化》	巴特勒：《脆弱不安的生命——2011年9月11日之后哀悼与暴力的力量》 苏布拉曼扬：《互联历史中的探索：从塔霍河到恒河》 佩特雷－格罗努约《贩卖黑奴：通观历史评论》
2005	教宗若望·保禄二世逝世 马哈茂德·阿巴斯当选巴勒斯坦民族权力机构主席 德国：默克尔接替施罗德担任总理 法国：因两名北非裔移民少年意外身亡引发郊区暴力骚乱（11月9日，全国进入紧急状态）	法国：成立国家研究局（ANR）	拉图尔：《改变社会，重组社会学》 鲍甘：《贫穷的基本形式》 弗洛伦斯·韦伯：《血统，姓名与日常生活：务实亲情社会学》	科尔班、库尔第纳和维加埃罗：《身体的历史》 德斯科拉：《超越自然和文化》 朗西埃：《对民主之根》 琼·斯科特：《对等：性别平等和法国普遍主义的危机》

续表

日期	政治事件	事实和制度	主要成果	人文科学
2006	俄罗斯（10月7日）：女记者安娜·波利特科夫斯娅在俄罗斯被暗杀 伊拉克（12月30日）：萨达姆·侯赛因被绞死	法国：成立高等教育和研究评估机构（AERE） 法国：《社会学》杂志创刊	迪贝等：《不公：工作不平等的经验研究》 泰弗诺：《复数行为：制度承诺的社会学》	戴蒙德：《崩溃：社会如何选择成败兴亡》 阿帕杜莱：《小数字大恐慌——关于愤恐的地形志之文集》 古迪：《偷窃历史》
2007	欧盟：接纳罗马尼亚和保加利亚 政府间气候变化专门委员会关于全球变暖的第四次评估报告 法国：尼古拉·萨科齐当选共和国总统 美国：次贷危机（之后爆发金融危机直到2011年） 欧盟：《里斯本条约》签署（12月13日）	法国：《大学自由和责任法》（LRU） 大学抗议活动	卡那：《礼物人类学：第三种范式》 萨森：《全球化社会学》	戴维斯：《地狱般的幻觉城市》 哈兹菲尔德：《新资本主义德：羚羊战略》 勒福尔：《现代》

续表

日期	政治事件	事实和制度	主要成果	人文科学
2008	古巴：劳尔·卡斯特罗接替其兄长菲德尔 俄罗斯：梅德韦杰夫担任总统，普京担任总理 美国：雷曼兄弟破产，全球金融危机 美国：奥巴马成功当选总统		戈勒雅克：《谁是"我"？主体的临床社会学》 范德维尔德：《成为成年人：欧洲青年的比较社会学》	戈兹：《生态学》 奥多因－鲁佐：《战斗：现代战争的历史人类学》
2009	6月：世界卫生组织宣布甲型H1N1流感进入大流行阶段。	列维－斯特劳斯逝世 法国：教师－研究员运动 设立"列维－斯特劳斯"奖	布朗纳：《极端思想：普通人如何成为狂热分子》 卡斯特尔：《不确定性的崛起》 迪贝：《社会劳动》 芒格：《创造性劳动：在不确定中实现》	拉雷尔：《自然的善用：基于环境的哲学》 斯科特：《赞米亚或不被统治的艺术》 塞伯恩：《从马克思主义到后马克思主义？》
2010	伊拉克：战争结束 巴西：迪尔玛·罗塞夫当选总统 突尼斯（12月）：革命开始	法国：《社会学》杂志创刊	布东：《社会学作为科学》 马图切利：《独特的社会》 泽利泽：《经济生活：文化如何塑造经济》	巴迪乌和齐泽克（主编）：《共产主义观念》 斯奈德：《血腥之地：希特勒和斯大林之间的欧洲》

续表

日期	政治事件	事实和制度	主要成果	人文科学
2011	埃及（1月）：革命开始 叙利亚（3月）：冲突开始 利比亚（3月）：联合国领导的军事干预开始 巴基斯坦（5月2日）：奥萨马·本·拉登被击毙 美国（9月）："占领华尔街"运动开始		普兰：《供给社会学》	哈贝马斯：《欧洲宪法》 努斯鲍姆：《能力：如何为更公平的世界创造条件》 托德：《家庭制度的起源》
2012	俄罗斯（3月4日）：普京再次担任总统 法国（5月6日）：奥朗德当选总统 美国（11月6日）：奥巴马连任	法国：《新劳工评论》创刊	布尔迪厄：《论国家：法兰西学院讲座（1989－1992）》 科尔届夫：《社会批判的十字路口思考全球》 从：在知识的十字路口思考 拉伊尔：《多元世界：对社会科学统一性的思考》	凯佩尔：《九十三》 佐伯曼：《失业：从古代到今天》
2013	梵蒂冈：教宗本笃十六世宣布退休，方济各成为新任教宗	法国：《社会》杂志创刊 卡斯特尔逝世 布东逝世	布尔迪厄：《马克》象征革命》 布朗纳：《幼稚的民主》	安塞勒：《精神科学：亚马逊雨林中的阿亚瓦斯卡热》 博纳伊和雷索：《人类世比大事件》

续表

日期	政治事件	事实和制度	主要成果	人文科学
2013	法国：同性婚姻合法化	克罗齐耶逝世	奥费西埃：《赞助人的赞助人：法国企业运动的历史》	布舍龙：《制造恐惧：锡耶纳1338 — 论图像的政治权力》
2014	乌克兰（2 月 18 日至 21 日）：基辅冲突 中东（8 月 8 日）：打击伊斯兰国的战争开始 美国（8 月 9 日）：迈克尔·布朗在弗格森镇被杀害	土耳其（6 月 11 日）：土耳其最高法院推翻对社会学家皮纳尔·塞米克无期徒刑的判决	德罗西埃：《表现和治理》 戈夫曼：《在逃：一个美国城市中的逃亡生活》 艾妮克：《当代艺术范式》 梅米：《身体的复仇：论身份的新介质》	杜马：《村庄里的图西族灭绝：卢旺达的图西族大屠杀》 方丹：《市场：社会征服的历史与应用》 格朗努约：《什么是奴隶制？一部全球史》
2015	欧洲：难民潮扩大 法国（1 月 7 日）：讽刺性报纸《查理周刊》总部遭到袭击 俄罗斯（2 月 28 日）：鲍里斯·涅姆佐夫在莫斯科被暗杀 美国（6 月 26 日）：全国各地批准同性婚姻 法国（11 月 13 日）：巴黎发生一系列恐怖袭击事件	乌尔里希·贝克逝世	当图和伯：《墙不会说话》 拉伊尔：《这不只是一幅画，论艺术、统治、魔法和神圣》	邦萨、卡盖、戈罗莫多和穆里克：《鱼鹰的哭泣：新喀里多尼亚的1917 年的卡纳克战争》 法桑：《世界的阴影，监狱条件的人类学》

* 原文为法国，系原作者笔误。

** 原文写成 Webert，实为韦伯（Weber）。

本书参考书目

Ouvrages généraux

(1) ALEXANDER Jeffrey C., *Sociological Theory Since 1945*, Hutchinson, Londres, 1987.

(2) ARON Raymond, *Les Étapes de la pensée sociologique*, Gallimard, Paris, 1967.

(3) BARNES Harry et al., *An Introduction to the History of Sociology*, The University of Chicago Press, Chicago, 1948.

(4) BECKER Howard et BOSKOFF Alvin (éds), *Modern Sociological Theory in Continuity and Change*, The Drysden Press, New York, 1957.

(5) BELL Daniel, *The Social Sciences Since the Second World War*, Transaction Books, New Brunswick, 1982.

(6) BERTHELOT Jean-Michel, *La Construction de la sociologie*, PUF, Paris, 1991.

(7) BLANKAERT Claude et al. (éds), *L'Histoire des sciences de l'homme. Trajectoire, enjeux et questions vives*, L'Harmattan, Paris, 1999.

(8) BOTTOMORE Thomas B. et NISBET Robert (éds), *A History of Sociological Analysis*, Basic Books, New York, 1978.

(9) COSER Lewis, *Masters of Sociological Thought. Ideas in Historical and Social Context*, Harcourt Brace Jovanovitch, New York, Chicago, San Francisco, 1971.

(10) DEMEULENAERE Pierre, *Histoire de la théorie sociologique*, Hachette, Paris, 1997.

(11) GIRAUD Claude, *Histoire de la sociologie*, PUF, Paris, 1997.

(12) GURVITCH Georges et MOORE Wilbert E. (éds), *La Sociologie au XXᵉ siècle*, PUF, Paris, 1947.

(13) HAWTHORN Geoffrey, *Enlightenment and Despair. A History of Sociology*, Cambridge University Press, Cambridge, 1976.

(14) HEILBRON Johan, *Naissance de la sociologie*, Agone, Marseille, 2006.

(15) JONAS Friedrich, *Histoire de la sociologie : des Lumières à la théorie du social*, Larousse, Paris, 1991 (1ʳᵉ éd. 1965).

(16) LALLEMENT Michel, *Histoire des idées sociologiques*, Nathan, Paris, 1993.

(17) LE DINH Diana, L'Avènement des sciences sociales comme disciplines académiques, XIXe-XXe siècles, Antipodes, Lausanne, 1997.

(18) MADGE John, The Origins of Scientific Sociology, The Free Press, Glencoe, 1962.

(19) NISBET Robert, La Tradition sociologique, PUF, Paris, 1984 (1re éd. 1966).

(20) OBERSCHALL Anthony (éd.), The Establishment of Empirical Sociology : Studies in Continuity, Discontinuity and Institutionalization, Harper and Row, New York, 1972.

(21) PARSONS Talcott, The Structure of Social Action, McGraw Hill, New York, 1937.

(22) Revue d'histoire des sciences humaines, « Naissances de la science sociale (1750-1855) », vol. 2, n° 15, 2006.

(23) Revue d'histoire des sciences humaines, « Nouveaux travaux en histoire de la sociologie », vol. 2, n° 13, 2005.

(24) SIMON Pierre-Jean, Histoire de la sociologie, PUF, Paris, 1991.

(25) SOROKIN Pitirim A., Les Théories sociologiques contemporaines, Payot, Paris, 1938 (1re éd. 1928).

(26) TIRYAKIAN Edward A., The Phenomenon of Sociology, Appelton-Century-Crofts, New York, 1971.

(27) UNESCO, Les Sciences sociales dans le monde, Éd. UNESCO/Éd. de la MSH, Paris, 2001.

(28) VALADE Bernard, Introduction aux sciences sociales, PUF, Paris, 1996.

Sociologie française

(29) AMIOT Michel, Contre l'État, les sociologues. Éléments pour une histoire de la sociologie urbaine en France : 1900-1980, Éditions de l'EHESS, Paris, 1986.

(30) BESNARD Philippe et al., « La sociologie française au tournant du siècle », Revue française de sociologie, n° spécial, 1981.

(31) BESNARD Philippe, « La sociologie française dans l'entre-deux-guerres », Revue française de sociologie, n° spécial, 1985.

(32) BESNARD Philippe (éd.), « Reconstructions de la sociologie française (1945-1960) », Revue française de sociologie, n° spécial, 1991.

(33) BESNARD Philippe (éd.), « Sociologies françaises au tournant du siècle. Les concurrents du groupe durkheimien », Revue française de sociologie, n° spécial, 1981.

(34) BORZEIX Anni et ROT Gwenaële, Sociologie du travail. Genèse d'une discipline, naissance d'une revue, Presses universitaires de Paris Ouest, Paris, 2010.

(35) BOURDIEU Pierre et PASSERON Jean-Claude, « Sociology and philosophy in France since 1945 : death and resurrection of a philosophy without subject », Social Research, 34 (1), 1967, p. 162-212.

(36) BOURGIN Hubert, De Jaurès à Léon Blum. L'École normale et la politique, Gordon & Breach, Paris, Londres, 1970 (1re éd. 1938).

(37) BOURRICAUD François, « La sociologie française », Transactions of the Fourth World Congress of Sociology (Milan-Stresa), 1959.

(38) CHARLE Christophe, Naissance des « intellectuels » 1880-1900, Éditions de Minuit, Paris, 1990.

(39) CHAZEL François, « French Sociology in the 80s », Contemporary France, 2, 1988, p. 187-202.

(40) CLARK Terry, *Prophets and Patrons : the French University and the Emergence of the Social Sciences*, Harvard University Press, Cambridge, Mass., 1973.

(41) CUIN Charles-Henry, « Le balancier sociologique français : entre individus et structures », *Revue européenne des sciences sociales*, XL, n° 124, 2002, p. 253-262.

(42) DROUARD Alain (éd.), *Le Développement des sciences sociales en France au tournant des années soixante*, Éditions du CNRS, Paris, 1983.

(43) *Études sociales (Les)*, « Les monographies de famille de l'école de Le Play, 1855-1930 », Société d'économie et de sciences sociales, Paris, 2000.

(44) FABIANI Jean-Louis, *Les Philosophes de la République*, Éditions de Minuit, Paris, 1988.

(45) FAVRE Pierre, *Naissance de la science politique en France (1870-1914)*, Fayard, Paris, 1989.

(46) FERRETTE Jean (éd.), « Les sociologues sous Vichy », *Anamnèse*, n° 7, L'Harmattan, Paris, 2012.

(47) GOUARNÉ Isabelle, *L'Introduction du marxisme en France. Philosoviétisme et sciences humaines, 1920-1939*, Presses universitaires de Rennes, Rennes, 2013.

(48) GUILLAUME M. (éd.), *L'État des sciences sociales en France*, La Découverte, Paris, 1986.

(49) HOUDEVILLE Gérald, *Le Métier de sociologue en France depuis 1945*, PUR, Rennes, 2007.

(50) KARADY Victor, *Enquête sociohistorique sur la naissance de la sociologie en France*, CNRS, Paris, 1974.

(51) LAUTMAN Jacques, « Chronique de la sociologie française après 1945 », *in* BOUDON Raymond *et al.*

(éds), *Science et théorie de l'opinion publique. Hommage à Jean Stoetzel*, Retz, Paris, 1981, p. 269-284.

(52) LEROUX Robert, *Histoire et sociologie en France. De l'histoire-science à la sociologie durkheimienne*, PUF, Paris, 1998.

(53) MARCEL Jean-Christophe, *Le Durkheimisme dans l'entre-deux-guerres*, PUF, Paris, 2001.

(54) MASSON Philippe, *Faire de la sociologie. Les grandes enquêtes françaises depuis 1945*, La Découverte, Paris, 2008.

(55) MAZON Brigitte, *Aux origines de l'EHESS. Le rôle du mécénat américain (1920-1960)*, Cerf, Paris, 1988.

(56) MENDRAS Henri et VERRET Michel, *Les Champs de la sociologie française*, Armand Colin, Paris, 1988.

(57) MUCCHIELLI Laurent, *La Découverte du social. Naissance de la sociologie en France (1870-1914)*, La Découverte, Paris, 1998.

(58) PERRIAUX Anne-Sophie, *Renault et les sciences sociales, 1948-1991*, Seli Arslan, Paris, 1999.

(59) REVEL Jacques et WACHTEL Nathan (éds), *Une école pour les sciences sociales. De la VIᵉ section à l'École des hautes études en sciences sociales*, Éd. du Cerf/ Éd. de l'EHESS, Paris, 1995.

(60) TOURAINE Alain, *Un désir d'histoire*, Stock, Paris, 1977.

(61) VIET Jean, *Les Sciences de l'homme en France. Tendances et organisation de la recherche*, Mouton, Paris, La Haye, 1966.

Sociologie nord-américaine

(62) BULMER Martin, *The Chicago School of Sociology*, The University of Chicago Press, Chicago, 1984.

(63) CHAPOULIE Jean-Michel, *La Tradition sociologique de Chicago, 1892-1961*, Seuil, Paris, 2001.

(64) CHRISTIN Angèle et OLLION Étienne, *La Sociologie aux États-Unis aujourd'hui*, La Découverte, Paris, 2012.

(65) COULON Alain, *L'École de Chicago*, PUF, Paris, 1992.

(66) GANS Herbert J. (éd.), *Sociology in America*, Sage Publ., Newbury Park, Cal., 1990.

(67) GRAFMEYER Yves et ISAAC Joseph (éds), *L'École de Chicago. Naissance de l'écologie urbaine*, Aubier-Montaigne, Paris, 1979.

(68) HERPIN Nicolas et JONAS Nicolas, *La Sociologie américaine. Controverses et innovations*, La Découverte, Paris, 2011.

(69) HERPIN Nicolas, *Les Sociologues américains et le siècle*, PUF, Paris, 1973.

(70) PLATT Jennifer, *A History of Sociological Research Methods in America 1920-1960*, Cambridge University Press, Cambridge, 1998.

(71) POLLAK Michael, « La planification des sciences sociales », *Actes de la recherche en sciences sociales*, 2-3, 1976, p. 105-121.

(72) SOROKIN Pitirim A., *Tendances et déboires de la sociologie américaine*, Aubier, Paris, 1959 (1ʳᵉ éd. 1956).

(73) TURNER Stephen P. et TURNER Jonathan H., *The Impossible Science. An Institutional Analysis of American Sociology*, Sage Publ., Newbury Park, Cal., 1990.

Sociologie allemande

(74) ARON Raymond, *La Sociologie allemande contemporaine*, PUF, Paris, 1966 (1ʳᵉ éd. 1935).

(75) BERLAN Aurélien, *La Fabrique des derniers hommes. Retour sur le présent avec Tönnies, Simmel et Weber*, La Découverte, Paris, 2012.

(76) BOUGLÉ Célestin, *Les Sciences sociales en Allemagne. Les méthodes actuelles*, Alcan, Paris, 1896.

(77) HIRSCHHORN Monique, *Max Weber et la sociologie française*, L'Harmattan, Paris, 1988.

(78) PAPILLOUD Christian, *Introduction à la sociologie allemande*, Liber, Montréal, 2011.

(79) VANDENBERGHE Frédéric, *Une histoire critique de la sociologie allemande*, t. 2, La Découverte, Paris, 1997.

(80) VINCENT Jean-Marie, « Les métamorphoses de la sociologie allemande après 1945 », *Cahiers internationaux de sociologie*, CVII, 1999, p. 263-288.

(81) VINCENT Jean-Marie, *La Théorie critique de l'École de Francfort*, Galilée, Paris, 1976.

Sociologie britannique

(82) ABRAMS Philip, *The Origins of British Sociology : 1834-1914*, The University of Chicago Press, Chicago, 1968.

(83) ELDRIDGE John, *Recent British Sociology*, MacMillan, Londres, 1980.

(84) KENT Raymond A., *A History of British Empirical Sociology*, Gower Publ. Company Ltd., Aldershot, 1981.

(85) ROCQUIN Baudry, *Une sociologie sans sociologues ? Les Britanniques en quête d'une discipline (1904-2014)*, thèse doctorale, université de Bordeaux, 2014.

Autres approches nationales et/ou comparatives

(86) CONIL-LACOSTE Michel, « Vingt ans d'activités de l'Unesco dans le domaine des sciences sociales », *Revue française de sociologie*, IX, 1968, p. 390-404.

(87) GENOV Nikolai (éd.), *National Traditions in Sociology*, Sage, Londres, 1986.

(88) HAUSER Henri, *L'Enseignement des sciences sociales. État actuel de cet enseignement dans les divers pays du monde*, Chevalier-Marescq, Paris, 1903.

(89) HEILBRON Johan, « Particularités et particularismes de la sociologie aux Pays-Bas », *Actes de la recherche en sciences sociales*, 74, 1988, p. 76-81.

(90) MANDEVILLE Laure, « La sociologie en URSS. Réalisme sociologique ou terrain privilégié de la politique d'ouverture ? », *Revue française de sociologie*, XXXX (1), 1989, p. 137-154.

(91) PINTO Diana (éd.), *Contemporary Italian Sociology*, Cambridge U.P., Éd. de la MSH, Londres, Paris, 1981.

(92) PINTO Diana, « La sociologie dans l'Italie de l'après-guerre, 1950-1980 », *Revue française de sociologie*, XXI (2), 1980, p. 233-250.

(93) *Revue d'histoire des sciences humaines*, « France-États-Unis. Influences croisées en sciences humaines », vol. 4, n° 11, 2004.

(94) *Revue d'histoire des sciences humaines*, « Quelle sociologie derrière le rideau de fer ? 1950-1989 », vol. 1, n° 16, 2007.

(95) *Revue d'histoire des sciences humaines*, « Traditions nationales en sciences sociales », vol. 1, n° 18, 2008.

(96) *Revue française de sociologie*, « Développement, recherche et professionnalisation en sciences sociales », XXIII, 1, 1982.

(97) ROULLEAU-BERGER Laurence, YUHUA Guo, PEILIN Li et SHIDING Liu (éds), *La Nouvelle Sociologie chinoise*, Éditions du CNRS, Paris, 2008.

(98) SAPIRO Gisèle (éd.), *L'Espace intellectuel en Europe. De la formation des États-nations à la mondialisation XIXᵉ-XXIᵉ siècles*, La Découverte, Paris, 2009.

(99) SIMIRENKO A., *Professionalization of Soviet Sociology*, Transaction Publishers, Rutgers (N.J.), 1982.

(100) TOURAINE Alain, *La Parole et le Sang : politique et société en Amérique latine*, Odile Jacob, Paris, 1988.

Travaux thématiques

(101) ANSART Pierre, *Les Sociologies contemporaines*, Le Seuil, Paris, 1990.

(102) BARNES Harry et BECKER Howard, *Social Thought from Lore to Science*, D.C. Heath, Boston, 1938.

(103) BESNARD Philippe, BORLANDI Massimi et VOGT Paul (éds), *Division du travail et lien social. Durkheim un siècle après*, PUF, Paris, 1993.

(104) BORLANDI Massimo et CHERKAOUI Mohamed (éds), « *Le Suicide* », un siècle après Durkheim, PUF, Paris, 2000.

(105) BOUDON Raymond, *Études sur les sociologues classiques*, PUF, Paris, 2000.

(106) BOUDON Raymond, *Y a-t-il encore une sociologie ?*, Odile Jacob, Paris, 2003.

(107) BOURDIEU Pierre, PASSERON Jean-Claude, CHAMBOREDON Jean-Claude,

Le Métier de sociologue, Mouton/ Bordas, La Haye, Paris, 1968.

(108) BRYANT Christopher G.A. et BECKER Henk A. (éds), *What Has Sociology Achieved ?*, The Macmillan Press Ltd., Londres, 1990.

(109) CAPLOW Theodore, *L'Enquête sociologique*, Armand Colin, Paris, 1970.

(110) CHAMBOREDON Jean-Claude, « Sociologie de la sociologie et intérêts sociaux des sociologues », *Actes de la recherche en sciences sociales*, 2, mars 1975, p. 2-17.

(111) CORCUFF Philippe, *Les Nouvelles Sociologies*, Nathan, Paris, 2011 (1ʳᵉ éd. 1995).

(112) COULON Alain, *L'Ethnométhodologie*, PUF, Paris, 1987.

(113) CUIN Charles-Henry, *Les Sociologues et la mobilité sociale*, PUF, Paris, 1993.

(114) DAVY Georges, *Sociologues d'hier et d'aujourd'hui*, Alcan, Paris, 1931.

(115) DOSSE François, *L'Empire du sens. L'humanisation des sciences humaines*, La Découverte, Paris, 1995.

(116) DUBOIS Michel (éd.), *Sociologues de l'envers. Éléments pour une autre histoire de la pensée sociologique*, Ellipses, Paris, 1994.

(117) DUBOIS Michel, *La Nouvelle Sociologie des sciences*, PUF, Paris, 2001.

(118) DUCLOS Denis (éd.), *Les Sciences sociales dans le changement sociopolitique*, Economica, Paris, 1985.

(119) FARRUGIA Francis, *Sociologies. Histoires et théories*, CNRS Éditions, Paris, 2012.

(120) FORNEL M., OGIEN A. et QUÉRÉ L. (éds), *L'Ethnométhodologie, une sociologie radicale*, La Découverte, Paris, 2001.

(121) *Genèses*, « À la découverte du fait social. 1890-1900 », n° 2, 1990.

(122) GIDDENS Anthony, *Capitalism and Modern Social Theory : an Analysis of the Writings of Marx, Durkheim and Max Weber*, Cambridge University Press, Cambridge, 1971.

(123) HEILBRON Johan, MAGNUSSON Lars et WITTROCK Björn (éds), *The Rise of the Social Sciences and the Formation of Modernity. Conceptual Change in Context, 1750-1850*, Kluwer Academic Publ., Dordrecht, 1997.

(124) HELLER Frank (éd.), *The Use and Abuse of Social Science*, Sage, Londres, 1986.

(125) HIRSCHHORN Monique et COENEN-HUTER Jacques (éd.), *Durkheim et Weber. Vers la fin des malentendus ?*, L'Harmattan, Paris, 1994.

(126) INSEE, *Pour une histoire de la statistique*, Imprimerie nationale, Paris, 1977.

(127) KEUCHEYAN Razmig et BRONNER Gérald (éds), *La Théorie sociale contemporaine*, PUF, Paris, 2012.

(128) LAHIRE Bernard (éd.), *À quoi sert la sociologie ?*, La Découverte, Paris, 2002.

(129) LAVAL Christian, *L'Ambition sociologique*, La Découverte, Paris, 2002.

(130) LAZARSFELD Paul, *Philosophie des sciences sociales*, Gallimard, Paris, 1970 (1ʳᵉ éd. 1954).

(131) LAZARSFELD Paul, *Qu'est-ce que la sociologie ?*, Gallimard, Paris, 1970.

(132) LECLERC Gérard, *L'Observation de l'homme. Une histoire des enquêtes sociales*, Le Seuil, Paris, 1979.

(133) LEGRAND Monique, GUILLAUME Jean-François et VRANCKEN Didier, *La Sociologie et ses métiers*, L'Harmattan, Paris, 1995.

(134) LEPENIES Wolf, *Les Trois Cultures : entre science et littérature, l'avènement de la sociologie*, Éd. de la Maison des sciences de l'homme, Paris, 1990.

(135) MARTUCCELLI Danilo et SINGLY
François DE, *Les Sociologies de l'in-
dividu*, Armand Colin, Paris, 2009.

(136) MARTUCCELLI Danilo, *Sociologies
de la modernité. L'itinéraire du
xxᵉ siècle*, Gallimard, Paris, 1999.

(137) MENDRAS Henri, *Comment devenir
sociologue, ou les mémoires d'un vieux
mandarin*, Actes Sud, Paris, 1995.

(138) Mil *neuf cent*, « Eugénisme et
socialisme », Société d'études soré-
liennes, Paris, 2000.

(139) NACHI Mohamed, *Introduction
à la sociologie pragmatique. Vers
un nouveau « style sociologique »* ?,
Armand Colin, Paris, 2006.

(140) SPURK Jan, *Quel avenir pour la
sociologie* ? *Quête de sens et compré-
hension du monde social*, PUF, Paris,
2006.

(141) TACUSSEL Patrick, *Mythologie des
formes sociales. Balzac et les saint-
simoniens ou le destin de la modernité*,
Méridiens-Klincksieck, Paris, 1995.

(142) VATIN François, *Trois Essais sur
la genèse de la pensée sociologique.
Politique, épistémologie et cosmologie*,
La Découverte, Paris, 2005.

(143) WALLERSTEIN Immanuel, *Ouvrir les
sciences sociales*, Descartes & Cie,
Paris, 1996.

(144) WIEVIORKA Michel, *Sociologue
sous tension. Entretien avec Julien
Ténédos*, 2 volumes, Aux lieux
d'être, Montreuil, 2006.

Monographies de sociologues

(145) ANSART Pierre, *Naissance de
l'anarchisme. Esquisse d'une théorie
sociologique du proudhonisme*, PUF,
Paris, 1970.

(146) ANSART Pierre, *Sociologie de
Saint-Simon*, PUF, Paris, 1970.

(147) ARNAULT Françoise, *Frédéric Le
Play. De la métallurgie à la science
sociale*, Presses universitaires de
Nancy, Nancy, 1993.

(148) AUDIER Serge, *Tocqueville retrouvé.
Genèse et enjeux du renouveau tocque-
villien français*, Vrin, Paris, 2005.

(149) BECKER Annette, *Halbwachs. Un
intellectuel en guerres mondiales
1914-1945*, Noêsis, Paris, 2003.

(150) BECQUEMONT Daniel et MUCCHIELLI
Laurent, *Le Cas Spencer*, PUF, Paris,
1998.

(151) BENOÎT Jean-Louis, *Tocqueville*,
Perrin, Paris, 2013.

(152) BÉRA Matthieu, *Durkheim à
Bordeaux (1887-1902)*, Confluences,
Bordeaux, 2014.

(153) BERT Jean-François, *L'Atelier de
Marcel Mauss. Un anthropologue para-
doxal*, CNRS, Paris, 2012.

(154) BESNARD Philippe (éd.), « Les
durkheimiens », *Revue française de
sociologie*, n° spécial, 1979.

(155) BESNARD Philippe *et al.*, « À
propos de Durkheim », *Revue fran-
çaise de sociologie*, n° spécial, 1976.

(156) BOURDEAU Michel et CHAZEL
François (éds), *Auguste Comte et
l'idée de science de l'homme*, L'Har-
mattan, Paris, 2002.

(157) BOUVIER Alban (éd.), *Pareto
aujourd'hui*, PUF, Paris, 1999.

(158) BRESLAU Daniel, « Robert Park et
l'écologie humaine » et « L'école de
Chicago existe-t-elle ? », *Actes de
la recherche en sciences sociales*, 74,
1988, p. 55-65.

(159) CHAPOULIE Jean-Michel, « Everett
C. Hughes et le développement du
travail de terrain en sociologie »,
Revue française de sociologie, XXV
(4), 1984, p. 582-608.

(160) CHARDEL Pierre-Antoine, *Zygmunt
Bauman. Les illusions perdues de la*

modernité, CNRS Éditions, Paris, 2013.

(161) CHAZEL François, *La Théorie analytique de la société dans l'œuvre de Talcott Parsons*, Mouton, Paris, La Haye, 1974.

(162) CHERKAOUI Mohamed, *Naissance d'une science sociale. La sociologie selon Durkheim*, Droz, Genève, Paris, 1998.

(163) COLLIOT-THÉLÈNE Catherine, *Études wébériennes. Rationalités, histoires, droits*, PUF, Paris, 2001.

(164) COMBEMALE Pascal, *Introduction à Marx*, La Découverte, Paris, 2006.

(165) CUIN Charles-Henry (éd.), *Durkheim d'un siècle à l'autre. Lectures actuelles des « Règles de la méthode sociologique »*, PUF, Paris, 1997.

(166) CUIN Charles-Henry, *Durkheim. Modernité d'un classique*, Hermann, Paris, 2011.

(167) DARDOT Pierre et LAVAL Christian, *Marx, Prénom : Karl*, Gallimard, Paris, 2012.

(168) DÉLOYE Yves et HAROCHE Claudine (éds), *Maurice Halbwachs. Espaces, mémoires et psychologie collective*, Publications de la Sorbonne, Paris, 2004.

(169) DENORD François et RÉAU Bertrand, *La Sociologie de Charles Wright Mills*, La Découverte, Paris, 2014.

(170) ELSTER Jon, *Making Sense of Marx*, Cambridge University Press/Éditions de la MSH, Cambridge, Paris, 1985.

(171) FABIANI Jean-Louis, *Pierre Bourdieu. Un structuralisme héroïque*, Seuil, Paris, 2016.

(172) FOURNIER Marcel, *Émile Durkheim (1858-1917)*, Fayard, Paris, 2007.

(173) FOURNIER Marcel, *Marcel Mauss*, Fayard, Paris, 1994.

(174) FREUND Julien, *D'Auguste Comte à Max Weber*, Economica, Paris, 1991.

(175) GRANGE Juliette, *Auguste Comte. La politique et la science*, Odile Jacob, Paris, 2000.

(176) HEINICH Nathalie, *La Sociologie de Norbert Elias*, La Découverte, Paris, 2002.

(177) JAISSON Maris et BAUDELOT Christian (éds), *Maurice Halbwachs, sociologue retrouvé*, Éditions ENS, Paris, 2007.

(178) JAUME Lucien, *Tocqueville. Les sources aristocratiques de la liberté*, Fayard, Paris, 2008.

(179) JOLY Marc, *Devenir Norbert Elias. Histoire croisée d'un processus de reconnaissance scientifique : la réception française*, Fayard, Paris, 2012.

(180) KAESTLER Dirk, *Max Weber. Sa vie, son œuvre, son influence*, Fayard, Paris, 1996 (1re édition 1995).

(181) KALAORA Bernard et SAVOYE Antoine, *Les Inventeurs oubliés : Le Play et ses continuateurs aux origines des sciences sociales*, Champ-Vallon, Seyssel, 1989.

(182) KARSENTI Bruno, *L'Homme total. Sociologie, anthropologie et philosophie chez Marcel Mauss*, PUF, Paris, 1997.

(183) KARSENTI Bruno, *Politique de l'esprit. Auguste Comte et la naissance de la science sociale*, Hermann, Paris, 2006.

(184) LAHIRE Bernard (éd.), *Le Travail sociologique de Pierre Bourdieu. Dettes et critiques*, La Découverte, Paris, 2001.

(185) LALLEMENT Michel, *Tensions majeures. Max Weber, l'économie, l'érotisme*, Gallimard, Paris, 2013.

(186) LALLEMENT Michel, *Logique de classe. Edmond Goblot, la bourgeoisie et la distinction sociale*, Les Belles lettres, Paris, 2015.

(187) LAMBERTI Jean-Claude, *Tocqueville et les deux démocraties*, PUF, Paris, 1983.

(188) LAUTMAN Jacques et LÉCUYER Bernard-Pierre (éds), *Paul Lazarsfeld (1901-1976). La sociologie de Vienne à New York*, L'Harmattan, Paris, 1998.

(189) LÉGER François, *La Pensée de Georg Simmel*, Kimé, Paris, 1989.

(190) LEPENIES Wolf, *Auguste Comte. Le pouvoir des signes*, Éditions de la MSH, Paris, 2010.

(191) LUKES Steven, *Émile Durkheim : his Life and his Work*, Harper & Row, New York, 1972.

(192) MESURE Sylvie, *Dilthey et la fondation des sciences historiques*, PUF, Paris, 1990.

(193) MOMMSEN Wolfgang, *Max Weber et la politique allemande (1890-1920)*, PUF, Paris, 1985 (édition allemande, 1959).

(194) MUSSO Pierre, *Saint-Simon, l'industrialisme contre l'État*, Éditions de L'Aube, La Tour-d'Aigues, 2010.

(195) NIZET Jean, *La Sociologie d'Anthony Giddens*, La Découverte, Paris, 2007.

(196) NIZET Jean et RIGAUX Natalie, *La Sociologie de Erving Goffman*, La Découverte, Paris, 2005.

(197) PÉTRÉ-GRENOUILLEAU Olivier, *Saint-Simon. L'utopie ou la raison en actes*, Payot, Paris, 2001.

(198) PICON Antoine, *Les Saint-simoniens. Raison, imaginaire et utopie*, Belin, Paris, 2002.

(199) POLLAK Michael, « Paul Lazarsfeld, fondateur d'une multinationale scientifique », *Actes de la recherche en sciences sociales*, 25, 1979, p. 45-69.

(200) ROCHER Guy, *Talcott Parsons et la sociologie américaine*, PUF, Paris, 1972.

(201) ROLLET Jacques, *Tocqueville*, Montchrestien, Paris, 1998.

(202) SAINT-MARTIN Arnaud, *La Sociologie de Robert K. Merton*, La Découverte, Paris, 2013.

(203) STEINER Philippe, *La Sociologie de Durkheim*, La Découverte, Paris, 1994.

(204) TACUSSEL Patrick, *Charles Fourier. Le jeu des passions. Actualité d'une pensée utopique*, Desclée de Brouwer, Bruxelles, Paris, 2000.

(205) TRAVERSO Enzo, *Siegfried Kracauer. Itinéraire d'un intellectuel nomade*, La Découverte, Paris, 2004.

(206) TURNER Jonathan H., *Herbert Spencer : a Renewed Appreciation*, Sage Publ., Beverly Hills, 1985.

(207) VALADE Bernard, *Pareto. La naissance d'une autre sociologie*, PUF, Paris, 1990.

(208) VANDENBERGHE Frédéric, *La Sociologie de Georg Simmel*, La Découverte, Paris, 2001.

(209) WEBER Florence, *Max Weber*, Hachette, Paris, 2001.

译后记

迄今为止，国内外有关社会学史方面的著作、教材多偏重于介绍社会学理论的发展史，较少涉及到社会学这门学科的发展史以及社会学家们的成长史。因此，在我拿到本书的法语原版时感觉眼前一亮，急切想将其翻译成中文版，以飨国内的读者。适逢申报 2020 年国家社科基金之际，本书的阅读和翻译过程也给我整理课题思路、撰写申报书提供了许多的灵感，并最终推动了课题的顺利立项。因此，本书的翻译完成和顺利出版可以视作是 2020 年度国家社科基金一般项目"拉丁美洲社会学理论本土化及其启示研究"（批准号 20BSH004）取得的阶段性成果。

本书从设想变成现实，得到了多位领导和前辈的支持。社会科学文献出版社当代世界出版分社的祝得彬先生为本书积极争取到了翻译版权。江西财经大学人文学院为本书出版给予了主要的资金支持，尤其是院长尹忠海教授不仅多次对翻译过程中遇到的难题给予悉心指导，还在审读完翻译初稿之后进行了多处修订。对此深表感谢!

　　翻译的过程极其漫长而枯燥:正如本书中所呈现出来的,社会学学科发展丰富多彩,名家辈出,各种理论各领风骚,因而本书的翻译工作不啻于撰写一部全新的社会学史。为了力求准确,一些法语、德语的译法曾多次请教肖焱、张媛君等人。本书中引用了一些社会学名家的原著,这些原著在国内已经有了中译本,为了兼顾与这些中译本的对应,翻译过程中需要花费大量的精力查阅这些中译本的原文。这项工作得到了江西财经大学社会工作专业 2018 级本科生马骏同学的大力协助。在此一并表示感谢。

　　在翻译过程中,由于时间仓促,译者自身水平有限,本书难免会有许多错误疏漏之处,敬请读者不吝批评指正。

唐俊

江西财经大学亚太经济与社会研究中心主任

2020 年 9 月 30 日

图书在版编目（CIP）数据

社会学史／（法）夏尔·亨利·屈安，（法）弗朗索瓦·格雷勒，（法）洛南·埃尔武埃著；唐俊译. -- 北京：社会科学文献出版社，2021.10
（亚太经济与社会发展译丛）
ISBN 978 - 7 - 5201 - 8873 - 9

Ⅰ.①社… Ⅱ.①夏… ②弗… ③洛… ④唐… Ⅲ.
①社会学史 - 研究 Ⅳ.①C91 - 09

中国版本图书馆 CIP 数据核字（2021）第 166999 号

·亚太经济与社会发展译丛·

社会学史

著　　者／〔法〕夏尔·亨利·屈安（Charles-Henry Cuin）
　　　　　〔法〕弗朗索瓦·格雷勒（François Gresle）
　　　　　〔法〕洛南·埃尔武埃（Ronan Hervouet）
译　　者／唐　俊

出 版 人／王利民
组稿编辑／祝得彬
责任编辑／吕　剑　聂　瑶
责任印制／王京美

出　　版／社会科学文献出版社·当代世界出版分社（010）59367004
　　　　　地址：北京市北三环中路甲 29 号院华龙大厦　邮编：100029
　　　　　网址：www. ssap. com. cn
发　　行／市场营销中心（010）59367081　59367083
印　　装／三河市东方印刷有限公司

规　　格／开本：880mm × 1230mm　1/32
　　　　　印张：10　字数：205 千字
版　　次／2021 年 10 月第 1 版　2021 年 10 月第 1 次印刷
书　　号／ISBN 978 - 7 - 5201 - 8873 - 9
著作权合同
登 记 号／图字 01 - 2020 - 5445 号
定　　价／68.00 元